心系家国

读懂陈嘉庚

张劲松 等 著

厦门大学出版社
国家一级出版社
全国百佳图书出版单位

图书在版编目（CIP）数据

心系家国：读懂陈嘉庚 / 张劲松等著. -- 厦门：厦门大学出版社，2025.9. -- ISBN 978-7-5615-9901-3

Ⅰ. K828.8

中国国家版本馆 CIP 数据核字第 2025LN8981 号

策划编辑	张佐群
责任编辑	张　洁
美术编辑	张雨秋
技术编辑	朱　楷

出版发行　厦门大学出版社

社　　址　厦门市软件园二期望海路 39 号

邮政编码　361008

总　　机　0592-2181111　0592-2181406（传真）

营销中心　0592-2184458　0592-2181365

网　　址　http://www.xmupress.com

邮　　箱　xmup@xmupress.com

印　　刷　厦门集大印刷有限公司

开本　720 mm×1 020 mm　1/16

印张　20

插页　2

字数　232 千字

版次　2025 年 9 月第 1 版

印次　2025 年 9 月第 1 次印刷

定价　50.00 元

本书如有印装质量问题请直接寄承印厂调换

厦门大学出版社
微信二维码

厦门大学出版社
微博二维码

序　言

陈嘉庚先生是20世纪对中国乃至南洋地区的历史发展极具影响力的重要人物。改革开放以来，对陈嘉庚的生平事迹、思想境界和精神内涵的研究成为历史学、社会学、教育学等不同领域的重要研究课题。总体而言，对于陈嘉庚的研究经历了从生平史实到精神理念、从教育事业到多领域活动、从国内事迹到全球影响的发展历程。

集美大学、集美学村、集美校友总会是继承、弘扬和研究陈嘉庚精神的重镇。为更好地传承践行陈嘉庚精神，集美大学牵头，组织相关院校推出《心系家国：读懂陈嘉庚》一书，基于十年前习近平总书记给集美校友总会回信中对"嘉庚精神"的阐述，结合新时代的社会特征和奋斗使命，近距离、全方位、多维度地呈现陈嘉庚艰苦创业、自强不息的精神，以国家为重、民族为重的品格，关心祖国建设、倾心教育事业的诚心，这无疑具有重要的现实意义。

从陈嘉庚的不同社会角色出发，立体地、多角度地呈现陈嘉庚精神的内涵和意义，这是《心系家国：读懂陈嘉庚》的一种探索性尝试。本书从陈嘉庚的实业经营实践提炼出他的企业家精神，从陈嘉

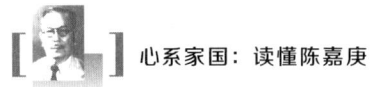

庚的倾资兴学和办学实践总结出他的教育事业家精神,从陈嘉庚支持中国近代民主革命和投身社会主义革命与建设的历程,展示他的社会活动家精神。这些不同的社会角色构成了陈嘉庚丰富多彩的人生经历,同时赋予陈嘉庚精神多样化的内涵。

本书在丰富的史实基础上,提炼不同社会角色中陈嘉庚的思想和观念,进而展现陈嘉庚精神的多维内涵,整体阐述具有深厚的学理性。这是走近陈嘉庚,进而读懂陈嘉庚的一条可行之道。作为企业家的陈嘉庚,其身上体现出爱国、创新、诚信、勇担社会责任和胸怀天下等企业家精神。作为教育事业家,陈嘉庚倾资办学,体现了海内外中华儿女报效祖国、舍小家为国家的爱国主义精神,"民无教育无以立国"的科教兴国精神,"尽国民一分子之天职"的公民参与精神。作为推动民主进步事业的社会活动家,陈嘉庚形成了与时俱进、追求民主进步的民主政治观。作为具有全球影响力的华侨领袖,陈嘉庚提出了立足教育、传承民族精神的华侨团结观。作为中华传统文化的传承者和传播者,陈嘉庚形成了以辩证的态度推进中西方文化交流互鉴的传统文化观。作为健康生活倡导者,陈嘉庚提出了一系列关于医药、卫生、养生的观点。多元社会角色及其内在精神的呈现,是本书的创新和探索。

本书立足中国特色社会主义新时代,在现代化强国建设的语境中阐述陈嘉庚精神的当代价值,从而具有深刻的现实性。从走近陈嘉庚、读懂陈嘉庚,到阐释和弘扬陈嘉庚精神的当代价值,这是时代的要求,也是逻辑的必然。陈嘉庚企业家精神能够激发新时代企业家厚植爱国情怀,把企业发展同国家繁荣、民族兴盛、人民幸福紧密结合在一起。陈嘉庚的教育理念要求我们进一步发挥教育事业在现代化强国建设中的基础性和支撑性作用,要求我们教育工作者将爱国主义作为必修课程和核心课题,努力培养听党话、跟党走、矢志奉献国家和人民的时代新人。陈嘉庚传统文化观的丰富内涵,对于不同文明形态的交流互鉴、增强中华优秀传统文化的传播力和影响力具有重要的启示作用。本书作者将历史与现实相结合,将精神与实践紧密联系起来,这使得本书更具有可读性和现实感。

当然,本书对于陈嘉庚不同社会角色的呈现出现一定的交叉和重叠现象,对于陈嘉庚各个历史时期史实的挖掘和梳理仍有待进一步深化,对于陈嘉庚各方面理念的概括和研究尚有一定的提升空间。期待在未来能看到更为科学、更为全面的展现陈嘉庚精神的著作,期待陈嘉庚精神能够在新的时代背景下焕发出强大的生命力。

2025 年 6 月 15 日

目　录

导　言　与时代同行的陈嘉庚精神 / 001
　　第一节　陈嘉庚精神的内涵嬗变 / 001
　　第二节　新时代语境中的陈嘉庚精神 / 012
　　第三节　弘扬陈嘉庚精神　奋进复兴新征程 / 026

第一章　陈嘉庚的实业经营与企业家精神 / 036
　　第一节　实业经营的主要经历 / 036
　　第二节　企业家精神的主要内涵 / 059
　　第三节　陈嘉庚企业家精神的德育蕴意 / 073

第二章　陈嘉庚的倾资兴学与教育理念 / 081
　　第一节　倾资兴学的教育实践 / 082
　　第二节　陈嘉庚的教育理念 / 110
　　第三节　陈嘉庚教育理念的当代启示 / 125

第三章　陈嘉庚与中国近代民主革命 / 135
　　第一节　支持民主主义革命 / 136
　　第二节　投身社会主义革命和建设 / 156

I

第三节　陈嘉庚的民主政治观　/ 169

第四节　陈嘉庚民主政治观的时代启示　/ 178

第四章　陈嘉庚的华侨团结观及其时代价值　/ 186

第一节　"华侨领袖"地位形成的历史背景和社会基础　/ 187

第二节　"华侨领袖"地位形成的历史进程　/ 201

第三节　陈嘉庚华侨团结观的内容与启示　/ 214

第五章　陈嘉庚的传统文化观及其实践　/ 223

第一节　继承与发扬中华优秀传统文化　/ 224

第二节　中华传统文化是陈嘉庚精神的鲜明底色　/ 237

第三节　陈嘉庚的传统文化观及其当代启示　/ 247

第六章　陈嘉庚的医药卫生观及其实践　/ 261

第一节　推动医药卫生事业的发展　/ 262

第二节　卫生观念与健康养生　/ 272

第三节　陈嘉庚卫生健康养生观的当代启示　/ 288

参考文献　/ 293

附　录　陈嘉庚箴言录　/ 297

后　记　/ 310

导　言　与时代同行的陈嘉庚精神

陈嘉庚被毛泽东誉为"华侨旗帜、民族光辉",习近平总书记称赞其是"侨界的一代领袖和楷模"。2014年,习近平总书记给集美校友总会回信中指出:"他艰苦创业、自强不息的精神,以国家为重、以民族为重的品格,关心祖国建设、倾心教育事业的诚心,永远值得学习。"[①]习近平总书记给集美校友总会的回信,为我们在新时代的历史语境中系统概括陈嘉庚的思想观念、准确把握陈嘉庚精神的丰富内涵提供了根本遵循。走近陈嘉庚,全方位阐述他多元的社会角色和卓越的历史贡献,才能呈现可亲、可信、可敬的一代侨领。走近陈嘉庚,深入挖掘陈嘉庚精神的不同维度,才能充分彰显其多样化的时代价值。走近陈嘉庚,充分发挥其在全球华侨华人中的广泛影响力,才能不断加强海内外中华儿女大团结,汇聚起推动中华民族伟大复兴的磅礴力量。

第一节　陈嘉庚精神的内涵嬗变

陈嘉庚精神(亦称为"嘉庚精神")是对陈嘉庚一生的行为特征、人格

[①] 《习近平书信选集》(第一卷),中央文献出版社2022年版,第45页。

心系家国：读懂陈嘉庚

品质和崇高精神的概括和凝练。陈嘉庚曾自认为所能者仅为"诚信公忠"四字。他对自己的评价是："对于轻金钱，重义务，诚信果毅、嫉恶好善、爱乡爱国诸点，尤所服膺向往。"①陈嘉庚的自我评价成为概括陈嘉庚精神品质的核心要素。然而，特定的思想和精神必须在新的时代背景中赋予新的含义，才能穿越时空并焕发永恒的生命力。在不同的时代背景中，陈嘉庚精神如同多维棱镜，在不同光源的照射下呈现出多彩的光芒。

一、陈嘉庚精神的最初论述

从20世纪40年代"嘉庚精神"一词提出到改革开放之前，为陈嘉庚精神最初论述时期，主要有两个时间节点。

（一）回国慰劳期间的纪念文章

"陈嘉庚精神"最早见于林文庆1931年在《厦大十周年纪念的意义》一文中提及的"嘉庚先生的精神"，在文中，林文庆将嘉庚先生的精神概括为一种天下为公、利他而肯牺牲的精神。"嘉庚精神"一词高度凝练和准确概括了陈嘉庚身上的崇高品质和人格魅力，是其光辉事迹和杰出贡献的集中反映和生动体现。同时，这一概括将陈嘉庚个人经历、成就和人格力量上升为一种抽象的精神形态，成为代表最广泛群体、具有更普遍意义的价值理念。

1940年，陈嘉庚到福建长汀看望内迁的厦门大学师生。厦门大学在内部出版的《厦大通讯》上开辟"欢迎陈嘉庚先生专号"，发表一系列颂扬校主陈嘉庚的文章。其中，何励生撰写的《"嘉庚精神"》一文，正式提出"嘉庚精神"概念，并将其解读为牺牲精神、信义精神、勤俭精神、求

---

① 陈嘉庚：《南侨回忆录》，中州古籍出版社2019年版，"弁言"第6页。

是精神、奋斗精神、报国精神六个维度。何励生的概括与林文庆的概括一脉相承,同时又增加了勤俭、求是、奋斗等品质,并且认为"'嘉庚精神',就是我们的精神"。陈嘉庚带领"南侨总会"的慰劳之行,也引起国内各界对其作为华侨领袖的品格和言行的高度肯定。高仲约在《南侨领袖陈嘉庚》一文中,分析了陈嘉庚在国内的访问及其从外部视角对时事的评论,认为他实事求是、刚直坚定、崇尚廉正、恶恨贪污、重视诺言和信义。[①] 1944年,周召南收录了18篇纪念陈嘉庚的文章,集合出版《爱国老人陈嘉庚》一书,其中郑贞文在《陈嘉庚先生的人格》一文中,认为不屈不挠、坚苦卓绝、大公无我之精神,是陈嘉庚人格的最高表现。[②]

新中国成立之前,对陈嘉庚精神的概括和传播主要是在教育界,集中在陈嘉庚创办的各校及福建各地师生的宣传和颂扬中,对陈嘉庚精神的理解表现在对其个人品质的高度赞扬上,包括牺牲精神、奋斗精神、刚直正义、明辨是非等。在社会层面,主要关注陈嘉庚毁家兴学、服务社会的报国精神。

(二)治丧期间的悼念文章

1961年8月,陈嘉庚因病在北京逝世。中国人常说"盖棺定论",即一个人在去世之后,后人才可以准确地、中立地去评价其一生的事迹与贡献。爱国主义是陈嘉庚精神的本质和内核,也是当时侨界官方认可的陈嘉庚的重要品质。时任国务院华侨事务委员会主任的廖承志在公祭大会上的悼词中说:"他的崇高的爱国主义精神,高尚的品质,团结华侨、不懈地为海外华侨社会服务,坚决反对帝国主义的精神,使他成

---

① 高仲约:《南侨领袖陈嘉庚》,《上海周报》1941年第3期。
② 周召南:《爱国老人陈嘉庚》,福建永安联合书屋1944年版,第45页。

为华侨的旗帜,在海外闪烁着中华民族的光辉。"①老一辈革命家方方认为"陈嘉庚先生的一生贯穿着一根热爱祖国的红线,而他的爱国立场则是随着时代巨轮的前进而前进的"②。时任全国侨联副主任尤扬祖认为"他热爱祖国,热爱家乡,疾恶如仇,公而忘私的精神,是我们华侨的好榜样"③。北京归国华侨学生中等补习学校校长张国基认为,陈嘉庚具有"自奉俭朴而热心办教育的精神""爱乡爱国的精神",他明辨是非,有卓越的政治认识。④可见,爱国爱乡的政治品质是陈嘉庚作为"华侨领袖"的显著标识。

陈嘉庚生前好友和社会知名人士从颂扬陈嘉庚的爱国主义行动拓展到对其个人品质的高度赞扬上来,从而形成了陈嘉庚精神的多维度内涵。时任新加坡中华总商会会长高德根在新加坡召开的追悼会上认为陈嘉庚具备"忘我为人的仁爱襟怀、明辨是非的强烈正义感、毁家兴学的伟大牺牲精神"⑤。新加坡中华总商会董事黄奕欢在讲话中认为"陈嘉庚的名字是代表博爱和牺牲""实事求是,处处为社会大众着想""大公无私,疾恶如仇"。⑥可见,南洋地区商界对陈嘉庚仁爱、牺牲精神、正义感、大公无私等个人品质给予了高度肯定。而陈嘉庚生前好友

---

① 廖承志:《华侨旗帜民族光辉》,载张焕萍编:《陈嘉庚纪念文集》,中国华侨出版社2021年版,第34页。
② 方方:《陈嘉庚先生的爱国精神可风》,载张焕萍编:《陈嘉庚纪念文集》,中国华侨出版社2021年版,第37页。
③ 尤扬祖:《悼念爱国爱乡老人陈嘉庚》,载张焕萍编:《陈嘉庚纪念文集》,中国华侨出版社2021年版,第74页。
④ 张国基:《值得敬佩的陈嘉庚先生》,载张焕萍编:《陈嘉庚纪念文集》,中国华侨出版社2021年版,第133~135页。
⑤ 高德根:《悼一代伟人陈嘉庚》,载张焕萍编:《陈嘉庚纪念文集》,中国华侨出版社2021年版,第81页。
⑥ 黄奕欢:《我所知道的陈嘉庚先生的生平》,载张焕萍编:《陈嘉庚纪念文集》,中国华侨出版社2021年版,第95页。

不仅赞扬他的忠心与爱国,同时赞扬他身上优良的生活作风。华侨事务委员会委员洪丝丝将陈嘉庚的品德概括为"言必信,行必果""不忧不惧""爱憎分明,疾恶如仇""坚持真理,不爱虚名""朴素的作风""勤劳的习惯"。① 企业界人士和生前好友的评价更侧重于陈嘉庚的个人品格,包括性格、品行、生活习惯和工作作风等多个维度。

总之,从20世纪40年代到1961年陈嘉庚逝世这一阶段,"陈嘉庚精神"概念初步提出,内涵逐渐丰富。这一时期的论述者主要是陈嘉庚创办的诸校的教工或学子,多为其创办各学校、领导南洋地区各类社会组织的参与者和同行者,或与其本人交往甚密的好友或同事,最终由当时的官方机构公开阐述予以认定。从内涵上看,论述者大多对先生本人有近距离的接触和直观认识,深为其身上的崇高人格和伟大精神所折服,因此对陈嘉庚精神的理解主要聚焦于陈嘉庚身上的人格品质和优良作风。同时,陈嘉庚精神内含着的爱国精神、民族情感和政治立场也得到彰显和肯定。从形成基础来看,倾资兴学以报效国家、追求进步的政治立场、团结华侨抵御外侮等活动是这一时期研究陈嘉庚精神的实践基础。

二、陈嘉庚精神内涵的丰富和完善

党的十一届三中全会以后,我们党将工作重心转移到经济建设上来,把对外开放确立为基本国策。经过40多年持续推进改革开放,我国实现了从高度集中的计划经济体制到充满活力的社会主义市场经济体制、从封闭半封闭到全方位开放的历史性转变。新的历史条件下,人

---

① 洪丝丝:《陈嘉庚先生的品德》,载张焕萍编:《陈嘉庚纪念文集》,中国华侨出版社2021年版,第125~129页。

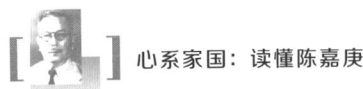 心系家国：读懂陈嘉庚

们呼唤适应新时代的陈嘉庚精神。市场的活力来自企业家，走向全球化需要具有国际影响力的华侨华人，由此，陈嘉庚作为东南亚商业巨子、华侨领袖及其内含的精神品质，被不断地挖掘、诠释和宣扬。

适应经济全球化和社会主义市场经济体制改革的发展趋势，陈嘉庚精神的研究在这一历史时期呈现出三个主题。

（一）陈嘉庚精神的内在核心

第一种观点认为爱国主义是陈嘉庚精神的核心。厦门大学蔡仁龙教授在1985年的文章中系统论述了陈嘉庚的爱国主义思想，认为他的爱国思想是随着中国近现代史的发展和演变而不断充实和发展的，具体体现在以下三个方面：兴办实业、倾资办学，以复兴祖国、振兴中华；团结华侨、坚决抗战，以拯救民族危亡；拥护共产党，走社会主义道路。①

以爱国主义为核心来阐述陈嘉庚精神得到了诸多学者的认同和跟进。1999年，第一本以"陈嘉庚精神"命名的专著出版。作者雷克啸以翔实的史料介绍了陈嘉庚光辉的一生，并论述了陈嘉庚精神的丰富内涵及其形成过程。书中在总结部分将陈嘉庚精神视为一种伟大的民族精神，包括爱国爱乡、嫉恶如仇、勇于进取、无私奉献、克己奉公等多重维度。作者认为"爱国主义是陈嘉庚精神的核心，是他一生恪守的信念，也是他一生行为的准则"。陈嘉庚的爱国主义精神表现出三个特征，即"争取民族独立，一切以民族幸福为前提、为依归"、"争取人民大众的民主"和"一心为着国家富强"。② 该著作对陈嘉庚精神内涵的解

---

① 蔡仁龙：《论陈嘉庚的爱国主义思想》，载曾讲来主编：《陈嘉庚研究文选》（第1卷），厦门大学出版社2007年版，第125～140页。

② 雷克啸编著：《陈嘉庚精神》，福建人民出版社1999年版，第110～115页。

读是对第一阶段诸多论断的综合,而作者用丰富的史料来加以论述说明,无疑更具有说服力和可读性。以爱国主义作为陈嘉庚精神的本质和核心得到众多学者和社会各界的普遍认可。

另一种观点认为"诚毅"是陈嘉庚精神的核心和本质。傅子玫认为"诚毅"是陈嘉庚精神的核心本质,它是孕育于几千年中华文化沃原的哲学精神,是贯穿于陈嘉庚一生的主线。① 陈毅明认为"诚信果毅"是陈嘉庚之所以成为伟人的品德基础和品格核心,是他成功创业的道德基础,体现了其崇高的国民品格。② "诚毅"是陈嘉庚个体身上的重要品质,也是陈嘉庚精神的重要组成部分。

(二)陈嘉庚精神的多维内涵

这一时期,爱国主义和诚毅品格作为陈嘉庚精神的重要内涵得到普遍的认同。除此之外,开拓创新等品质也逐渐得到呈现和重视。洪永宏在1985年的文章中认为陈嘉庚留下了一笔价值极高、数量极大的精神遗产,体现为伟哉中华的民族意识、锐意进取的开拓精神、开发智力的战略思想、无私无畏的崇高品格。③ 赵宁先专门论述了陈嘉庚的改革思想和锐意革新的精神,认为其特征是将改革与科学、民族利益、国情结合起来。④

在世纪之交,林德时提炼出"忠、公、诚毅、勤俭、改革观"五个元素,

---

① 傅子玫:《浅说陈嘉庚的诚毅精神》,载曾讲来主编:《陈嘉庚研究文选》(第1卷),厦门大学出版社2007年版,第251~260页。
② 陈毅明:《谈谈陈嘉庚的"诚信果毅"精神》,载曾讲来主编:《陈嘉庚研究文选》(第1卷),厦门大学出版社2007年版,第296~300页。
③ 洪永宏:《陈嘉庚先生精神遗产初析》,载曾讲来主编:《陈嘉庚研究文选》(第1卷),厦门大学出版社2007年版,第125~141页。
④ 赵宁先:《锐意改革的一生》,载中共厦门市委党史研究室编:《科教兴国的先行者陈嘉庚》,中央文献出版社2001年版,第208~212页。

分别作为陈嘉庚精神的本质特征、主要体现、精髓所在、传统本色和时代特点。① 这一提法系统全面且富有时代气息,具有较高的接受度和较强的影响力。这一提法目前在"陈嘉庚精神"相关的各类教材中得到广泛使用。比如,由集美大学组织编写的《陈嘉庚精神读本》(林斯丰主编,厦门大学出版社 2019 年第三版)中将"陈嘉庚精神"的内涵概括为"忠、公、诚毅、勤俭、革新";由集美轻工业学校组织编写的《嘉庚精神》(庄敏琦主编,北京航空航天大学出版社 2011 年版)将嘉庚精神归结为"忠、公、诚、毅、闯",分别作为嘉庚精神体系的本质特征、主要内容、精髓、保障体系和时代特点。上述提炼和阐述突显陈嘉庚的改革、开拓、进取等品质,丰富了陈嘉庚精神的具体内涵,与这一时期市场经济体制改革呼唤企业家精神相适应。作为企业家的陈嘉庚的事迹及其品质,也得到学术研究的重视。

(三)立足民族与全球的视角研究陈嘉庚精神

随着中国对外开放并融入全球化,陈嘉庚精神形成的国际环境和多元文化背景等问题得到学术界的重视。洪永宏在《陈嘉庚先生精神遗产初析》一文中已经关注到陈嘉庚精神体现出"伟哉中华的民族意识"。李勇的研究具有一定的代表性,他将陈嘉庚精神的讨论置于战后东南亚(尤其是新加坡)国家认同的建构和华人社会本土化的时空维度下,认为要突显传承文化意义上的陈嘉庚精神,淡化其中隐含的意识形态。他提出"本土化"的陈嘉庚精神包含开拓进取、勇于创新的"变革"精神,奉献教育、传承文化的"诚毅"精神,协同国家、发展与中国和世界

---

① 林德时:《论嘉庚精神的基本内涵》,《江西社会科学》2000 年第 6 期。

友好关系的"爱国"精神。① 这种概括立足于陈嘉庚精神的国际传播维度,有助于淡化不同国家意识和民族认同的冲突,有助于让更多的海外华人接受陈嘉庚精神,从而使陈嘉庚精神更具有跨国界的普遍意义。

总体而言,这一阶段的研究在研究主体上从亲历者、见证人开始延伸到研究者,论述风格也逐渐从回忆、感想类文章逐渐转向系统研究。由此,对陈嘉庚精神的研究越来越学理化,这一话题也成为历史学、社会学、思想政治教育等领域的研究对象。从陈嘉庚精神的内涵看,这一时期重视挖掘开拓创新、进取、改革等品质,使陈嘉庚的企业家身份得以彰显。同时,相关研究也注意到在陈嘉庚精神的国际化过程中会存在的意识形态差异和文化认同等问题。内涵的拓展、角度的更新、适用范围的扩大等,标志着陈嘉庚精神的研究在不断地丰富和完善。

三、陈嘉庚精神的新表述

党的十八大以来,中国特色社会主义进入新时代,改革由局部探索、破冰突围向系统集成、全面深化转变。对外开放更加积极主动,共建"一带一路"成为当今世界深受欢迎的国际公共产品和国际合作平台。

新时代赋予新内涵,陈嘉庚精神的多元内涵得到不同维度的呈现。张培春系统总结了陈嘉庚精神的内涵,认为陈嘉庚精神包括"天下兴亡、匹夫有责"的爱国主义精神,国而忘家、公而忘私的无私奉献精神,诚实守信、嫉恶好善的诚信重德精神,坚韧不拔、刚健果毅的自强不息精神,艰苦奋斗、克勤克俭的勤劳俭朴精神,革故鼎新、与时偕行的改革

---

① 李勇:《当代新加坡陈嘉庚从边缘到回归——兼论陈嘉庚精神的"本土化"》,《河南师范大学学报(哲学社会科学版)》,2012年第2期。

创新精神。① 他第一次将新时代推动民族伟大复兴所需要的"自强不息"精神作为陈嘉庚精神的重要内涵。

新时代的高质量发展需要弘扬企业家精神,陈嘉庚精神的企业家维度因此得到了充分的关注。2020年7月21日,习近平总书记在企业家座谈会上高度肯定了陈嘉庚等企业家的爱国精神。"爱国是近代以来我国优秀企业家的光荣传统。从清末民初的张謇,到抗战时期的卢作孚、陈嘉庚,再到新中国成立后的荣毅仁、王光英,等等,都是爱国企业家的典范。"②爱国主义是陈嘉庚精神的内核,也是新时代企业家精神的首要品质,企业家精神的多维度解读成为这一时期研究陈嘉庚精神的重要特点。李国梁从人生价值观的四个维度解读陈嘉庚精神,认为陈嘉庚精神的社会价值观体现为服务社会、奉献社会、改造社会,义利观体现为重"道义"、重"公利"、"见利思义"、"义而后取",金钱观体现为"轻金钱、重义务",道德观体现为"立身人格"和"做人第一"的价值取向。③ 这一角度用企业家精神提升了价值观,从而与社会主义核心价值观高度契合。木志荣全方面展现了作为企业家的陈嘉庚,既梳理了陈嘉庚的创业之路,又总结了其经营管理之道。他的著作对陈嘉庚精神的解读聚焦于创业精神和社会责任两个层面:创业精神包括敢为人先的创新精神,敏锐的商业洞察力,量力而行的资源拼凑行为、资本运作能力、产业链布局能力和执行能力;社会责任包括义利观、事业观、

---

① 张培春:《陈嘉庚精神的内涵、表现及其时代价值》,《集美大学学报(哲社版)》2015年第1期。
② 《习近平著作选读》(第二卷),人民出版社2023年版,第321页。
③ 李国梁:《陈嘉庚精神:人生价值观的解读》,载张焕萍编:《陈嘉庚纪念文集》,中国华侨出版社2021年版,第310~318页。

金钱观、价值观和世界观等维度。① 陈嘉庚的企业家精神与其"诚毅"品格紧密相关,同时也是"公而无我"精神的直接体现。

弘扬陈嘉庚精神,要充分发挥其在共建"一带一路"中的影响力。张慧梅、刘宏关注到陈嘉庚精神形成中三个重要的时间和空间特质,即跨地域的商业经营理念、跨文化的教育发展模式和跨帮派的华社领导方式。因此,包括陈嘉庚在内的华商群体的商业网络,必须从跨地域、跨文化、跨帮派等维度发挥其对于经济、教育、社会发展的推动作用。② 陈俊林认为陈嘉庚精神具有深厚的人文关怀精神,这一精神深受中国传统文化和西方价值文化的影响,是"中学为体、西学为用"的实践。陈嘉庚的人文关怀精神包括其自身的平民意识、对人的人文关怀、对社会的人文关怀、对国家的人文关怀等层面。这一研究路径深入挖掘陈嘉庚精神的文化底蕴和社会背景,使其在跨国界和跨文化的历史条件下能够重新彰显出当代价值。

新时代以来,陈嘉庚精神研究的学术性更为浓厚,管理学、哲学、思想政治教育学、区域国别学等领域的学者开始涉足其中,陈嘉庚精神中的企业家精神、人文底蕴、国际意义等维度得到全面体现。2014 年,习近平总书记在给集美校友总会的回信中系统概括了陈嘉庚精神的丰富内涵,从精神、品格、诚心三个维度全面阐述其深刻的时代蕴意和实践使命。习近平总书记的概括为我们准确把握和科学诠释陈嘉庚精神指明了方向,提供了遵循。

---

① 木志荣:《陈嘉庚创业管理之道》,厦门大学出版社 2022 年版,第 109~145、251~279 页。
② 张慧梅、刘宏:《陈嘉庚精神及其现代意义》,《华侨大学学报(哲学社会科学版)》2015 年第 3 期。

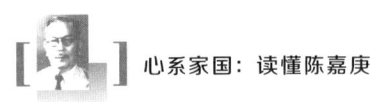
心系家国：读懂陈嘉庚

第二节 新时代语境中的陈嘉庚精神

党的十八大以来，中国特色社会主义进入新时代，这是中国发展新的历史方位。新的历史阶段，意味着近代以来久经磨难的中华民族迎来了从站起来、富起来到强起来的伟大飞跃，迎来了实现中华民族伟大复兴的光明前景。伟大时代呼唤伟大精神，伟大精神推动伟大事业。习近平总书记2014年给集美校友总会的回信，"是党和国家最高领导人第一次把'嘉庚精神'提到国家层面，成为中华民族精神和时代精神的重要内容"①。习近平总书记的归纳和凝练具有以下特点：一是科学的体系性，即从个人品格、社会属性和民族情感多方面揭示陈嘉庚精神的多元向度；二是鲜明的时代性，即从新时代的精神气质、奋斗使命和实践路径指明了陈嘉庚精神的作用场域；三是现实的指向性，即立足于企业家、教育事业家和华侨领袖等多维身份明确了陈嘉庚精神的实践着力点。

一、艰苦创业、自强不息的精神

艰苦创业、自强不息是陈嘉庚一生奋斗历程的真实写照，也是支撑其辉煌成就和广泛影响力的性格品质和人格魅力。

（一）企业经营中的不畏失败

陈嘉庚从小规模的黄梨②（菠萝）罐头厂和米店起步，再进军橡胶

---

① 中央党校采访实录编辑室：《习近平在厦门》，中共中央党校出版社2020年版，第125页。
② "黄梨"是当时闽方言语境中对菠萝的称呼。

种植和加工业,终成享誉东南亚的商业巨子。艰苦创业、自强不息既是他实业经营的真实写照,也是构成其精神品质的主要内容。1904年,面对父亲清盘处理留下的20万元负债,陈嘉庚毫不气馁,以7000元为资本创办了"新利川"黄梨罐头厂,从此开启了其独立闯荡的商业生涯。其间,陈嘉庚经历米厂火灾、生蚝罐头厂创业失败、橡胶业市场低迷、公司股权被外人操控等困难和危机。但他从不言弃,永不服输,越挫越勇。面对经营困境,他说:"世界无难事,唯在毅力与责任耳。"[①]1934年,在公司收盘后,陈嘉庚应约在《东方杂志》上撰写个人自传《畏惧失败才是可耻》一文,他指出:"自古英雄豪杰,何尝不遭艰危落拓……美国汽车大王有言曰:'正当之失败,无可耻辱,畏惧失败,才是耻辱'。"[②]他坦然面对企业经营的挫折,意志顽强,性格刚毅,继续投身教育事业,投身民族独立和解放事业。

(二)创办教育中的坚韧不拔

陈嘉庚创办教育事业是一个艰苦创业的历程,从开办惕斋学塾到兴办集美学村、厦门大学而形成完备的教育体系。这一过程亦深刻地体现着陈嘉庚自强不息、勇毅前行的顽强精神。为开办厦门大学募捐时,陈嘉庚曾三次劝募失败,最后毅然带头捐出开办费100万元,作为2年的经费支出,后又认捐经常费300万元,作为12年的经费支出,每年25万元。他以一己之力支撑庞大的教育体系,办学经费不足是最大的难题。尤其是在他经营企业的最后8年(1926—1933年),每年各种支出达百余万元,而集美、厦大两校每月开支达3万余元,入不敷出,举步维艰。1926年,陈嘉庚在给叶渊的信中提到:"迨至今方悟公益事

---

① 王增炳等编:《陈嘉庚教育文集》,福建教育出版社1989年版,第165页。
② 王增炳等编:《陈嘉庚教育文集》,福建教育出版社1989年版,第217页。

业,非艰难辛苦不为功,如孟子所云必先苦其心志也。"①在自述中他坦言:"有人劝余停止校费,以维持营业,余不忍放弃义务,毅力支持。"② 1931年,陈嘉庚经营的企业被改组为股份有限公司后,债权银行要求削减甚至停止拨付厦大、集美两校的经费,遭到陈嘉庚的断然拒绝。为筹措办学经费,陈嘉庚甚至"出卖大厦,维持厦大",将两个儿子名下的别墅(新加坡经禧路42号)卖给华侨银行,所得款项用于两校开支。此外,在长达半世纪的办学中,陈嘉庚还经历校长两年三易、学生数次风潮、学校因抗战而辗转播迁等危机和困境。然而,他始终不改初衷、不言放弃、毅以处之,充分展现了自强不息、百折不挠的牺牲精神和奉献精神。

艰苦创业、自强不息既是陈嘉庚的人生经历和精神品质,也是近代以来中华民族饱经磨难、奋起抗争的真实写照及彰显出来的民族精神。推进中国式现代化进程需要弘扬艰苦创业、自强不息的精神。邓小平反复强调,"要有一股艰苦奋斗的创业精神","在相当长的一段时间里,我们不能不提倡和实行艰苦创业"。③ 2022年,习近平总书记在延安考察时强调要弘扬包括自力更生艰苦奋斗的创业精神在内的"延安精神"。党的二十大报告提出要实现包括"自强不息"在内的中华传统美德与科学社会主义价值观的高度契合。艰苦创业、自强不息的精神要求我们时刻保持从头再来、知难而进、敢于拼搏的创业精神,坚持自信自立,把中国发展进步的命运牢牢掌握在自己手中,面对任何困难和风险都不放弃、不退缩、不止步,勇往直前、勇毅前行,为民族利益和民族独立、复兴而奋斗。

---

① 王增炳等编:《陈嘉庚教育文集》,福建教育出版社1989年版,第398页。
② 陈嘉庚:《南侨回忆录》,中州古籍出版社2019年版,第580页。
③ 《邓小平文选》(第二卷),人民出版社1994年版,第257~260页。

二、以国家为重、民族为重的品格

爱国主义是陈嘉庚精神的内在核心和本质特征,体现了陈嘉庚作为久居海外的华侨,时刻以国家独立和富强为事业,时刻以传播中华文化、维护民族独立为己任,将个人的一生与国家和民族的事业紧密联系在一起。这一品格集中地体现在他的教育报国实践、致力于中国近代民主革命、投身抗日救亡运动和参与社会主义革命和建设中。

(一)紧跟时代步伐,投身近代民主革命

1910年,陈嘉庚与胞弟陈敬贤一起加入同盟会,并多次筹款资助孙中山领导的民主革命,热忱地参与到反对封建专制、争取民主共和的进步运动中。辛亥革命胜利后,他"热诚内向,思欲尽国民一份子之天职"。北洋军阀统治期间,他痛感当时中国事事落后、任人宰割,认定教育乃民族振兴的唯一良方。1927年,南京国民政府成立后,陈嘉庚代表南洋华侨表态"拥护南京中央政府",希望各方力量"共筹抵御,不可自生内战"。

1940年,陈嘉庚率领"南侨总会"慰劳团回祖国考察期间,先后访问重庆和延安等地。在重庆,他目睹了国民党军队消极抗战、贪污腐败、奢靡成风等现象;而在延安,他见识了共产党领导下的解放区积极向上、官兵平等、朴实无华,两者形成强烈的对比和反差。陈嘉庚感慨道:"耳闻目睹各事实,见其勤劳诚朴,忠勇奉公,务以利民福国为前提,并实行民主化,在收复区诸乡村,推广实施,与民众辛苦协作,同仇敌忾,奠胜利维新之基础。余观感之余,衷心无限兴奋,梦寐神驰,为我大

中华民族庆祝也。"①通过回国慰劳,陈嘉庚得出"中国的希望在延安"的结论,从而实现了他一生中政治立场的决定性转变。

在解放战争期间,陈嘉庚拥护中国共产党的政治主张,反分裂、反独裁,支持人民解放战争。抗战胜利后,国民党政府仰仗美国的支持,悍然发动内战。美国披着"中立"的伪装,扶蒋反共。陈嘉庚在南洋华侨社会中发起了一场大规模反美反内战运动。1946年9月11日,陈嘉庚以"南洋华侨筹赈祖国难民总会主席"名义致电美国政府,呼吁其撤回驻华海陆空军及一切武器,不再援助当时的国民党政府,以使中国内战得以终止。此电文得到整个南洋华侨社会的响应和拥护,为反内战、反独裁、反干涉发出了有力的呼声,营造了良好的国际舆论氛围。

不仅如此,为了在舆论和宣传上支持民主进步事业,陈嘉庚于1946年11月21日创办《南侨日报》。陈嘉庚在创刊号上《告读者》文中明确创报"目的在团结华侨,促进祖国之和平民主,俾内战早日停止,政治早日修明,国民幸福早日实现,以达到孙国父建国之主旨"②。《南侨日报》坚持和平、反对内战,坚持民主、反对专制,成为"和平先驱、民主堡垒"。《南侨日报》及时向国际社会介绍了当时的国内战局,让各国人民了解到人民解放军的胜利和国民党军队的惨败,从而在舆论上强有力地配合了"打倒蒋介石、解放全中国"的人民解放战争。在《南侨日报》创刊三周年时,周恩来充分肯定其"为宣扬新民主主义的共同纲领而奋斗,为保护国外华侨的正当权益而奋斗"。

新中国成立后,陈嘉庚积极参政议政,投身于新民主主义革命和社会主义建设事业中。推动民主革命、建设民主国家是陈嘉庚爱国主义精神的具体行动,以陈嘉庚为代表的华侨华人与中国共产党"共同为推

---

① 陈嘉庚:《南侨回忆录》,中州古籍出版社2019年版,"弁言"第4页。
② 转引自任贵祥:《华侨与中国民族民主革命》,中央编译出版社2006年版,第414页。

翻封建专制统治、反抗殖民侵略、建立新型民主制度而奋斗,推动中国社会从封建专制转向现代民主制度,为国家现代化奠定了根本政治前提和制度基础"①。

(二)面对外来侵略,表现出大无畏的斗争精神和牺牲精神

1928年,日本侵略者在山东杀戮中国军民和外交人员,制造了震惊中外的"济南惨案"。南洋地区组织成立"山东惨祸筹赈会",陈嘉庚担任会长并组织民众募集资金赈济山东灾民,并号召华侨抵制日货。1931年"九·一八"事变后,陈嘉庚召开侨民大会,通电当时的国际联盟和美国总统,要求履行国际条约,维护世界和平。"余明知开会发电虽无丝毫效力,然祖国遭此侵暴,海外华侨不宜塞耳无闻,自应唤醒侨民鼓动志气,激励爱国,冀可收效于将来。"②

1937年"七·七"事变后,中华民族到了生死存亡之时。陈嘉庚先后担任"星华筹赈会""南侨总会"主席,这些组织使南洋地区华侨实现了跨地区、跨行业、跨阶层的大团结。陈嘉庚在民族危难之际,敢于挺身而出,领导南洋华侨进行功勋卓著的抗日救亡运动。"仅1938年、1939年两年时间,南侨总会的捐款就达1.45亿元,占同期海外华侨捐款总数的70%。1939年国民政府的军费支出是18亿元,而这一年华侨的捐款和侨汇就达11亿元,其中1亿元为捐款。"③毛泽东在《论联合政府》中赞誉道:在抗日战争中,"海外华侨输财助战",为抗战胜利作出了巨大贡献。

---

① 车腊梅、张劲松:《百年党史中华侨华人对国家现代化的贡献》,《集美大学学报》(哲学社会科学版)2021年第4期。
② 陈嘉庚:《南侨回忆录》,中州古籍出版社2019年版,第43页。
③ 黄顺通、刘正英:《陈嘉庚与抗日战争》,载中共厦门市委党史研究室编:《华侨领袖陈嘉庚》,中央文献出版社2001年版,第142页。

(三)强烈的民族意识

陈嘉庚的爱国主义精神蕴含着强烈的民族意识,表现为对民族存亡和振兴的高度责任感和紧迫感,对中华文化和民族认同的自我觉醒和自觉维护。在办学动机上,以国家为重、民族为重的爱国主义精神是陈嘉庚办学兴学的最初出发点和最终落脚点。"从他的一生看,贯穿着热爱祖国的红线。爱国兴学是他的动机,也是他的精神所在。"[1]陈嘉庚认为兴办教育与创办实业是在全球各民族竞争中避免淘汰的可行之道:"教育不振则实业不兴,国民之生计日绌……吾国今处列强肘腋之下,成败存亡千钧一发,自非急起力追难逃天演之淘汰。"[2]在1919年倡办高校的演讲中,他再次强调:"窃吾人欲竞存于世界而求免天演之淘汰,非兴教育与实业不为功。"[3]从1913年开办乡立集美两等小学校,到1921年筹办厦门大学,尽国民天职、救亡图存始终是陈嘉庚兴学的最初动机。

在办学方向上,弘扬中华文化、维护民族认同是一个重要着力点。陈嘉庚以历史上波兰复国为例道:"可见国虽亡,而固有文化尚未灭亡,终以文化之力量,而得恢复祖国也。"[4]陈嘉庚在侨居地创办华文学校,目的在于让侨生学习汉语,维护和发扬中华民族文化传统。他先后支持新加坡道南学堂、爱同学校和崇福女校的办学,并于1918年发起筹办南洋华侨中学。在筹办演讲中,他直陈传承中华文化、共赴民族危难的满腔热血:"诚以救国既乏术,亦只有兴学之一方。纵未能立见成效,

---

[1] 谢高明:《爱国兴学倡办师范》,载中共厦门市委党史研究室编:《科教兴国的先行者陈嘉庚》,中央文献出版社2001年版,第30页。
[2] 王增炳等编:《陈嘉庚教育文集》,福建教育出版社1989年版,第160页。
[3] 王增炳等编:《陈嘉庚教育文集》,福建教育出版社1989年版,第170页。
[4] 王增炳等编:《陈嘉庚教育文集》,福建教育出版社1989年版,第205页。

然保我国粹,扬我精神,以我四万万民族,亦或有重光之一日乎。"①新加坡南洋华侨中学是东南亚华侨超越不同地方帮派而自发筹办的第一所华文中学,也是海外规模最大的华侨中学。

陈嘉庚创办的内地学校也欢迎华侨子弟入学并给予一定的优待,甚至在部分学校特设侨生补习班。新中国成立后,他在北京、广州、家乡集美倡办华侨补习学校,坚持依托各类学校推动海内外华侨华人与祖国的文脉相连。陈嘉庚认为:"华侨和参加了外籍的华人固然需要学习当地通行的语文,以便在当地生活和发展,并同当地其他民族友好相处,同时也需要学习自己民族的语文,以维护和发扬本民族的文化。"②陈嘉庚在南洋地区创办各类华文学校,倡办华侨补习学校,目的在于让更多的华侨子弟学习中文,保持中华传统,增强对中华民族的文化认同和民族情感。这些华文教育客观上为广大华侨华人提供了传统文化滋养,促进了中华文化的海外传播。

以国家富强、民族振兴为己任,是陈嘉庚精神的最高价值和行动指南。新时代以来,中华民族伟大复兴进入了不可逆转的历史进程。在新征程上,推进民族复兴伟业需要弘扬以爱国主义为核心的民族精神,以改革创新为核心的时代精神。作为具有广泛影响力的华侨领袖,陈嘉庚以国家为重、民族为重的品格有助于我们涵养和培育创造、奋斗、团结、梦想的伟大民族精神,充分发挥民族精神的"黏合剂""凝聚剂"功能,为激励全体中华儿女为实现民族复兴不懈奋斗提供精神支撑和力量源泉。

---

① 王增炳等编:《陈嘉庚教育文集》,福建教育出版社1989年版,第164~165页。
② 洪丝丝:《陈嘉庚在新加坡兴学的光辉业绩》,载张焕萍编:《陈嘉庚纪念文集》,中国华侨出版社2021年版,第192~193页。

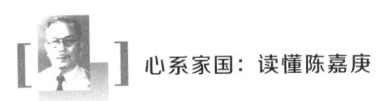

三、关心祖国建设、倾心教育事业的诚心

对祖国的忠诚是陈嘉庚爱国主义精神的一种内在情感,体现为国家贫弱时,他力图以教育救国进而强国;新中国开基立业时,他致力于国家和家乡的建设和发展。

(一)教育报国全面展现爱国、奉献、创新、诚毅等精神品质

陈嘉庚一生办学兴学半个多世纪,创办及资助的学校多达100多所,遍布福建省20多个县市和南洋地区,从幼儿园、小学、中学(中专)到大学,涵盖基础教育、职业教育和高等教育等。

首先,以教育推动实业发展,进而实现国家富强,这是陈嘉庚教育报国理念的实践路径。陈嘉庚创办的职业教育和大学皆直接服务于当地的经济建设和社会发展,比如:创办水产航海学校是因为"欲振兴船业,必须培养多数之船业人才";创办商业学校是因为"商业之不振""商人不知商业原理与常识耳";创办农林学校是因为虑及我国"科学落后,水利未兴,改良无法,帮收获不丰,民生困苦"。不仅如此,他倡导教育与实业、教学与生产深度融合。在教学实践中融入生产活动,在生产活动中推进专业训练和能力提升,这是陈嘉庚经营哲学和教育理念的重要内容,也是实现其以教育、实业推动人才培养这一思想的重要途径。

其次,教育与科技、人才紧密相关,共同构成了推动国家富强、民族进步的基础工程和动力源泉。陈嘉庚对此有着深刻的认识:"何谓根本?科学是也。今日之世界,一科学全盛之世界也。科学之发源,乃在

专门大学。有专门大学之设立,则实业、教育、政治三者人才,乃能辈出。"①在办学过程中,他非常重视从西方引进先进的科学技术和实验设备。1922年,他专门建设集美科学馆,从国外采购大量先进的物理、化学、生物实验仪器和标本,这些设施无论数量还是质量在当时都处于同类院校的先进水平。为了培养学以致用的水产航海应用型人才,陈嘉庚从英国购置主要零部件建造载重量31吨的"集美1号",后又从法国购置载重274吨的"集美2号"(这是当时国内最大的拖网渔轮)。这些理念先进、体系健全的教学仪器和实习设备,促进了当时西方先进科学技术在中国的普及和运用。

陈嘉庚创办的教育体系,培养出一大批掌握文化知识和先进技术的人才,为当地经济社会发展提供了基础性支撑。"他创办的学校造就了成千上万振兴中华的栋梁之才,其中有许多人是闻名国内外的革命志士,学者、专家、艺苑名人、体坛健将、社会名流以及企业家等等。他们在创建新中国,建设社会主义的伟大事业中,或在海外的经济文化建设中都作出了巨大的贡献。"②杨振宁曾评价道:"他为中华民族的教育事业,贡献了全部财富,兴办了从小学到大学的一系列学校。我想,在中国历史上,这样努力倾资兴学,应该是从陈嘉庚先生开始的。"③陈嘉庚的办学实践突出地体现了他天下为公、无私奉献的精神。他坚信"金钱如肥料,散播才有用",将一生所获财富都奉献给了教育和公益事业,并没有留给家人和子孙后代。黄炎培先生称赞其"大公无私","我所认识的不少资本家,尽管是'民族资本家',但很少像陈嘉庚先生尽其所入

---

① 王增炳等编:《陈嘉庚教育文集》,福建教育出版社1989年版,第185~186页。
② 林金枝:《论陈嘉庚先生倾资办学及其影响》,《南洋问题研究》1984年第4期。
③ 黄金陵、王建立主编:《陈嘉庚精神文献选编》,福建人民出版社1996年版,第20页。

归公,一点不留私有"。①

习近平在《摆脱贫困》一书中写道:"教育发达—科技进步—经济振兴是一个相辅相成、循序递进的统一过程,其基础在于教育。"②新时代以来,教育对现代化建设的支撑作用愈发明显,"教育—人才—科技创新—现代化强国"的作用机制日渐成形。陈嘉庚精神及其外现的兴学动机、办学理念对于强化教育的基础性工程作用、一体化协同推进"教育—科技—人才"建设具有重要的实践启示和时代价值。

(二)拥护社会主义,关心家乡建设

首先,参政议政。1949年,陈嘉庚应邀回国参加中国人民政治协商会议的筹备工作。9月21日,陈嘉庚出席中国人民政治协商会议第一届全体会议,代表海内外广大华侨发言拥护人民政协和人民政府的相关组织草案。在此次会议上,陈嘉庚当选为中国人民政治协商会议第一届全国委员会常务委员、中央人民政府委员和华侨事务委员会委员。10月1日,陈嘉庚登上天安门城楼,参加开国盛典。陈嘉庚作为华侨代表,成为建国伟业的重要参与者,成为新政府管理华侨事务的重要成员。

1949年之后,陈嘉庚曾两次到全国各地参观,切身体会到新政权带来的翻天覆地的变化,直观感受到新社会制度的优越性。1949年6月至8月,他前往当时已解放的辽宁、黑龙江、内蒙古、吉林等地参观,前后两个多月,行程五千余公里。看到东北地区工业生产欣欣向荣,他认为"东北各项建设的成绩,可逐渐协助关内各省的建设,农业国转变

---

① 黄金陵、王建立主编:《陈嘉庚精神文献选编》,福建人民出版社1996年版,第13页。
② 习近平:《摆脱贫困》,福建人民出版社1992年版,第173页。

为工业国一定是有希望的"①。他认为从东北看全中国,国家建设的前途一片光明。

1955年7月至12月,他先后到东北、西北、西南、中南等地的16个省、55个工厂企业参观考察,主要考察第一个五年计划的执行情况,历时97天,行程25000华里。在东北和华南参加工厂生产时,他高度肯定工业化改造后普遍的机械化、自动化,甚至认为部分企业生产已经达到了国际水平。他也近距离地接触工人,称赞工人的劳动智慧和主人翁精神。在西北地区参观时,他高度称赞中央实行各民族一律平等,在少数民族聚居的地方实行区域自治的民族政策。1956年2月,陈嘉庚在全国政协会议上的发言中由衷地赞扬:"工厂栉比、街道宽直、高楼大厦耸立、交通畅达、清洁美丽,大大改变了往昔的面貌。工农业生产更是突飞猛进,文化教育和卫生事业亦有相应的发展。人民生活普遍提高。这一切标志着我国社会主义建设的辉煌成就,证明:社会主义使祖国富强、人民幸福,社会主义是适合中国国情的。"②

其次,关心家乡集美、厦门和福建的建设。爱国始于爱乡,发展经济首先需要有良好的基础设施,尤其是道路交通。福建地处东南沿海,境内以山地为主,交通阻梗,新中国成立之时尚未通铁路。1949年冬,陈嘉庚建议厦门市政府参照英国人用一条长石堤连通马来西亚与新加坡的方法,在厦门岛与集美之间修建海堤。厦集海堤于1953年6月动工,1955年10月建成,全长2212米。这一海堤在连通厦门海岛与陆地、实现岛内外一体化中发挥着重要的作用,在建造过程中形成的"海堤精神"也是厦门独特的精神财富之一。

---

① 朱立文编:《陈嘉庚言论新集》,厦门大学出版社2013年版,第4页。
② 朱立文编:《陈嘉庚言论新集》,厦门大学出版社2013年版,第19页。

1950年6月,陈嘉庚在参加全国政协会议期间,正式提出"建设福建铁路或先建造路基案",然而因朝鲜战争爆发而未获实施。1952年12月,陈嘉庚致信毛泽东主席再提在福建铺设铁路,再次强调福建人民饱受"无铁路交通"之苦,并急切盼望主席能够"迅令开办"铁路,"不但造福闽民,亦适应海外数百万闽侨之企盼"。鹰厦铁路于1955年2月动工,1956年12月铺轨到厦门,1958年1月正式运营。在谈到这条铁路的意义时,陈嘉庚认为"它可泊数万吨巨轮,将来交通发达,容纳五洲万国之商船,东南亚贸易之市场,将以此为集散地点",是一条"使闽省急起直追,早一天走上现代化建设的道路"[①]。鹰厦铁路通车结束了福建省没有铁路的历史,对于开发利用福建各地丰富的资源,对于福建省的现代化建设发挥着基础性的作用。

(三)代表华侨发声

新中国成立后,陈嘉庚还曾短暂在新加坡停留,积极通过媒体等渠道向南洋地区介绍新中国的成就。1949年2月23日,陈嘉庚接受美联社星洲分社主任马斯特逊采访时,认为中国共产党胜利之后,能够带领中国人民走向民族复兴:"中国资源丰富,人力充沛,在中共胜利以后,中国在经济上必不成问题,只要地方治安良好,交通恢复,人民能够安居乐业,衣食住问题能得妥善解决,中国即能步上复兴之道。"[②] 1950年2月,在第一次祖国万里行结束之后,陈嘉庚在新加坡对《南侨日报》畅谈对社会主义道路的信心和对新中国未来发展的憧憬:"以我国土地之大,人民之众,民气之烈,若有良政府领导,定可与列强并驾。就毛主

---

① 朱立文编:《陈嘉庚言论新集》,厦门大学出版社2013年版,第146～147页。
② 《陈嘉庚先生言论选辑》,载张焕萍编:《陈嘉庚纪念文集》,中国华侨出版社2021年版,第491页。

席而言,文武才干,英明智慧,不但为我国历史所未有,亦为世界所仅见。将来新中国建设成功,其光荣芬芳,前古后今,殆无出其右,为公为私,安肯自屈卑下,附庸于人?"①这些观感和评论在东南亚地区正面地宣传了新政府的形象,提升了广大华侨对新中国发展前景的信心。

作为全国政协的侨界代表,陈嘉庚多次在会议发言中建议政府加强对华侨的保护,维护归国华侨的相关权利。1950年5月,陈嘉庚在全国政协会议上建议政府早日与世界各国建立外交关系,派出使领,使各项外交手续能正常办理,切实保护世界各地华侨。对于第一部《中华人民共和国宪法》规定"中华人民共和国保护华侨的正当权利和利益",他倍感欣慰并给予高度肯定。1953年,陈嘉庚在会议发言中建议华侨应该同样依法享有选举权和被选举权,华侨可以用适当的方式选出侨界代表。

1956年10月,中华全国归国华侨联合会在北京成立,陈嘉庚当选为主席。1956年10月5日,陈嘉庚在成立大会上指出,"当前归国华侨联合会应该更广泛地团结和组织归侨、侨眷加强社会主义教育;同时,要进一步鼓励并协助他们参加祖国的建设事业","爱国的侨胞,对于推动和平解放台湾的事业,应该和祖国人民一道,担当起应负的责任"。② 1959年上半年,印度尼西亚出现反华、排华、迫害华侨的事件,当地华侨的人身财产安全受到严重的威胁,中国政府及时向印度尼西亚提出交涉和抗议,陈嘉庚也发出呼吁:"我国政府和人民决不能坐视海外侨胞被人家任意迫害和凌辱,如果侨居国对他们不能相容,他们的生活出路发生了困难,他们就可以随时回到祖国的怀抱,参加祖国的建

---

① 《陈嘉庚先生言论选辑》,载张焕萍编:《陈嘉庚纪念文集》,中国华侨出版社2021年版,第496页。
② 朱立文编:《陈嘉庚言论新集》,厦门大学出版社2013年版,第30~31页。

设。十年来已经先后有三十多万侨胞回国,并且在生活和工作中得到祖国妥善地安排和照顾。这说明我们伟大的祖国是海外侨胞最有力的靠山。"①陈嘉庚代表全体归国华侨慰问了印尼等地难侨,并为他们遭到的迫害提出严重抗议。他特别关心归国华侨的接待和安置工作,专门在全国政协会议上提出安置侨生的议案。他发挥华侨领袖的社会影响力,积极关心广大华侨的基本权利和生活安全,同时吸收华侨来国内投资、置业,加强华侨与祖国的联系,从而形成共同建设新中国的强大合力和最大同心圆。

第三节 弘扬陈嘉庚精神 奋进复兴新征程

陈嘉庚的人生经历及其形成的精神品格是社会发展潮流的结果和产物,也是中国近代历史进程的见证和缩影。诚如项南所指出的:"经过长达近一个世纪的观察、磨炼和实践,逐渐形成了他自己独有的性格和价值观。从他身上迸发出来的这股伟大的精神力量,是我们民族取之不尽的精神财富。"②在全面推进社会主义现代化强国建设的新征程上,中华民族伟大复兴面临的风险和挑战异常复杂严峻,陈嘉庚精神内含的企业家精神、教育报国理念和民族精神是我们推进强国建设、实现民族复兴的重要精神财富。

弘扬陈嘉庚精神必须结合不同的时代背景和使命目标,也必须立足于陈嘉庚不同的社会角色及其要求的精神特质。陈嘉庚具有多重的

---

① 朱立文编:《陈嘉庚言论新集》,厦门大学出版社2013年版,第59页。
② 中共厦门市委党史研究室:《回忆陈嘉庚文选》,中央文献出版社2001年版,第21页。

社会角色,是孝子、华侨青年、乡贤,更是华侨企业家、社会改革者、华侨领袖。[①] 作为企业家的陈嘉庚,在实业经营过程中秉持独特的企业经营观,并形成了具有华侨蕴意的企业家精神。作为教育事业家,陈嘉庚在倾资兴学中凝练了自成体系的教育理念和育人模式。作为推动民主进步事业的社会活动家,陈嘉庚形成了与时俱进、弘扬传统文化的民主政治观。作为具有全球影响力的华侨领袖,陈嘉庚提出了立足教育、传承民族精神的华侨团结观。作为中华传统文化的传承者和传播者,陈嘉庚形成了以辩证的态度推进中西方文化交流互鉴的传统文化观。作为健康生活的倡导者,陈嘉庚形成了关于医药、卫生、养生等一系列观点。从不同的维度解读陈嘉庚,能够全面展现其精神理念的多元内涵和适用领域,从而为新时代弘扬陈嘉庚精神指明前进方向和实践路径。

一、弘扬企业家精神,勇担社会责任

陈嘉庚是20世纪初东南亚地区最为著名的华侨企业家之一。他的实业经营从米店伙计起步,发展成为东南亚的"黄梨(菠萝)大王""橡胶大王",建立起涉及米业、黄梨加工、橡胶种植加工、航运业、报业等领域,农工商、供产销一体化,业务遍及五大洲四五十个地区的商业王国。作为爱国企业家的典范,陈嘉庚在企业经营实践中形成了诚以报国的爱国情怀、敢为人先的创新精神、诚信守法的经营理念、兼济天下的责任担当、胸怀世界的国际视野等企业家精神。企业家精神是陈嘉庚精神的重要维度,集中地体现了他强烈的社会责任和家国情怀,体现了他开拓创新、自强不息的精神品质。

[①] 陈毅明:《关于"弘扬陈嘉庚精神"及其社会角色》,载中共厦门市委党史研究室编:《华侨领袖陈嘉庚》,中央文献出版社2001年版,第270~273页。

弘扬陈嘉庚精神,首先要厚植爱国情怀。爱国情怀是企业家精神的第一要素,是优秀企业家必备的基本价值观。承担社会责任是企业家社会属性的必然要求,是企业家自身价值和企业家精神的外在体现。陈嘉庚秉持"取诸社会、用之社会"的理念,认准"振兴工商业的主要目的在报国",抱定"商人以国货救国",履行教育报国责任时深感"尽国民分子之天职"。这充分表明陈嘉庚将企业经营与报效祖国紧密联系在一起,以办学兴学为社会责任,始终以国家为重、民族为重。企业营销无国界,企业家有祖国。新时代企业家要厚植爱国情怀,增强社会责任,在保民生、稳就业、促发展等方面发挥重要作用,努力为实现国家战略贡献力量,对国家和民族要深怀崇高的使命感和强烈的责任感,把企业发展同国家繁荣、民族兴盛、人民幸福紧密结合在一起。

其次,要着力推动创新发展。熊彼特在《经济发展理论》中视企业家精神为产品创新的驱动力,是企业推动持续发展的关键引擎。纵观世界企业发展史,长盛不衰的企业无不时刻注重创新,勇立市场变化和时代发展的潮头。陈嘉庚在经营活动中锐意改革,勇于创新,如首创在菠萝种植园中套种橡胶树,高薪聘请欧洲国家的科技人员进行攻关,高度重视企业的技术创新和应用。以陈嘉庚名义申请的专利权涉及轮胎改良、皮革制作、胶制箱改良、防水胶制饼干盛器等方面。在当时,英国当局已视陈嘉庚为星马最卓著的工业家,他的涂桥头熟品厂屡获英政府颁发的专利,因此"陈嘉庚被视为一名发明家,受到了英国总督及一些政府高级官员的认可和赞赏"①。

创新是企业家精神的核心,企业家"敢为天下先"的创新精神和"爱拼才会赢"的冒险精神,是经济增长与发展的稀缺要素和内在动力。作

---

① 木志荣:《陈嘉庚创业管理之道》,厦门大学出版社2022年版,第114~115页。

为创新活动的主要组织者,新时代企业家要加强关键核心技术攻关,通过科技创新提升企业产品质量、生产效率,进而促进产品创新、产业创新、业态创新、管理创新,加快形成以创新为主要引领和支撑的经济体系和发展模式。在创新中推进新质生产力发展,加快建设一批产品卓越、品牌卓著、创新领先、治理现代的世界一流企业,为高质量发展提供强力支撑。从20世纪上半叶发展民族工业、实业救国、教育报国,到新中国成立后投身社会主义建设,到改革开放以来开拓市场经济、勇闯国际市场,再到新时代以来推动高质量发展、争创国际一流企业,一代又一代的企业家厚植爱国情怀,与国家兴亡、民族振兴同呼吸、共命运,成为推动经济社会发展的重要力量。

二、矢志教育报国,培育时代新人

陈嘉庚是教育事业家,是中国近代以来华侨兴学的第一人。陈嘉庚一生兴学办学长达67年之久,先后创办倡办兴办了100多所学校,涵盖基础教育、职业教育、高等教育多个层次,形成了历史悠久、门类齐全的教育体系。在倾资兴学实践中,陈嘉庚形成了先进、科学的教育理念。在教育动机上,他坚定"教育立国"的战略理念;在教学育人理念上,他倡导全面发展、以德为先;在教育普及范围上,他力行人人平等、有教无类;在学校治理上,他注重校长选聘,重视师资建设;在学生培养过程中,他倡导知行合一,注重理论与实践相结合。陈嘉庚的教育事业蕴含着丰富而深邃的教育理念,在近代以来中国教育的发展中具有独特的历史作用。

从20世纪初的教育立国理念到改革开放以来的科教兴国战略,再到新时代以来开启的教育强国新征程,陈嘉庚的兴学功绩和办学理念

为推进闽南地区教育现代化奠定了完善的教育体系和厚实的物质基础,也为我们奋进新征程提供了先进的教育理念和丰富的精神财富。

教育强国是中国式现代化的基础性工程。在新征程上,弘扬嘉庚精神,一方面要持续建设高质量教育体系,提升教育对现代化强国建设的支撑力度。近代世界史的发展表明,现代化强国无不始于教育、兴于人才、盛于科技。面对20世纪初积贫积弱的国家,陈嘉庚指出:"国家之富强,全在乎国民。国民之发展,全在乎教育。"[1]他抱定"教育为立国之本",力图通过发展教育,唤醒民众、增强民智,从而实现国家强盛。教育是提高人民综合素质、促进人的全面发展的重要途径,是民族振兴、社会进步的重要基石。党的二十大报告指出:"教育、科技、人才是全面建设社会主义现代化国家的基础性、战略性支撑。必须坚持科技是第一生产力、人才是第一资源、创新是第一动力。"[2]教育、科技、人才"三位一体"具有内在一致性和相互支撑性,把三者有机结合起来、协同推进,能够形成推动高质量发展的倍增效应。

在教育、科技、人才"三位一体"中,教育是首要支撑和基础性要素。2001年,习近平在参加集美大学校董会会议时指出:"要弘扬嘉庚精神,努力把学校建设成创新人才的培养基地、关键技术的攻关基地、高新技术的孵化基地、知识创新的研究基地。"[3]高校作为教育科技人才的汇聚点,在促进科学知识生产、培育战略科技力量、建设重大科技平台等方面发挥着关键作用。高校要全面提高人才自主培养质量,着力造就拔尖创新人才,以学科建设为龙头,持续支持基础学科与学科基础

---

[1] 王增炳等编:《陈嘉庚教育文集》,福建教育出版社1989年版,第182页。
[2] 习近平:《高举中国特色社会主义伟大旗帜为全面建设社会主义现代化国家而团结奋斗》,人民出版社2022年版,第33页。
[3] 本书编写组著:《习近平与大学生朋友们》(第二卷),中国青年出版社2024年版,第85页。

建设,构建传统学科与新兴学科相互促进、文理协同交叉融合、基础学科与应用学科相辅相成的良好学科生态,努力建设一批世界一流学科。同时,高校要强化系统思维和顶层设计,切实推进教育链、人才链与创新链、产业链、资金链的有效衔接、有机融合,通过科技创新和人才培养为经济社会发展提供动力源和支撑点。

另一方面,要坚持立德树人,培育时代新人。教育的根本问题是"培养什么人、怎样培养人、为谁培养人"。中国共产党领导的社会主义国家,从根本上决定了我们的教育必须坚持立德树人,培养一代又一代德智体美劳全面发展的社会主义建设者和接班人。建设中国特色社会主义教育强国,必须把立德树人内化到学校建设和管理的各领域、各方面、各环节,培养担当民族复兴大任的时代新人。

新时代青年学生的成长与现代化强国建设进程高度同步、紧密相连。教育的根本任务是培养担当民族复兴大任的时代新人,这也是教育强国的内在使命和方向目标。陈嘉庚强调培养学生就是为了裨益社会、报效国家。他勉励学生应该"上以谋国家之福利,下以造桑梓之麻祯"①,希望学生"好好地做人,好好地替国家民族做事"②。弘扬嘉庚精神,教育工作要将爱国主义作为必修课程和核心课题,引导学生掌握科学文化知识和专业技能,努力培养听党话、跟党走、矢志奉献国家和人民的时代新人。

三、汇聚侨心侨力,画出最大同心圆

陈嘉庚是中国近代史上最杰出的华侨领袖,是华侨史上第一个把

---

① 王增炳等编:《陈嘉庚教育文集》,福建教育出版社1989年版,第160页。
② 黄金陵、王建立主编:《陈嘉庚精神文献选编》,福建人民出版社1996年版,第67页。

东南亚各地华侨组织在一个统一的团体之内的领袖人物,是华侨史上第一个勇敢地站出来捍卫华侨利益的领袖人物,是华侨史上第一个把东南亚华侨利益与祖国命运密切联结在一起的领袖人物。① 在南洋地区的华人社团中,陈嘉庚先后当选为中华总商会六届委员会协理(1910年)、怡和轩俱乐部总理(1923年)、新加坡福建会馆主席(1929年),由此成为闽籍华侨的领袖人物。此后,在1938年10月,陈嘉庚担任"南侨总会"主席,开启了他领导南洋1100万华侨支援祖国抗战的辉煌伟业,在战后举行的庆祝大会上,毛泽东誉之为"华侨旗帜、民族光辉"。新中国成立后,陈嘉庚先后担任了中央人民政府委员、全国人大常委会委员、中华全国归国华侨联合会主席、华东行政委员会副主席等职务,并于1954年12月当选为全国政协副主席,成为中国人民政治协商会议中华侨界的代表。从作用和影响力的范围看,陈嘉庚跨越商业、教育和政治活动等领域,从享誉东南亚的商业巨子,到倾资兴学的教育事业家,再到领导全南洋华侨的领袖人物,他身上呈现出多元的社会角色,这些角色从不同维度如经济、政治和文化等方面影响和团结着海外的广大华侨华人。

作为华侨领袖,陈嘉庚曾经撰写文章阐述华侨与祖国的关系,以及如何加强海外华侨与祖国的联系,引导华侨热爱祖国、奉献祖国建设。他自身以发展实业、投身教育、支援祖国抗战等行动报效祖国,也形成了一系列关于团结华侨、凝聚侨力的论断和观点。

以陈嘉庚为代表的华侨华人及其组织机构积极牵线搭桥和联络沟通,促使广大海外华侨华人通过资金投入、人力支持、开拓国际市场、传播中华文化等方式,积极投身中国的革命、建设、改革开放和中国式现

---

① 陈碧笙:《当代华侨最杰出的领袖》,中共厦门市委党史研究室编:《华侨领袖陈嘉庚》,中央文献出版社2001年版,第102~103页。

代化事业,成为新民主主义革命、社会主义建设和中国特色社会主义道路的鼎力支持者、积极参与者和卓越贡献者。新时代以来,我国经济社会发展取得了历史性成就,发生了历史性变革,中华民族迎来了从站起来、富起来到强起来的伟大飞跃。弘扬陈嘉庚精神,要充分发挥其华侨领袖的国际影响力,汇聚起全体中华儿女推动民族复兴的磅礴力量。陈嘉庚立足东南亚,通过经商、办报、倡办学校、组织社团等方式,架起祖国与侨居地商业往来、文化交流、人员互动的桥梁,使海内外中华儿女紧密地团结在一起。陈嘉庚的侨务实践及其成果,为新时代加强和改进侨务工作打通了动脉,留下了人脉,维系了文脉。

陈嘉庚在民族危难之际,通过兴办教育、传播文化来保持海外华侨的民族情感和文化认同。由此,当他号召海外华侨华人支援祖国革命和建设时,才具有广泛的群众基础和深厚的文化支撑。中华民族伟大复兴必然包含着中华文明的重焕荣光,必然要求深化不同文明形态的交流互鉴,不断增强中华优秀传统文化的传播力和影响力。弘扬陈嘉庚精神,汇聚复兴力量,一方面要充分发挥华侨华人在中华文化国际传播中的独特优势,充分展现其作为跨文化、跨地区的"中间人"和"架桥者"的角色和功能,不断提升中华文化的国际传播效能;另一方面要通过文化传播让更多的海外华侨华人了解中国、认识中国,感知并喜爱中国,不断增强对中华民族和祖(籍)国的认同感,将中华文化作为全体中华儿女的情感纽带,凝聚起团结和激励海外华侨华人为中华民族伟大复兴而共同奋斗的强大精神力量。

四、弘扬中华文化,推进民族复兴

陈嘉庚是中华优秀传统文化的积极践行者,更是在海外积极传播中华文化的组织者。在陈嘉庚创办的教育体系中,他将中华优秀传统文化的思想精华与校园文化建设紧密结合起来,在这些学校的校名、校训、校歌、建筑名称、课程体系中都充分运用传统文化。他重视文化遗迹的保护,大力加强对文物、遗迹等的保护,多次专门向中央建议保护国内的多处文物。他注重通过建筑、博物馆、博览园等方式传播中华文化,倡办华侨博物院、鳌园等文化展示区。同时,他注重在海外办学中传播中华文化,并将中文教育、文化传承与民族认同紧密地联系在一起。

在传统文化的践行和传播中,他形成了独具特色的传统文化观,即传承中华传统文化的目的是塑造民族认同,传承中华传统文化必须具有批判与继承相统一的辩证思维,文化传承必须推动不同文明之间的交流互鉴、博采众长。

陈嘉庚兴办教育是为了国家富强、民族振兴,而民族的独立和复兴必须以民族文化作为根脉。"就以我中华民族而论,考诸历史,我汉族亡于元清之手,两度之恢复,亦全赖于文化之重力。"[①]因此他呼吁:"将来世界如何变动,祖国当局,无论走那条路,亦须保留我国文化,乃能维持民族精神,盖今日一人能保存文化,即他日千万人之文化,赖以保存,而传播于无穷也。"[②]他在国内创办学校是为了以文化传播接受西方先进思想,提升国民素养,进而以人才供给推动社会进步。他在国外倡办华文教育和职业教育,其中一个重要原因在于培养侨生的中华文化认同,防止被异族外化。在以文化涵养民族认同的时候,他尤其重视中华优秀传统文化的传承。陈嘉庚具有较丰富的历史知识和深厚的中华优秀传统文化功底,他以理性的、辩证的眼光对待传统文化,始终把传统

---

① 王增炳等编:《陈嘉庚教育文集》,福建教育出版社1989年版,第205页。
② 王增炳等编:《陈嘉庚教育文集》,福建教育出版社1989年版,第206页。

文化溶于社会生活、教育体系和生活言行之中。可以说，陈嘉庚是传承、弘扬中华传统文化的典范。

文化是民族的血脉，是中华民族凝聚力和创造力的重要源泉。人类历史的发展表明，任何一个大国的崛起，不仅伴随着经济的强盛，而且伴随着文化的兴盛，任何一个民族的发展如果没有文化的支撑，都是不可能持久的。建设文化强国既是中华民族伟大复兴的必然要求，也是民族复兴伟业的重要前提和思想基础。陈嘉庚教育报国的路径就是通过文化的传承和弘扬来实现民族的独立和振兴。推动民族复兴伟业需要建设文化强国，增强国际传播能力，提升国际传播效能，形成同我国的综合国力和国际地位相匹配的国际话语权。这就要求我们继续发挥华文教育机构在传播中华文化中的纽带和桥梁作用。建设包括华文学校在内的各类教育机构是向侨居地主流社会展示和传播中华语言和文化的重要途径，也是党和国家一项具有长远战略意义的基础性工程。通过华文教育这一形式，可以将中国的语言文化、生活方式、思维理念展现给青年学生和普遍民众，让他们直接感受、了解、习得，进而参与传播，并形成强烈的文化认同。这其中，尤其要重视发挥由华侨创办的华文学校的作用，因为这些华文学校已经由传授民族语言文化的教学机构，转型成为传播中华文化、开展侨务工作的多元平台，成为当地华裔群体的联谊活动中心，成为跨文化交流、华侨华人与祖国之间交流的桥梁。通过这些海外华文学校，可以向世界更好地讲好中国故事，传播好中国声音，展现可信、可爱、可敬的中国形象，由此深化不同文化之间的交流互鉴，推动中华文化更好地走向世界。提升国际传播能力、增强国际话语权，才能提升国家文化软实力和中华文化影响力，以自信开放的姿态屹立于世界民族之林，才能充分激发全民族文化创新创造活力，借鉴吸收人类一切优秀文明成果，努力建设中华民族现代文明。

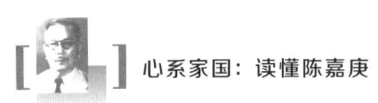
心系家国：读懂陈嘉庚

第一章 陈嘉庚的实业经营与企业家精神

陈嘉庚是近代以来华侨企业家、爱国企业家的典范。实业经营活动是陈嘉庚辉煌人生的第一步，也为其倾资办学、参与社会活动、团结广大华侨等奠定了坚实的经济基础。陈嘉庚在丰富的经营实践中，始终坚持以商养学、以商报国的经营理念，展现出目光超前、勇于创新、诚信守法、科学管理、善于创新、知人善任的经商之道，同时也形成了具有丰富内涵的企业家精神，体现为诚以报国的爱国情怀、敢为人先的创新精神、诚信守法的经营理念、兼济天下的责任担当、胸怀世界的国际视野等。回望百年来中国企业的发展历程，可以说，陈嘉庚是近代中国企业家的杰出代表，陈嘉庚的企业家精神是新时代企业家精神的重要发端和精神源头。

第一节 实业经营的主要经历

陈嘉庚的商业实践历程，从青年时期至南洋米店学徒起步，至而立之年在负债中艰苦创业，直至花甲之年企业收盘，构成了一段波澜壮阔的商业传奇。陈嘉庚恪守"国家之富强在实业"的信条，凭借诚信经营和远见卓识，缔造了辉煌一时的商业帝国，其业务涉足橡胶、米业、黄梨等多个领域,不仅为大规模兴办教育奠定了经济基础,也为国家和社会的发展作出了杰出贡献。

一、从米店学徒到负债起家

1890年夏,陈嘉庚收到父亲陈杞柏的家书,催促他前往新加坡协助打理生意。于是,年仅17岁的陈嘉庚离开家乡,开始了他40多年的经商之路。

(一)学徒生涯

陈嘉庚在顺安米店时,从事简单操作的货物领取与账目记录工作。顺安米店在陈杞柏的精心经营下,当时已颇具规模,陈杞柏还将经营业务扩展至房地产业、硕莪(一种产西米的植物)和黄梨种植、加工等多个行业。当时,因忙于其他业务,陈杞柏并不直接管理米店,米店的日常管理实际是由陈嘉庚的远房族叔陈缨和负责。在顺安米店,陈嘉庚以一名学徒的身份,跟随陈缨和学习经营管理。通过对顺安米店经营状况的细致观察与分析,陈嘉庚发现了应收账款回收缓慢、现金流困难等问题。尽管米店生意兴隆,"然银关甚困,每月买入米款二万余元,账期市例卅天,普通多加十天清还,而顺安常延至五六十天"[①]。在协助陈缨和管理米店期间,陈嘉庚开始逐渐熟悉企业经营业务,并展现出了一定的分析能力和管理智慧。

(二)米店经理

1892年,陈缨和回国探亲,陈嘉庚晋升为顺安米店经理和财务负

---

① 陈嘉庚:《南侨回忆录》,中州古籍出版社2019年版,第541页。

责人,开始独立承担米店的经营重任。他凭借敏锐的商业洞察力和精益求精的实干精神,为米店带来了丰厚的利润。从他到顺安米店的"两三年间,地皮屋业略有获利,硕莪厂亦有利,米店每年之利约五六千元,合计实有进步。资产除欠账外,大约存十余万元"①。然而,由于米店存在应收账款周期过长的问题,导致陈杞柏的企业整体财务状况并不稳定。1892年,陈杞柏创办"日新"黄梨罐头厂,进一步扩大了经营规模。由于陈杞柏在其他产业领域连续扩张,未能充分评估和控制财务风险,为日后的破产埋下了隐患。

1893年冬天,陈嘉庚遵母命回到家乡集美成婚。归乡期间,陈嘉庚目睹家乡落后衰败的教育和到处游荡的亲族子弟,深感痛惜。1894年,陈嘉庚决定用仅有的2000银圆在集美创办了"惕斋学塾"。可以说,这是陈嘉庚倾资兴学的发端和起点。在事业并未起步、经济并不宽裕之时,陈嘉庚心怀家乡教育,展现出强烈的社会责任感。"惕斋学塾"的成立,不仅为当地儿童提供了接受基础教育的机会,也为陈嘉庚兴学办学奠定了基础。

1895年夏,陈嘉庚第二次来到新加坡,继续在顺安米店工作。陈嘉庚自述道:"自来洋及回梓三年,守职勤俭,未尝妄费一文钱,亦无私带一文回梓。执权两年,家君未尝查问。"②在经营家族生意时,陈嘉庚始终秉公无私、恪尽职守,得到了父亲陈杞柏的认可和赏识。

1897年冬天,陈嘉庚的母亲在家乡不幸离世,陈嘉庚悲痛万分,但"家君以营业无人替理,不许奔丧"③。直到1898年秋,陈嘉庚才返乡奔丧,因当地风俗原因,其母两年后才得以安葬。1900年冬,陈嘉庚回

---

① 陈嘉庚:《南侨回忆录》,中州古籍出版社2019年版,第541页。
② 陈嘉庚:《南侨回忆录》,中州古籍出版社2019年版,第541页。
③ 陈嘉庚:《南侨回忆录》,中州古籍出版社2019年版,第541页。

乡正式安葬母亲。按照习俗,陈嘉庚要在集美守孝三年。因此,陈嘉庚将顺安米店的经营权和财务管理权交还给陈缨和。与此同时,陈杞柏的商业活动正处在繁荣发展期,业务规模和资产积累已颇为可观,名下资产达四十余万元。①

(三)父业收盘

1903年7月,陈嘉庚守孝满三年后,第四次前往新加坡,准备继续帮助父亲拓展商业版图。然而,当他回到顺安米店时,却发现父亲的生意大不如前,"感觉状况大形衰退,各事凌乱不堪,似无人管顾"②。陈嘉庚经过仔细盘查询问,才发现父亲早已债台高筑(见表1-1)。

表1-1 1900—1903年顺安号三年支出情况表

支 出 项 目	支出金额(新加坡叻币)
利息支出	9万余元
黄梨厂侵欠	7万余元
庆成白灰店侵欠	6万余元
金胜美店侵欠	5万余元
汇厦门买地盖房子	4万余元
家庭开支	4万余元
建设住宅开支	3万余元
合计开支	40余万元
实际支出(扣除金胜美、庆成灰店之前就已经欠的款3万元)	37万余元
应付账款	7万元

注:由于各个支出项目是大约取整,所以合计开支不等于各项支出金额之和。
资料来源:木志荣编著,《陈嘉庚创业管理之道》,厦门大学出版社2022年版,第56页。

---

① 本文所述金额单位,如无特殊说明,均为新加坡叻币。
② 陈嘉庚:《南侨回忆录》,中州古籍出版社2019年版,第544页。

由于陈杞柏和陈缨和身体欠佳，年迈多病，没有足够的精力照管生意，陈嘉庚毅然担负起经营米店的重任。在他的悉心经营下，顺安米店在 1903 年冬天出现了转机。然而，因前期债台高筑、积重难返，陈嘉庚权衡利弊后决定对父亲的商号进行破产清盘处理。经清算，陈杞柏最后仍欠下 20 余万元的债务（详见表 1-2）。尽管当时的新加坡法律规定父债子可免还，但陈嘉庚却选择承担起所有的债务。他认为："家君一生数十年艰难辛苦，而结果竟遭此不幸，余是以抱恨无穷，立志不计久暂，力能做到者，绝代还清以免遗憾。"[1] 1907 年，在企业盈利之后，陈嘉庚主动与债主协商清还债务。陈嘉庚替父还债的诚信行为，不仅为其在商界赢得了极高的信誉，而且使他得以顺利继承并充分扩展了其父的商业网络与人脉资源，为其日后规模庞大的商业帝国奠定了坚实的信誉基础。

表 1-2　1903 年陈杞柏商号清盘前资产负债情况

单位：新加坡叻币

负债情况	资产情况
房地产抵押贷款 30 万元	房产和土地价值 40 余万元
流动借款抵押 32 万元	顺安号应收款 4 万余元
顺安号欠客户应付款 5 万余元	黄梨厂按 2 万元转让
黄梨厂欠洋行白铁 5 万元	金胜美、庆成店、振安号三店按 4 万元收盘
年终 6 个月利息要付 3 万余元	/
流动借款按期偿还 1 万余元	/
负债合计：76 万元	资产合计：50 万元

资料来源：木志荣编著，《陈嘉庚创业管理之道》，厦门大学出版社 2022 年版，第 57 页。

初下南洋的学徒生涯，是陈嘉庚经营企业的起步阶段。在协理父业中，他开始接触并逐渐熟悉了店铺经营、财务核算等知识，为他日后

---

[1] 陈嘉庚：《南侨回忆录》，中州古籍出版社 2019 年版，第 547～548 页。

的商业帝国奠定了基础。根据陈毅明的统计,陈嘉庚从父亲那里继承的有形资产包括:"一、日新公司12000元资本中的5千元;二是顺安米店账尾和货底1万余元;三、25万元的债务。"①

这一时期,陈嘉庚更多的收获在于商业知识和社会经验的积累。父亲陈杞柏的经营涉及多个行业,包括米店、黄梨罐头厂、地皮屋业、铁店等,这使陈嘉庚具有了多元化经营的理念,在创业起步时得以迅速进入相关领域。同时,他掌握了进货销售、财务核算、收款付款等企业管理知识。在商业圈的开拓上,陈杞柏原有的合作伙伴、销售渠道、人脉关系也是陈嘉庚创业时的重要资源。最为重要的是,陈嘉庚初入商海即养成了诚信为本、勤勉敬业的优良品格,"自来洋及回梓三年,守职勤俭,未尝妄费一文钱,亦无私带一文回梓","终日仆仆于事业"。②

二、从创办黄梨厂到成为百万富翁

(一)黄梨罐头厂起步

1904年春,陈嘉庚筹措7000元启动资金,在距离新加坡市区十英里的洧水港山地上,创办了"新利川"黄梨罐头厂,这标志着他独立创业的开始。"新利川"寓意"新的利润源泉",陈嘉庚对这个黄梨厂的未来发展充满期望与信心。同年4月,陈杞柏创办的日新黄梨厂合伙人去世,依照当地法律,陈嘉庚接管了该厂,并依照出资比例将前期利润分给合伙人家属。至此,陈嘉庚开始同时经营两家黄梨厂。在他的精心管理下,短短三个月的时间,两家工厂便获利颇丰,陈嘉庚认为"在此短

---

① 陈毅明:《关于'弘扬陈嘉庚精神'及其社会角色》,载中共厦门市委党史研究室编:《华侨领袖陈嘉庚》,中央文献出版社2001年版,第266页。
② 陈嘉庚:《南侨回忆录》,中州古籍出版社2019年版,第541页。

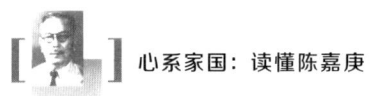

促时间,两厂获利近四万元,为初出茅庐极好机会"①。

1904年夏天,陈嘉庚凭借敏锐的市场洞察力决定进行两项投资。一是在顺安米店的原址重建米店,并赋商号"谦益";二是在新利川黄梨厂附近购置500英亩空地,开辟"福山园"用于种植黄梨,该园也是当时新加坡最大的黄梨种植园。"福山园"的运营不仅稳定了黄梨罐头厂的原料供应,也降低了原材料成本,有利于提升罐头厂的利润水平。

1905年夏,新利川和日新两厂利润丰厚,合计盈利3万余元。陈嘉庚审时度势,决定扩大黄梨业经营规模。为了更好地利用海运的便利性,增强企业的市场竞争力,陈嘉庚选择在地理位置优越、靠近新加坡梧槽港口的区域租地建设新厂房,创办"日春"黄梨厂。与此同时,陈嘉庚发现煮制冰糖有利可图,可以通过利用灵活的账期和信用汇票,实现"免出资本"和提前收款。于是,陈嘉庚开始尝试在黄梨厂内兼制冰糖。此外,他还改进制糖工艺,通过用气炉和锯木屑代替传统大锌锅和柴薪、将煮锅改为内铜外铁锅等方法,降低了制糖成本。与新加坡其他冰糖厂相比,陈嘉庚的冰糖厂"每日煮二百余担,计可便宜数十元"②。可惜的是,冰糖厂经营一年多后,因行业低迷、亏损严重而关停。

1905年,在独立创业的第二年,陈嘉庚创办了日春黄梨厂和冰糖厂,加上谦益米店的收益,盈利水平大幅提升,获实利达到45000元。短短两年时间里,陈嘉庚仅用7000元的启动资金,实现了10万余元利润。这一创业初期的辉煌战绩得益于他超凡的市场洞察力、技术创新能力、成本控制能力和资本运用效率。陈嘉庚准确地捕捉到市场的商机,并通过创新生产工艺和优化供应链有效降低了生产成本,提高了产

---

① 陈嘉庚:《南侨回忆录》,中州古籍出版社2019年版,第548页。
② 陈嘉庚:《南侨回忆录》,中州古籍出版社2019年版,第551页。

品的市场竞争力。此外,他还通过利润再投资扩大黄梨生产规模,加速了资本的周转。陈嘉庚在独立创业初期便展现出卓越的商业能力与经营智慧,为其日后拓展商业版图奠定了基础。

(二)布局橡胶业和米业

1906年夏天,商场风云突变,黄梨罐头价格走低,三家黄梨厂加起来的盈利仅1万元。此时,陈嘉庚偶然得知马六甲华商陈齐贤在新马一带种植橡胶获巨利,于是决定在福山园黄梨树间套种橡胶。陈嘉庚购买了18万粒橡胶种子,花了两个月的时间将其套种在福山园,由此开启了经营橡胶业的历程。

因黄梨厂利润大不如前,陈嘉庚在1906年冬天决定投资一个利润可观的项目——经营熟米。陈嘉庚与谦益米店附近的恒美米店合作,专营熟米。这种熟米销往印度,价格比生米每担贵1元。陈嘉庚认为"算来甚有好利",于是投入4万元作为最大出资者参与经营。这一年,陈嘉庚依据市场变化,调整经营布局,进军橡胶业和熟米业,及时关停难以盈利的冰糖厂,充分体现了其卓越的市场洞察力和果断的决策能力。

1907年的黄梨市场持续疲软,不少黄梨厂纷纷亏本、倒闭,而陈嘉庚的三个黄梨厂凭借过硬的品牌质量和影响力,持续盈利。此外,由于熟米价格上涨,市场需求增大,恒美米厂利润大增,陈嘉庚从中获实利10万元。加上三家黄梨厂、谦益米店和福山园的盈利,陈嘉庚在1907年合计获得实利13万元。1908年,陈嘉庚继续拓展各项业务,三家黄梨厂、谦益米店和福山园利润稳定,而恒美米厂的利润可观,全年获利6万余元,占全年利润的近九成。

1909年春,陈嘉庚收购了福山园旁边一块500英亩的旧黄梨园,将福山园的树胶种植规模扩大到了1000英亩。然而这一年,陈嘉庚遭遇两次不顺:一是父亲陈杞柏在家乡去世,但陈嘉庚因事务繁忙,无法回国奔丧;二是恒美米厂遭遇火灾,幸得保险赔偿,仅造成数千元损失。因恒美米厂是陈嘉庚经营的主要利润来源,因此,陈嘉庚急忙筹集资金重建工厂,扩大规模,并于年底前完成了扩建。同年冬天,由于扩建导致经营资金紧张,陈嘉庚将福山园抵押给广益银行,获得7万元银行贷款。

1910年,陈嘉庚再次做出一个重要的经营决策:将福山园以32万元的价格出售,以解决资金的周转问题。福山园售出后,陈嘉庚随即"向柔佛觅地两处,复开芭种植黄梨与树胶"①,其中一处依旧取名为"福山园",另一处取名"祥山园"。"祥山园"后来因病虫害流行等原因于1913年放弃种植。1910年,恒美米厂作为陈嘉庚的主要收入来源,贡献了稳定的利润。同年,受孙中山影响,陈嘉庚加入中国革命同盟会,开始投身推动社会变革与国家进步的事业。此外,陈嘉庚还在这一年被推举为新加坡中华总商会协理及道南学堂总理。因深感当时的南洋"侨民只迷信鬼神,爱国观念、公益观念均甚形薄弱"②,于是陈嘉庚提出向福建华侨募捐,并率先捐款1万余元,用于建设道南学堂新校舍。这些社会活动不仅巩固了陈嘉庚在南洋华人群体中的威望和影响力,也为他日后在更广阔的政治、经济舞台上发挥领导作用奠定了坚实的基础。

(三)开拓域外市场

1911年春,陈嘉庚前往泰国曼谷,计划在当地租建仓库,用于恒美

---

① 陈嘉庚:《南侨回忆录》,中州古籍出版社2019年版,第556页。
② 陈嘉庚:《南侨回忆录》,中州古籍出版社2019年版,第4页。

米厂的稻谷采购。但到了曼谷之后,陈嘉庚发现当地米厂众多,仓库难租,因此转而关注泰国北柳港丰富的黄梨资源。经过一番实地考察,他决定在当地买地设厂,既生产黄梨罐头也采购稻谷,实现双重效益。陈嘉庚仅用一个多月的时间便在北柳港建成"谦泰"黄梨厂。1913年秋末,谦泰黄梨厂遭遇了水质变咸的危机,导致产品质量下降,造成3万余元的经济损失。于是,陈嘉庚果断决定关闭该厂,并进行资产转让。陈嘉庚在创办谦泰黄梨厂的同时,前往曼谷租用米厂,继续经营白米,并为恒美公司采购稻谷。

1911年是黄梨罐头市场低迷的一年,新加坡约一半的黄梨罐头厂亏损倒闭。而陈嘉庚再次展现出过人的商业才能,他果断投资控股了几家陷入困境的黄梨厂,巩固了他在黄梨业中的领导地位。

陈嘉庚在精心经营生意的同时,仍时刻关心着祖国的革命形势。辛亥革命胜利后,陈嘉庚被推举为新加坡福建保安捐款委员会会长,"月余之间,计汇去二十余万元"[①],为福建的革命工作提供了充足的资金保障。此外,在得知孙中山需要革命经费后,陈嘉庚迅速筹集了5万元汇予孙中山。虽然陈嘉庚在1911年仅获利3万元,但他心系祖国,不仅自己慷慨解囊,还积极号召南洋华侨为祖国捐款支援革命,充分体现了他作为海外华侨领袖的社会责任感和对国家命运的深切关怀。

1912年秋,陈嘉庚回到集美,开始筹备制蚝厂。他花重金从日本聘请了一位做生蚝罐头的师傅,并于年底开始试生产,但效果并不理想,最后以失败告终。然而,陈嘉庚并未气馁,将工厂机器设备作价8000元,以五分之一的股份,与朋友在厦门成立了大同罐头食品股份

---

① 陈嘉庚:《南侨回忆录》,中州古籍出版社2019年版,第4页。

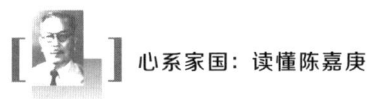

有限公司。① 借此,陈嘉庚将他的商业版图扩展到了国内。

1913年,步入不惑之年的陈嘉庚,在独立创业十年之后,其经营范围已经涵盖了黄梨、米业、橡胶种植等产业。其中,陈嘉庚控股和参股的黄梨厂已有七八家。陈嘉庚公司的黄梨罐头产品占据了新加坡的半壁江山,年产可达七八十万箱。此时的陈嘉庚已然成为新加坡的"黄梨大王"。1918年,陈嘉庚经过深思熟虑,决定退出他已经深耕14年的黄梨罐头市场,将经营重心转向橡胶产业。

1904年至1913年是陈嘉庚经商创业的起步阶段和发展阶段。这期间,陈嘉庚创办了新利川、日新、日春、谦泰等9家黄梨厂,谦益、恒美、曼谷米厂3家大米加工销售企业,开垦了福山园、祥山园、新福山园3块黄梨和树胶种植园,还创办或投资过1家冰糖厂、1家生蚝罐头厂以及1家厦门的罐头食品公司,累计获利达到81.5万元,再加上各产业的固定资产,陈嘉庚的总资产已使他在新加坡华商中跻身百万富翁之列(详见表1-3)。② 不仅如此,他的产品因质量上乘、信誉优良,在东南亚树立起了良好的口碑。"在新加坡菠萝罐头业中,'苏丹'的商标意味着他的显赫地位;他的熟米厂,也赢得'寓社会福利于个人营业之中'的美誉。"③ 在这十年间,陈嘉庚尽管也遭遇过一些失败和挫折,但每次都凭借敏锐的洞察力和坚韧不拔的精神,化危为机,及时调整策略,转变经营方向,展现出其卓越的应变能力和前瞻性思维。

---

① 该公司系厦门古龙食品有限公司的前身。厦门古龙食品有限公司是中国罐头行业唯一荣膺"中国出口名牌""中国名牌""中国驰名商标"三项国家级殊荣的企业。
② 木志荣:《陈嘉庚创业管理之道》,厦门大学出版社2022年版,第69页。
③ 杨国桢:《陈嘉庚》,人民出版社1987年版,第15页。

表 1-3　1904—1913 年陈嘉庚创业起步和发展阶段商业发展情况

序号	时间	商业发展情况	投资金额（新加坡叻币）
1	1904 年春	创办新利川黄梨厂	7000 元
2	1904 年春末	全资经营 8 新公司	17000 元
3	1904 年夏	创办谦益米店	20000 元
4	1904 年夏	购买福山园 500 英亩	2500 元
5	1904 年夏	扩建新利川黄梨厂	不详
6	1905 年秋	创办日春黄梨厂和冰糖厂	不详
7	1905 年	福山园完成砍芭种梨	不详
8	1906 年	在福山园套种 18 万粒橡胶种子	种子 1800 元，工钱不详
9	1906 年初冬	入股恒美米厂，并扩建	40000 元
10	1906 年	冰糖厂关闭	不详
11	1908 年春	恒美米厂从租赁变为购买	160000 元
12	1908 年	恒美米厂合股经理退股	40000 元
13	1909 年春	购买福山园附近 500 英亩旧黄梨园，专门种植树胶，福山园面积扩大至 1000 英亩。	25000 元
14	1909 年	恒美米厂遭火灾	60000 元重建修复
15	1909 年冬	福山园向银行抵押贷款	贷款 70000 元
16	1910 年	出售福山园	售价 320000 元
17	1910 年	在柔佛购买两块地，开垦祥山园和新福山园	不详
18	1911 年春	在泰国北柳创建谦泰黄梨厂和米厂稻谷采购仓库	不详
19	1911 年	趁行情低迷，投资入股新加坡两三家黄梨厂	不详
20	1911 年	改造恒美米厂	20000 元
21	1912 年秋	回集美创办生蚝厂失败	亏损 4000 元
22	1912 年冬	合伙成立厦门大同罐头食品公司	机器设备折价 8000 元
23	1913 年秋	转让泰国北柳谦泰黄梨厂	不详
24	1913 年秋	在泰国曼谷租赁米厂经营白米，并采购稻谷	不详
25	1913 年	收购新加坡两家黄梨厂	不详
26	1913 年	因流行病放弃种植祥山园	损失 50000 元

资料来源：木志荣，《陈嘉庚创业管理之道》，厦门大学出版社 2022 年版，第 68~69 页。

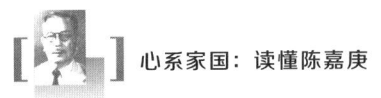
心系家国：读懂陈嘉庚

三、从单一农业垦殖到产供销一条龙

（一）涉足航运业

1914年8月，第一次世界大战爆发之后，全球贸易受到严重影响，尤其是货运航船数量骤减，大量原料和产品囤积、滞销，世界经济一片萧条。陈嘉庚所经营的米厂、黄梨厂在战争中也难以独善其身，由于无法向印度、欧洲市场输送货物，工厂被迫停产，许多工人面临失业的困境。面对这一严峻挑战，陈嘉庚依然坚守企业家的社会责任和道德担当。他所关注的重点并非个人利益的损失，而是工人的生活保障问题。陈嘉庚曾言："市账虽可停还，任其催逼，而各厂费及工人生活，则不能置之度外，艰难维持，度日如年。"①尽管1914年的经济形势充满挑战，但由于战争是在下半年爆发，陈嘉庚凭借其出色的经营策略和财务管理能力，全年依然实现了45000元的盈利。

为摆脱战争带来的困境，陈嘉庚于1915年开始涉足航运业。他先是租赁了"万达号"和"万通号"两艘货船，用于解决米厂运输问题。在这两艘货船经营数月后，陈嘉庚发现经营船运获利丰厚，于是又增租了两艘商船，承接英国政府的运输。这一年仅租船业务，陈嘉庚就获利20多万元。受战争影响，黄梨厂此时几乎没有生产，但因铁片原料稀缺、价格猛涨，陈嘉庚转卖制作罐头的白铁片，获利20多万元。

1916年，陈嘉庚对其商业版图进行了战略性调整。一方面，陈嘉庚收缩了米业和黄梨业的经营规模。原因有二：一是发现大米加工厂没有竞争优势，米厂"已现乏利气象，前程亦甚悲观无望矣"；二是黄梨

---

① 陈嘉庚：《南侨回忆录》，中州古籍出版社2019年版，第561页。

罐头"自欧战后,销路甚短,减去不下十分之六"。① 另一方面,陈嘉庚扩大了橡胶产业的经营范围,将其中一家黄梨厂改建为橡胶厂,主要经营来料加工,从而实现了橡胶种植业向加工工业的延伸。

此外,陈嘉庚不再租赁之前的四艘货船,而是决定直接购置一艘载重3000吨的轮船,并取名为"东丰号"。1917年,陈嘉庚进一步扩大其航运规模,增购一艘载重3750吨的轮船,取名"谦泰号"。"东丰号"和"谦泰号"两艘轮船的航线连接了新加坡、槟城、仰光等东南亚国家和地区以及中国厦门、汕头、香港等重要海港城市。这不仅解决了陈嘉庚自身企业海外销售的运输问题,也承运了其他商家的货物。航运物流业给陈嘉庚带来了丰厚的收益,仅1917年航运净利润就达50余万元。此外,黄梨厂依旧靠转卖白铁片盈利30余万元。不仅如此,陈嘉庚还进一步扩大橡胶产业规模,将恒美米厂改造为"谦益"橡胶厂。改造后的橡胶厂当年便盈利15万元。这一年陈嘉庚公司的获利总数增加到90余万元。

1918年是第一次世界大战的最后一年,也是陈嘉庚进行商业转型的关键一年。"东丰号"和"谦泰号"两艘轮船均在战争中被击沉。而万幸的是,陈嘉庚因此获保险赔偿120万元,远高于这两艘轮船的购置价。此后,陈嘉庚进一步扩大橡胶园的种植规模,还参股了三家生产树胶的公司,分别是裕源公司、振成丰公司和槟城树胶公司。这一年,陈嘉庚决定退出黄梨罐头市场,将经营重心转向橡胶产业。在陈嘉庚的运筹帷幄下,其经营的各家企业均收益颇丰,陈嘉庚企业的获利总数达到140余万元。

(二)产供销一体化

1919年,陈嘉庚将名下各个企业进行整合、改组,成立陈嘉庚公

---

① 陈嘉庚:《南侨回忆录》,中州古籍出版社2019年版,第562页。

司。陈嘉庚将其公司生产的产品称为国货,并为此专门设计注册了一个商标,这个商标被称为"钟"牌(见图1-1),与中国的"中"字谐音,寓意警钟长鸣,旨在唤醒民众,也唤醒华侨的热忱爱国之心。这种设计不仅体现了陈嘉庚的民族情和爱国心,而且也符合其"国货救国""实业救国"的经营理念。此时,陈嘉庚的各项实业蒸蒸日上,他将公司业务交予陈敬贤管理,计划回国常住并致办教育。为了使集美学校能有持续的经费来源,他将在南洋的所有不动产全部捐作集美学校的永久基金,并宣布:"此后本人生意及产业逐年所得之利,除花红外,或留一部分添入资本,其余所剩之额,虽至数百万元,亦决尽数寄归祖国,以充教育费用。"①

图1-1 陈嘉庚公司"钟"牌商标

1920年,陈嘉庚虽然忙于在集美办学建校,但仍保持与陈敬贤的书信联系,时刻了解公司的经营状况。他嘱咐陈敬贤将橡胶产业延伸

---

① 朱水涌:《陈嘉庚传》,厦门大学出版社2021年版,第98~99页。

到成品制造,将土桥头橡胶厂改为橡胶成品制造厂,生产胶鞋底、马车轮胎等橡胶制品。这意味着陈嘉庚的橡胶产业形成了从种植,到加工,再到成品制造的全产业链格局。

1920年,橡胶价格大跌。尽管如此,陈氏兄弟齐心协力、共渡难关。而经过多年商业洗礼的陈嘉庚,深感培养商业人才的重要性,同时,他也为中国落后的水产业和航海业感到担忧。因此,陈嘉庚于1920年创办了集美学校水产科及商科(1924年改为商业部)。

1922年,陈敬贤因病返乡治疗,陈嘉庚不得不再下南洋。陈嘉庚返回新加坡后,发现因橡胶价格低迷,不少橡胶企业处于停业或半停业状态,且急于转让出售。陈嘉庚采取"人退我进"的经营策略,低价收购了9家橡胶厂,还扩建了原有的橡胶成品制造厂,生产多样化的橡胶产品,如帆布胶鞋、胶胎、胶管等。在陈嘉庚的精心经营下,公司全年盈利110万元,为集美学校和厦门大学的办学提供了充足的经济保障。

随着公司业务的发展,陈嘉庚公司每年用在广告上的费用越来越多。为了更好地宣传公司产品,陈嘉庚于1923年9月6日创办了《南洋商报》(参见图1-2)。这是唯一一份提供每日树胶、土产行情的华文报纸,也是当时新加坡最大的华文报纸。《南洋商报》作为当时影响力广泛的媒体,对陈嘉庚商业活动的宣传、社会地位的巩固及名声的传播,起到了巨大的作用。同年,陈嘉庚成为新加坡怡和轩俱乐部总理。怡和轩是新加坡最早的华人俱乐部之一,也是当时新加坡华人社会的政商枢纽。在陈嘉庚的领导下,怡和轩逐渐成为海外华侨支援祖国、抵御外侮的阵地。

这一时期适逢英国政府限制树胶生产,胶价大涨,陈嘉庚公司利润直线上升,1923年获利120余万元,1924年获利170余万元,1925年创纪录获利近800万元。此时的陈嘉庚拥有橡胶园1.5万英亩,还有

心系家国：读懂陈嘉庚

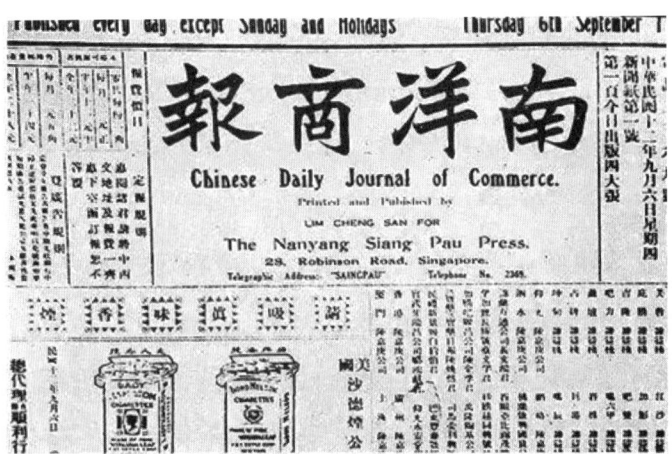

图 1-2　1923 年 9 月 6 日发行的《南洋商报》创刊号

米厂、木材厂、冰糖厂、饼干厂、皮鞋厂、制药厂、肥皂厂、砖厂等厂房 30 余所，职工 3 万多人，公司分行 80 余间，代理商百余家，分布于五大洲四五十个地区，实有资产达 1200 万元，资本积累与盈利能力达到了个人事业的顶峰。①

从 1904 独立创业、负债起家，到 1925 年坐拥千万资产，陈嘉庚经过 20 多年的艰苦奋斗，已然成为声名远扬的南洋巨商、名副其实的"橡胶大王"，为东南亚橡胶业的开拓作出了卓越的贡献。"他最早引进橡胶，进而大面积种植，被称为新加坡马来亚橡胶王国的四大开拓者之一。他首创橡胶制品大规模生产，促进了侨居地民族工业的发展。他有计划有组织地开辟了橡胶制品和其他制品直接输出的国际市场，在华侨中第一个打破英国垄断资本的垄断局面"。②

而在此期间，陈嘉庚以为国育才为己任，将大部分经营利润用于创

---

① 厦门国际银行、集友银行等编：《陈嘉庚与集友银行》，中国华侨出版社 2023 年版，第 10 页。
② 张楚琨：《陈嘉庚光辉的一生》，载中共厦门市委党史研究室编：《华侨领袖陈嘉庚》，中央文献出版社 2001 年版，第 5 页。

办集美学校和厦门大学,为国家兴盛、民族复兴培养了大量栋梁之材。此外,陈嘉庚还积极在南洋兴办华文教育,弘扬中华文化,希望通过"教育侨民子弟,使之勿忘祖国"①。陈嘉庚这种深厚的爱国情怀和强烈的社会责任感,逐渐拓展到兴办教育、支持民族独立、推动民主政治等活动中,发展并形成了内涵丰富、意义深远的陈嘉庚精神。

四、从企业清盘到事业传承

1926年,橡胶价格大跌,"由每担百七八十元而跌至九十余元。各厂不但乏利,尚当亏损"②。尽管公司的经营每况愈下,但陈嘉庚认为:"新加坡系产胶区域,政权虽属英国,所需男女工人概我华侨,对于化验制造各机器,可臻完备,出品种类亦多,可以训练职员工人,如师范学校之训练学生,俾将来回国可以发展胶业。愚于个人营业之外,尚抱此种目的,故不惜资本,积极勇进。"③由此可见陈嘉庚经营企业的深厚情怀,兴办企业的目的之一是为国家培养更多的行业技术人才,即使经营出现困难,他依然不忘实业救国的初心。

由于橡胶市场惨淡,再加上同业竞争激烈,从 1926 年到 1928 年,陈嘉庚公司累计亏损 460 万元,其净资产也由 1925 年底的 1200 万元缩水至 1928 年的五六百万元。④ 尽管资产大幅缩水,陈嘉庚依然凭借其社会地位,积极号召南洋华人华侨为祖国抗战捐款。在"济南惨案"爆发后,为筹集捐款,陈嘉庚联合新加坡各大华侨社团,成立"山东惨祸筹

---

① 陈嘉庚:《南侨回忆录》,中州古籍出版社 2019 年版,第 424 页。
② 陈嘉庚:《南侨回忆录》,中州古籍出版社 2019 年版,第 572 页。
③ 陈嘉庚:《南侨回忆录》,中州古籍出版社 2019 年版,第 572 页。
④ 陈嘉庚:《南侨回忆录》,中州古籍出版社 2019 年版,第 575 页。

赈会",仅"两三月间筹捐国币一百三十余万元"[①]。陈嘉庚还在《南洋商报》上大力提倡国货,号召华人华侨抵制日货。这种积极倡导不仅刺激了陈嘉庚公司产品的销量,也激发了华人华侨的民族意识和爱国情怀。

1929年,世界经济危机爆发,陈嘉庚公司的经营遭受严重打击。从1929年至1931年的三年间,各类产品价格持续暴跌。到1931年,陈嘉庚公司向银行的借款已经达到400余万元,公司已资不抵债,无力偿还利息。为应对危机,陈嘉庚将企业改组成股份有限公司,削减成本,并通过银行减息和重组债务来缓解财务压力。尽管遭受了逾280余万元的总损失,但陈嘉庚成功重组了资产,个人不再承担负债,企业得以存续并继续支持教育等公益事业。

1932年,世界经济仍然一片萧条,加之日本橡胶产品的大肆倾销,陈嘉庚股份公司的经营状况并未发生好转,厦门大学和集美学校的年度办学经费不得不缩减至6万元。1933年,橡胶行业出现转机,但由于陈嘉庚与董事会的经营意见出现分歧,且他已经无法全权控制公司,于是,陈嘉庚开始计划对公司进行清盘,并采取了一系列措施来确保厦门大学和集美学校教育经费的稳定。按照董事会的决定,陈嘉庚将一家橡胶厂租赁给李光前创办的南益公司,并约定将所得利润的一半捐赠给两所学校作为经费。同样,他将另一家橡胶厂租给陈六使的益和公司,约定将全部利润用于补充两校的经费。此外,陈嘉庚还将多地工厂以合租的模式进行经营,并约定如果产生利润,将提取三成作为两校的经费。通过这些经营安排,陈嘉庚确保了厦门大学和集美学校教育经费的来源。即使在生意衰落之际,他依旧全力维持办学,毫不考虑个人得失。这种勇毅担当、公而忘我的责任感,是陈嘉庚精神的重要体现。

---

① 陈嘉庚:《南侨回忆录》,中州古籍出版社2019年版,第30页。

事实上,在企业经营最困难的时期,某国外跨国集团想注资收购陈嘉庚的公司,但提出的条件是必须停办厦、集两校,被陈嘉庚断然拒绝。陈嘉庚在《南侨回忆录》中这样写道:"有人劝余停止校费,以维持营业,余不忍放弃义务,毅力支持,盖两校如关门,自己误青年之罪小,影响社会之罪大,在商业尚可经营之际,何可遽行停止。一经停课关门,则恢复难望。若命运衰颓,无挽回可能,原属定数,不在年开三几十万元校费也。"[①]1934 年,在连续亏损 8 年之后(详见表 1-4),陈嘉庚决定主动清盘歇业。1934 年 4 月,在公司收盘两个月后,陈嘉庚在《东方杂志》第三十一卷第七号上发表题为"畏惧失败才是可耻"的文章,引用美国汽车大王福特的话"正当之失败,无可耻辱,畏惧失败,才是可耻",提醒人们,要辩证看待成功与失败,不要因一时一事之失败而自暴自弃,勇于探索、努力付出之失败无可畏惧。

表 1-4 1926—1934 年陈嘉庚公司获利/亏损情况

时间	获利/亏损情况(新加坡叻币)
1926 年	亏损 180 余万元
1927 年	亏损 120 万元
1928 年	亏损 160 余万元
1929—1931 年	亏损 280 余万元
1932 年	亏损数目不详,无法偿还利息
1933 年	工厂逐渐出售或租赁给他人,收缩经营
1934 年 2 月 13 日	决定停业清盘

资料来源:木志荣,《陈嘉庚创业管理之道》,厦门大学出版社 2022 年版,第 106 页。

尽管陈嘉庚经营的企业收盘了,但陈嘉庚的企业经营理念却深深影响着周围的人。陈嘉庚的子女及李光前、陈六使等侨商延续着他的

---

① 陈嘉庚:《南侨回忆录》,中州古籍出版社 2019 年版,第 580 页。

相关产业,也践行着陈嘉庚的企业经营理念,传承着陈嘉庚实业报国、回报社会的企业家精神,为南洋地区和祖国的社会经济发展作出了重要的贡献。

企业清盘后,陈嘉庚更加全身心地投入兴办教育事业、抗日救亡运动及中华民族和中国民主革命中,他通过筹集资金、倡办学校、传播文化等方式积极为祖国进步和发展奉献力量。1942年春,身在新加坡的陈嘉庚,日益感受到南洋战事的严重性,建议亲友汇款回国以确保财产安全,同时也可将资金用于战后祖国和家乡的重建与发展。在商场搏击数十年的陈嘉庚深知"先有营业而后能服务社会",他在给陈六使的函中提到:"抗战胜利后,再招多少,可在本省或即在厦门,开一福建兴业银行,然后由此银行发起招股,创办轮船公司、保险公司、或闽南铁路、安溪铁矿及石灰厂与其他有关民生事业。不但帮助国家发展实业,而南洋闽侨,方有投资祖国之机会。"[1]陈嘉庚倡办银行的设想,在1943年得到了实现。1943年10月1日,由陈嘉庚倡办的集友银行,在战时福建省政府所在地永安如期开业,陈嘉庚任第一任董事长(见图1-3)。集友银行是当时福建省除四大银行(中央银行、中国银行、交通银行、中国农民银行)及福建省银行外唯一的私立银行。[2] 在集友银行的章程中明确规定:"本银行每年所得净利先提百分之十为法定公积金、百分之二十为集美学校经费,次付应缴之税款再提股利年息一分二厘,其余按左列成数分配:股东红利百分之六十;董事监察人酬劳金百分之五;总经理协理及各职员酬劳金百分之二十五;奖学金及社会事业补助金

---

[1] 陈嘉庚:《南侨回忆录》,中州古籍出版社2019年版,第476页。
[2] 厦门国际银行、集友银行等编:《陈嘉庚与集友银行》,中国华侨出版社2023年版,第49页。

百分之十。"①集友银行的创办开创了"以行养校、以行助乡"的发展机制。而对于"集友"二字的含义,陈嘉庚也有明确的说明:"集"代表家乡集美,"友"代表亲朋好友及集美学校校友。陈嘉庚倡办集友银行,希望汇集亲朋好友和集美学校校友的力量,共同发展壮大集友银行,为兴邦助学作出贡献。

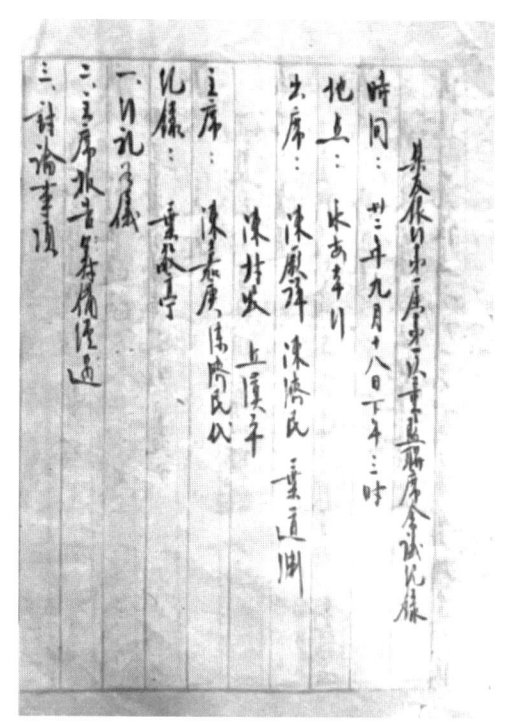

图 1-3　集友银行召开第一届第一次董监联席会议

资料来源:厦门国际银行、集友银行等编,《陈嘉庚与集友银行》,中国华侨出版社 2023 年版,第 49 页。

1947 年,由于内地金融情况日益恶化,陈嘉庚授命其次子陈厥祥集资 10 万港元在香港注册成立香港集友银行。香港集友银行以陈嘉

---

① 丁志隆:《集友银行档案选编》,海风出版社 2008 年版,第 16~17 页。

庚公司的"钟标"为行徽(见图1-4),秉承陈嘉庚的企业经营理念,助力家乡和祖国的复兴事业。现藏于福建厦门私立集美学校委员会档案馆的"陈嘉庚遗嘱"(1955年2月)中第五条写道:香港集友银行股本200万元,其中义捐股本170万元为集美学校基金,每月至少得利6厘,即为港币1万。陈厥祥对于香港集友银行的使命任务也有明确说明:"香港集友银行除办理一般银行业务外,看重联络侨胞沟通侨汇,引导侨资。其义股部分,股息盈余全数补助福建私立集美学校,忠实执行校主遗嘱。"①集友银行从创办至今,始终不忘办行初心,赓续"嘉庚精神",积极支持集美学校和家乡的各项事业发展,努力构建联结华侨资金回国助力祖国建设的桥梁。

图1-4　香港集友银行行徽

---

① 厦门国际银行、集友银行等编:《陈嘉庚与集友银行》,中国华侨出版社2023年版,第79页。

第二节 企业家精神的主要内涵

陈嘉庚被赞誉为"华侨旗帜，民族光辉"。党的十八大以来，以习近平同志为核心的党中央高度重视弘扬企业家精神，并鼓励向陈嘉庚这样的爱国企业家学习。早在1991年，时任福州市委书记的习近平访问日本期间与实业家塚本幸司谈及儒商时，便以陈嘉庚为例子，赞誉陈嘉庚在商场上重信义、守信用，以诚立事，体现了"天行健，君子以自强不息"的儒商气质。[①] 2014年，习近平总书记在给厦门市集美校友总会的回信中，称赞陈嘉庚为"侨界的一代领袖和楷模"。陈嘉庚精神包含着其在经营实业中体现出来的爱国、创新、诚信等精神特质。弘扬陈嘉庚企业家精神，有助于激发市场活力，推动经济社会持续健康发展。2020年7月，习近平总书记在企业家座谈会上再次提及陈嘉庚，将其作为爱国企业家的典范。同时，针对如何弘扬企业家精神，习近平总书记在爱国、创新、诚信、社会责任和国际视野等方面对企业家们提出了希望。这些谈话精神丰富和拓展了企业家精神的时代内涵，也为新形势下弘扬企业家精神提供了思想和行动指南。

一、诚以报国的爱国情怀

"企业家精神"（entrepreneurship）一词源自西方经济学理论，关于这一概念的研究可以追溯至理查德·坎蒂隆（Richard Cantillon），他认

---

① 中共党校采访实录编辑室：《习近平在福州》，中共中央党校出版社2020年版，第70页。

为,企业家精神(冒险精神)是包含不确定性收益的自我就业。① 时至今日,西方理论界对于"企业家精神"尚未有统一的定义。但纵观西方理论界对"企业家精神"的研究,鲜少将"爱国主义"作为企业家精神的内核进行讨论。而爱国主义始终是中华民族的璀璨瑰宝,它不仅是中华民族伟大精神的核心要义,更是中国企业家精神中不可或缺的鲜明底色。近代以来的中国企业家始终怀揣诚以报国的爱国情怀,在推动企业自身发展的同时,努力将爱国情怀转化为促进国家繁荣、实现中华民族伟大复兴的实际行动。这种情怀不仅深植于他们的企业经营理念中,也是他们进行商业决策和行动的重要指导原则。而通过前文的阐述,我们也不难发现,在嘉庚精神丰富的内涵中,爱国主义是其精髓,也是贯穿陈嘉庚经营实业的主线。

诚以报国的爱国情怀是陈嘉庚企业家精神的灵魂所在。陈嘉庚的企业经营理念处处体现着实业报国、实业救国的爱国情怀。正如他自己所说:"立志一生所获财利,概办教育,为社会服务,虽屡经困难,未尝一日忘怀。"②这种以国家发展、民族独立、社会进步为己任的大局观,在企业家群体中是难能可贵的。陈嘉庚将其公司生产的产品称为国货,并为此专门设计注册了一个"钟"牌商标。"钟"与"中"字谐音,寓意警钟长鸣,旨在唤醒民众和华侨的报国之心。这种设计体现了陈嘉庚经营企业的理念——"国货救国""实业救国"。不仅如此,在《陈嘉庚公司分行章程》的各页眉头,印有陈嘉庚亲自拟定的眉头警语共81条,其中与"爱国""国货"相关的就有11条,如"战士以干戈卫国,商人以国货

---

① 参见胡安俊:《产业生命周期:企业家精神、聚集、匹配、转移、空间结构的综合研究》,中国人民大学出版社2016年版,第13页。
② 陈嘉庚:《集美学校建筑及垫付收支预算》,转引自王增炳、余纲:《陈嘉庚兴学记》,福建教育出版社1981年版,第18页。

第一章　陈嘉庚的实业经营与企业家精神

救国""借爱国猎高名,其名不永;借爱国图私利,其利易崩""唯有真骨性方能爱国,唯有真事业方能救国"等等。① 陈嘉庚还将爱国宣传融入其产品广告中(见图1-5),以激发民众的爱国热情。

图 1-5　陈嘉庚公司将产品广告与爱国宣传巧妙结合(1929)

资料来源:木志荣,《陈嘉庚创业管理之道》,厦门大学出版社2022年版,第226页。

陈嘉庚的爱国情怀是深厚且持久的,他在企业蓬勃发展时将经营所得用于报效祖国、支持教育,即使是在企业经营遭遇困难的时候,陈嘉庚依旧不忘爱国初心。这种深厚的爱国情怀不仅转化成经营的目的和动力,也是企业成功的经验和保障。陈嘉庚曾在向其他企业家介绍成功经验时表示:"一是要有祖国做靠山;二是要有经济的眼光,还要有政治的眼光。"②企业家必须具备超前、敏锐的政治眼光,主动把企业成长融入国家事业的轨道,从而实现企业发展与国家战略同频共振、同向发力。

---

① 王增炳等编:《陈嘉庚教育文集》,福建出版社1989年版,第155页。
② 雷克啸:《陈嘉庚精神》,福建人民出版社1999年版,第116页。

陈嘉庚还将橡胶厂视为培养人才的摇篮，把工人当作学生来培养。这些工人以华侨为主，他们在工厂中不仅获得了稳定的收入，更学到了宝贵的技能。陈嘉庚坚信，这些工人学成归国后，将成为橡胶行业的栋梁之材，为祖国在这一新兴领域的发展填补空白，推动祖国的工业进步和经济发展。陈嘉庚"不惜资本，积极勇进"，不仅为祖国培养了大量橡胶业人才，更培养了包括李光前、陈六使在内的一批东南亚巨商。这些商业领袖，不仅在经济领域取得了杰出成就，更成为陈嘉庚抗日救国、捐资助学的坚定支持者和积极参与者，为推动社会进步和民族复兴作出了不可磨灭的贡献。

上述种种充分说明，陈嘉庚创办实业不是单纯为了获利，而是为了兴盛国货、实业救国。创造财富并不是陈嘉庚创办企业的目的，而是其爱国救国的手段。当时的中国积贫积弱，深受帝国主义列强的欺侮，有人大发国难财，而陈嘉庚则用他的实际行动诠释了何为"爱国企业家"。

企业营销无国界，企业家有祖国。习近平总书记强调，优秀企业家必须对国家、对民族怀有崇高使命感和强烈责任感，把企业发展同国家繁荣、民族兴盛、人民幸福紧密结合在一起，主动为国担当、为国分忧。① 进入新时代，中国企业家们更要将诚以报国的爱国情怀嵌入企业文化中，将其作为企业发展的灵魂和行动指南。面对复杂多变的国际局势，新时代的企业家们深知，企业的长远发展离不开国家的繁荣昌盛。因此，他们在创新管理、提升产品服务质量、拓展国际市场的同时，也积极响应国家号召，参与到创新驱动发展等国家战略中，利用自身的资本、技术和市场优势，助力国家在全球竞争中占据有利地位。优秀的企业不仅是时代的产物，更是国家战略的重要组成部分。对于企业家

---

① 《习近平著作选读》（第二卷），人民出版社2023年版，第321页。

来说,弘扬爱国情怀,首先要将个人事业追求、企业发展与党和国家的事业结合起来,努力办好一流企业,带领企业奋力拼搏、力争一流,实现质量更好、效益更高、竞争力更强、影响力更大的发展,为民造福、为国增光,努力为全面建设社会主义现代化国家和中华民族伟大复兴的中国梦贡献应有的力量。

二、敢为人先的创新精神

尽管理论界对"企业家精神"并未有统一定义,但创新作为企业家精神的核心内容,是理论界的普遍共识。约瑟夫·熊彼特(Joseph Schumpeter,被誉为现代企业家精神理论的奠基人)认为,经济增长＝创新＝企业家精神,并将创新定义为"创造性破坏(creative destruction)",即不断创造出新产品、新技术、新市场、新的原材料和新的组织方式。管理学之父彼得·德鲁克(Peter Drucker)继承了熊彼特的创新理论,认为创新可以是改变资源的产出,或者是通过改变产品和服务,为客户提供价值和满意度。[①] 同时,他还拓展了创新和企业家精神的外延,认为"无论是社会还是经济,公共服务机构还是商业机构,都需要创新与企业家精神。创新与企业家精神能让任何社会、经济、产业、公共服务机构和商业机构保持高度的灵活性与自我更新能力"[②]。中国的学者则倾向于将创新视为一种综合能力,它不仅包括技术创新,还包括管理创新、制度创新和文化创新。中华民族向来重视创新创造,主张推陈出新,早在《周易·系辞》中便提出"富有之谓大业,日新之谓盛德,生生之谓易",强调不断追求进步和创新,认为这是实现伟大事业和塑

---

① 彼得·德鲁克:《创新与企业家精神》,蔡文燕译,机械工业出版社2019年版,第40页。
② 彼得·德鲁克:《创新与企业家精神》,蔡文燕译,机械工业出版社2019年版,第295页。

造高尚品德的基础。而在中国古代的典籍中,"创新"一词最早出现在成书于公元554年的《魏书》中,书中载有"革弊创新者,先皇之志也"。由此可见,创新是中华优秀传统文化的重要组成部分。几千年来,创新精神激励着中华儿女不断创造新的辉煌,这一精神在陈嘉庚的企业经营理念中同样得到了体现和传承。

敢为人先的创新精神是陈嘉庚企业家精神的内在核心。企业家的创新活动是推动企业创新发展的关键。陈嘉庚深知产品技术创新的重要性,并凭借对研发创新的重视,获得多项英国专利,巩固了其在市场竞争中的地位。这些发明专利也成为近代民族品牌与西方世界争夺利权的重要武器。根据杨进发博士的统计,"1924~1932年土桥头熟品厂所获得的各项发明专利,包括轮胎胶底、胶带木屐、防水性胶制饼干盛器等"(详见表1-5),"陈嘉庚被视为一名发明家,受到了英国总督及一些政府高级官员的认可和赞赏"。[①] 陈嘉庚还不断吸收先进技术、勇于探索新的生产工艺,当时他的制造厂拥有最为现代化的先进机械设备。同时,他还率先尝试各种新型生产工艺,曾在家乡集美开设制蚝罐头厂、尝试利用潮汐能进行发电等。

陈嘉庚不仅在产品技术上创新,还将创新理念应用于市场营销、经营策略等企业管理实践中。在当时,图文并茂的商品广告并不多见,但陈嘉庚认为,商品广告应该图文并茂,以有效激发消费者的购买欲望。在经营策略上,陈嘉庚认为"制造推销,兼行并进,胜利自可握诸掌中"[②]。从大米、黄梨到报业、制药,陈嘉庚经营的公司业务范围涵盖十余种行业,通过延伸产业链增加产品附加值,实现了多元混营和产业链的完整,创新了企业发展模式。

---

① 木志荣:《陈嘉庚创业管理之道》,厦门大学出版社2022年版,第114~115页。
② 王增炳等编:《陈嘉庚教育文集》,福建教育出版社1989年版,第149页。

第一章　陈嘉庚的实业经营与企业家精神

陈嘉庚敢为人先的创新精神还体现在他勇于进入新行业。1914年第一次世界大战爆发,全球航运业陷入紧张状态,陈嘉庚的黄梨厂和米厂库存剧增,现金流面临巨大压力。面对这种突如其来的外部冲击,陈嘉庚展现出了敢为人先的创新精神,果断决定进入航运业,不仅成功解决了公司产品的运输难题,还开辟了新的盈利渠道,为公司的长远发展奠定了坚实的基础。

表 1-5　以陈嘉庚名义申请而颁予土桥头熟品厂之专利权(1924—1932 年)

年度	专 利 发 明 项 目
1924	发明和改良轮胎胶底、内胎。
1927	发明新方法用以配套皮靴及皮鞋的上层。
1928	新发明:胶带木屐。 改进:胶制箱、行李和草胶带的制造方法。
1932	发明新方法以制造一种可折叠、由气体压缩而成的防水性胶制饼干盛器及其他同类产品。

资料来源:木志荣,《陈嘉庚创业管理之道》,厦门大学出版社 2022 年版,第 114 页。

唯创新者进、唯创新者强、唯创新者胜。陈嘉庚正是在企业经营中始终秉承敢为人先的创新理念,才在复杂多变的世界市场中,缔造了辉煌一时的"橡胶王国"。在人工智能、生命科学、绿色能源革命等科技创新不断涌现的今天,创新是引领高质量发展的第一动力,而以创新为本质特征的新质生产力则代表了先进生产力的演进方向。习近平总书记强调,发展新质生产力是推动高质量发展的内在要求和重要着力点,必须继续做好创新这篇大文章,推动新质生产力加快发展。① 新质生产力是由技术革命性突破、生产要素创新性配置、产业深度转型升级而催生的先进生产力质态。企业家作为创新的主体,是引领新质生产力发

---

① 习近平:《加快发展新质生产力 扎实推进高质量发展》,《人民日报》2024 年 2 月 2 日,第 1 版。

展的关键因素。新时代企业家要做创新发展的推动者、先行者和示范者。具有创新精神的企业家能够敏锐地捕捉市场机遇,敢于投资新兴技术的研发和应用,不断推动企业转型升级,进而将创新成果转化为先进生产力,引领企业在激烈的市场竞争中占据有利地位。实践证明,只有不断激发创新活力,培育新质生产力,弘扬企业家精神,才能在复杂多变的国际环境中把握发展主动权,实现经济的高质量发展和社会的全面进步。

三、诚信守法的经营理念

诚信守法是中国商业文化的核心,不仅体现了商人的道德标准,也是维护市场秩序和促进社会和谐的重要保障。《孟子·滕文公上》中强调要诚信经营,指出:"从许子之道,则市价不贰,国中无伪;虽使五尺之童适市,莫之或欺。"中国最早的票号山西日升昌票号也正是凭借诚信守法的契约精神,在明清时期享有盛誉。而近代以来的中国企业家亦将诚信守法作为行为准则。以"同仁堂"为代表的一大批"中华老字号"之所以能够屹立不倒,正是因为他们能够坚持诚信守法的经营理念。也正是这种坚守,使得这些老字号能够在历史的长河中传承其品牌价值,彰显企业家精神。而在西方经济学理论中,则更多地用契约精神来表达诚信守法。"契约"一词源自拉丁文,产生于商品经济时代,是市场交易行为的一种准则。英国哲学家、经济学家休谟认为,市场必须遵循三个原则:财产的稳定占有、经同意的合法转移、契约精神。[①] 市场经济的健康发展离不开契约精神。企业是市场经济的主体,企业家精神又是推动企业发展的关键动力,这就要求企业家必须以诚信守法的契

---

① 张雄:《从经济哲学视角看是市场精神》,《光明日报》2019年5月13日,第15版。

约精神作为企业行为的基石,以确保在激烈的市场竞争中树立良好的商业信誉,赢得企业的长远发展。

诚信守法的经营理念是陈嘉庚企业家精神的重要基石。在创业之初,面对父亲破产时的负债,虽然当地法律规定父债子可免还,但陈嘉庚仍毅然决定替父还债。四年后,他还清了父亲所欠的20多万元的债务。这一诚信之举轰动当地商界,为陈嘉庚日后成为"橡胶大王"、缔造辉煌的商业王国奠定了坚实基础。陈嘉庚深知诚信守法是企业长久稳健发展的根基,产品质量是企业生存和发展的根本。他坚信"人类有服从法规之精神,即有创造事业之能力"①。他严把产品质量关,始终坚持"货真价实"的经营理念。面对同业竞争时,他亦秉承诚信原则,主张"要用优美之精神与诚恳之态度"②对待同行。

社会主义市场经济既是信用经济,也是法治经济。习近平总书记明确指出:"法治意识、契约精神、守约观念是现代经济活动的重要意识规范,也是信用经济、法治经济的重要要求。"③陈嘉庚所处的时代,诚信不足,法治尚不完善,但他仍然能够清晰地意识到诚信守法对于企业经营的重要性和必要性,并自觉践行,这是极其难能可贵的。面对纷繁复杂的国内外经济形势,新时代企业家要涵养契约精神,强化法治观念,坚守道德底线,不越法律红线,树立诚信守法的企业价值观,努力成为行业诚信守法的标杆。只有如此,企业才能建立起良好的信誉,赢得市场的认可和消费者的信赖,从而在激烈的竞争中脱颖而出,实现高质量发展。

---

① 王增炳等编:《陈嘉庚教育文集》,福建教育出版社1989年版,第156页。
② 王增炳等编:《陈嘉庚教育文集》,福建教育出版社1989年版,第156页。
③ 《习近平著作选读》(第二卷),人民出版社2023年版,第322页。

四、兼济天下的责任担当

"达则兼济天下"是中华优秀传统文化中的一种崇高理念,体现了儒家倡导的社会责任和人文关怀,是个人修养的高尚境界和社会和谐进步的坚实基石。儒家思想贵"仁",这既是一种道德要求,也是一种行动指南。《论语·雍也》提出的"己欲立而立人,己欲达而达人",正是"仁"的体现,强调了利他的奉献精神和责任担当。这一思想也成为中国古代商人的经营准则。《礼记·大学》中提到,"仁"与"不仁"的差别在于"仁者,以财发身;不仁者,以身发财"。这深刻揭示了财富与人生价值的关系:仁者通过财富实现自我价值的提升,而不仁者则在追求财富的过程中失去了自我。这告诉我们,商人真正的成功不在于个人财富的积累,而在于能否用这些财富去帮助他人,促进社会的共同繁荣。儒家这种兼济天下的责任担当是中国商人从古至今奉行的准则,而这种理念同样在西方的企业家群体中被广泛认可。日本企业家松下幸之助曾明确指出:"经营资源属于社会,是为了增加社会福祉寄存和托付给经营者的。"① 德鲁克也表达过希望建立企业家社会:"在这个社会中,历史可以得以延续,人们'渴望新事物',不会再有流血、冲突和危机,社会得以发展进步。"②

兼济天下的责任担当是陈嘉庚企业家精神的深层底色。经营企业的成功无疑是陈嘉庚辉煌事业中不可或缺的一部分,但这并非他事业追求的终极目标。这种责任担当源于他正确的义利观,能够正确看待"竞争财利"与"竞争义务"的关系。他在《愿诸君勿忘中国》中,一再阐

---

① (日)后藤俊夫:《工匠精神:日本家族企业的长寿基因》,王保林、周晓娜译,中国人民大学出版社2018年版,第248页。
② 彼得·德鲁克:《创新与企业家精神》,蔡文燕译,机械工业出版社2019年版,译者序。

述"竞争义务"的理想与决心,他指出:"吾人作事,当存有竞争之心,乃有进步之效。……唯吾人竞争财利积资巨万都为儿子计较,不知外人竞争财利之外,尚有竞争义务者。义务为何,即捐巨金以补助国家社会之发达也。而补助之最当最有益者,又莫逾于设学校与教育一举。"① 即企业通过竞争获得利润的同时,也应当积极履行社会责任,肩负"竞争义务"。而在"国家存亡续绝之秋",履行这一义务首要的途径就是兴办教育,培养人才。陈嘉庚认为,"振兴工商业的主要目的在报国,而报国的关键是在提倡教育"②。陈嘉庚深知,"教育之必需经济,经济之必赖实业","无实业则教育经费从何来,无教育实业人才从何出"。③ 陈嘉庚在《陈嘉庚公司分行章程》的眉头警语中明确了对厦门大学和集美学村的支持:"厦集二校之经费,取给于本公司,本公司之营业,托力于全部店员;直接为本公司之店员,间接为厦集二校之董事。"④ 据统计,陈嘉庚先后捐助了118所学校。这些学校从家乡集美,到新加坡、马来西亚等东南亚国家,覆盖了从幼儿园到大学的各个层次和领域。在1904年到1931年,陈嘉庚的总支出为1321万元,其中,捐资办学的费用占比高达92%,而家庭开支仅占2.2%。⑤ 陈嘉庚倾资办学的义举,不仅为新中国的建设培养了大批优秀的人才,也为后人树立了崇高的典范,激励着一代又一代人传承弘扬"嘉庚精神"。

1934年企业清盘后,陈嘉庚更加凝神专注地投入抗日救亡的伟大斗争中。但陈嘉庚始终不忘教育事业,为"谋集美学校永久经济基

---

① 王增炳等编:《陈嘉庚教育文集》,福建教育出版社1989年版,第167页。
② 王增炳等编:《陈嘉庚教育文集》,福建教育出版社1989年版,第170页。
③ 王增炳等编:《陈嘉庚教育文集》,福建教育出版社1989年版,第187、331页。
④ 王增炳等编:《陈嘉庚教育文集》,福建教育出版社1989年版,第155页。
⑤ 林德时:《论嘉庚精神的基本内涵》,《江西社会科学》,2000年第6期,第57页。

础"①,他于1943年倡办集友银行,开创了"以行养校、以行养乡"的盛举。创办至今,集友银行不断赓续"嘉庚精神",持续通过集美学校委员会派发股息和红利,有力地支持了城市建设和教育发展。除了倾资办学以外,陈嘉庚还多次为国内发生的灾祸慷慨解囊。在1906年11月江苏洪涝灾害、1908年漳州水灾、1917年天津水灾、1918年潮汕地震、1920年威海饥荒、1922年潮汕风灾、1924年广东和福建水灾以及1929年陕西和甘肃旱灾等灾害发生后,陈嘉庚都对灾区人民施以援手,帮助灾区人民筹款赈灾。陈嘉庚这种达则兼济天下的社会责任感,正是儒商崇高道德风范的体现。

企业家是社会发展的推动者,社会是企业家成长的摇篮。习近平总书记在企业家座谈会上强调:"只有真诚回报社会、切实履行社会责任的企业家,才能真正得到社会认可,才是符合时代要求的企业家。"②真正的企业家精神,不仅体现在追求商业成功上,更体现在对社会的深切关怀和贡献上。"达则兼济天下"的精神追求超越了对金钱的渴望,是一种更为深远的价值追求。在陈嘉庚的经营理念中,将盈利所得反哺社会,远比商业上的成功更为重要,这是一个企业家对社会责任的承担和对人类福祉的贡献。新时代的企业家应当认识到企业的长远发展与社会福祉息息相关,应当深刻理解企业与社会和谐共生的重要性,通过将社会责任融入企业文化和战略中,不仅能够在公众中树立起良好的形象,还能够促进企业内部道德标准和行为准则的建立,从而为企业的可持续发展打下坚实的基础,进而促进社会的整体进步和繁荣。

---

① 厦门国际银行、集友银行等编:《陈嘉庚与集友银行》,中国华侨出版社2023年版,序言。
② 《习近平著作选读》(第二卷),人民出版社2023年版,第323页。

五、胸怀世界的国际视野

在西方企业家精神理论的研究中,通常将企业家的国际视野与全球市场的认识和参与联系在一起。Oviatte 和 Macdougall 提出了"国际创业"的概念,认为企业家的全球战略视野、国际创业精神和庞大关系网络是企业国际化的动因;企业进行国际化不再仅仅是对于利润的追求,更是由企业家实现其价值观和创业精神推动的,至此企业国际化行为在某种程度上就被"人格化"了。① 这种人格化的企业国际化行为正是企业家精神中的国际视野,深刻体现了企业家对世界市场开拓的深远影响和独特贡献。而事实上,西方资本主义的崛起本身就是世界市场开拓的结果。马克思和恩格斯在《共产党宣言》中描述道,资产阶级开拓了世界市场,使一切国家的生产和消费都成为世界性的了。鸦片战争之后,中国被迫融入了由西方主导的世界市场体系。面对动荡的国内外环境,近代中国企业家展现出了卓越的国际视野和坚韧不拔的精神。陈嘉庚也正是在这样的背景下,书写了辉煌的商业传奇,成为近代中国企业家的杰出代表。

胸怀世界的国际视野是陈嘉庚企业家精神的重要体现,也是陈嘉庚缔造其商业王国的关键因素。在新加坡经营橡胶业务时,陈嘉庚不仅在本地市场建立了稳固的根基,还积极寻找开拓海外市场的机会。通过直接与国际市场接轨,陈嘉庚的企业和产品迅速打入全球市场,实现了从原材料采购到成品销售的高度国际化经营。在企业经营鼎盛时期,陈嘉庚的商业版图扩张到五大洲,他建立的庞大国际商贸网络覆盖

---

① 王国顺、郑准:《企业国际化研究的基本问题:理论演进视角》,《中南大学学报(社会科学版)》2008 年第 1 期。

了英国、法国、德国、美国等40多个国家和地区,公司所雇用的职员达到3万多人,汇聚了来自世界各地的技术和管理人员,其中包括华侨工人以及来自英国、德国、法国等国家的技师和工程师。这种跨文化的团队构成为其商业决策提供了多元化的视角和创新动力。此外,在跨国经营中的策略选择上,陈嘉庚通过直接出口、海外设厂、建立全球采购和销售网络等方式,巧妙地整合全球资源,实现了企业的快速扩张和品牌国际影响力的提升。这些跨国经营策略不仅体现了陈嘉庚对国际市场动向的精准把握,也彰显了陈嘉庚在国际商业舞台上的卓越战略布局。陈嘉庚的商业实践不仅是对国际市场运作机制深刻理解的体现,更是其全球资源配置和市场开拓能力的证明。

一流的企业需要具有全球视野的卓越企业家。习近平总书记提出,企业家要立足中国,放眼世界,提高把握国际市场动向和需求特点的能力,提高把握国际规则的能力,提高国际市场开拓能力,提高防范国际市场风险能力,带动企业在更高水平的对外开放中实现更好发展,促进国内国际双循环。① 迈向第二个百年奋斗目标,新时代企业家应该传承陈嘉庚放眼全球的战略思维,充分利用国内、国际两个市场、两种资源,积极应对全球化带来的机遇与挑战,促进企业的高质量发展。同时,面对逆全球化趋势的挑战,企业家应当展现出更为开放和合作的心态,以构建更加紧密的全球经济体系。

新时代需要与时俱进的企业家精神。党的十八大以来,以习近平同志为核心的党中央高度重视企业家群体在国家发展中的重要作用,重视弘扬企业家精神。2017年,《中共中央 国务院关于营造企业家健康成长环境弘扬优秀企业家精神更好发挥企业家作用的意见》发布,这

---

① 《习近平著作选读》(第二卷),人民出版社2023年版,第323页。

是中央首次以专门文件明确企业家精神的地位和价值。2021年9月，企业家精神被纳入第一批中国共产党人精神谱系。在这一时代背景下，企业家精神被赋予了新的内涵和使命，成为推动社会进步和创新的关键力量，是全面建设社会主义现代化国家和实现中华民族伟大复兴的强大精神动力。在以中国式现代化全面推进强国建设、民族复兴伟业的关键时期，新时代企业家作为社会主义市场经济的主体，应积极传承弘扬陈嘉庚企业家精神，厚植爱国情怀，引领企业创新，恪守诚信守法准则，勇担社会责任，拓展国际视野，努力建成世界一流企业，为世界经济的繁荣与进步贡献中国智慧与中国方案。

第三节　陈嘉庚企业家精神的德育蕴意

陈嘉庚是一位杰出的爱国企业家，他凭借卓越的企业家精神，将商业版图扩张至五大洲，他建立的庞大国际商贸网络覆盖了英国、法国、德国、美国等40多个国家和地区，缔造了辉煌一时的商业帝国，陈嘉庚也因此被誉为"马来亚的亨利·福特"和"橡胶大王"。

陈嘉庚之所以能够在商界取得如此成就，与他所秉持的企业经营理念密切相关。在前文中，我们详细阐述了陈嘉庚的企业经营理念，这些经营理念深植于陈嘉庚的内心深处，涵盖了爱国、创新、诚信、社会责任、国际视野等多个方面，这与新时代企业家精神的内涵是高度一致的。因此，陈嘉庚的企业经营理念更具有持久的生命力。以爱国、创新、诚信、社会责任、国际视野为核心的陈嘉庚企业家精神，不仅是企业家经营企业的思想指引，也可以为新时代青年应对风险挑战、实现自我价值提供行动指南。新时代青年应学习陈嘉庚企业家精神，厚植爱国

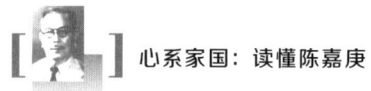

情怀,探索创新实践,恪守诚信准则,勇担社会责任,拓展国际视野,为全面建设社会主义现代化强国贡献青春力量。

一、科技报国的家国情怀

利于国者爱之,害于国者恶之。陈嘉庚始终秉承实业报国的经营理念,他深信,"国家之富强在实业",而要提升企业的竞争力,关键在于技术研发。技术是国之利器,国家赖之以强,企业赖之以赢。陈嘉庚十分重视产品的技术研发,在冰糖煮制的工艺中,他通过使用气炉代替传统柴薪,改造锅具为内铜外铁,有效降低了成本并提高了生产效率;在鞋制品的研发上,他推出了具有避电除湿功能的网球鞋,保障了人们在多雨环境中的出行安全;他还在公司设有专门的实验室,并注重根据中国人的需求、审美和消费习惯,对欧美产品进行改进,逐渐形成了融汇中西、独具特色的品牌发展道路。此外,陈嘉庚还非常重视技术人才的选拔和培养,聘请外籍技术专家,视工厂如学校,对员工进行技能培训,为公司的长远发展打下了坚实的人才基础,也为国家培养了大量技术人才。正是因为陈嘉庚对技术研发的重视,才使得他的商业帝国能在激烈的市场竞争中稳健发展,同时也为祖国的工业化进程和民族品牌的建设作出了重要贡献。

面对新一轮科技革命和产业变革,新时代青年应以陈嘉庚为榜样,怀揣科技报国的爱国主义精神,以实际行动促进国家的科技进步和社会发展。在新征程上,新时代青年一要发挥先锋模范作用,积极响应国家的号召,勇于引领技术变革,敢于承担风险挑战,投身新一代信息技术、人工智能、航天航空、新能源、新材料等战略性产业的科技研发,成为新时代技术革命的推动者和实践者;二要积极关注新兴产业的发展需求,培养敏锐的市场洞察力,将科技创新与产业发展深度融合,通过技术研发有效提高战略性产业的生产效率,不断推进产业结构升级,进而重构生产、分配、交换、消费等经济活动各环节,为社会经济发展注入新动能,释放新活力;三要树立风险意识,深刻认识到技术风险的复杂性和不确定性,在技术革新中保持警惕,通过科学的管理和审慎的决策,评估科技研发中潜在的风险,促进科学技术的健康发展,确保科技发展安全可控。

二、革故鼎新的创新实践

创新是引领发展的第一动力,是企业经营的灵魂。陈嘉庚在企业经营中高度重视创新,这不仅体现在他不断创新和改进生产技术,提高产品质量和效率,而且体现在他不断创新经营策略和营销手段。以广告宣传为例,陈嘉庚公司产品的广告,大都图文并茂,图片与文字相得益彰,从而刺激消费者的购买欲望,提升产品的销售数量。陈嘉庚还花重金投放广告,仅1926年在《申报》投放的广告就多达262则。广告的投放也为陈嘉庚公司带来了可观的经济效益。

新时代青年要学习陈嘉庚企业经营中革故鼎新的创新理念,结合所学专业,不断推进技术创新、制度创新、管理创新和业态模式创新。具体而言,青年学生一要培育创新意识,具备锐意创新的勇气和敢为人先的锐气,了解当前的市场需求和技术趋势,具备预见未来发展方向的前瞻性思维。二要培养创新性思维,学会从不同的视角看待问题,敢于挑战传统思维和旧有模式,勇于在失败中汲取经验,通过广泛的学习,以创新的思维和方法解决问题,不断优化创新方案。三要提升创新能力,积极参与科研项目和社会实践,以实践创新推动理论

创新,通过提高运用互联网技术和信息化手段的能力,创新问题解决方式。

三、以信为本的诚毅品质

人无信不立,企业和企业家更是如此。陈嘉庚深知,信誉是企业无形的资产,是赢得客户信任和市场认可的关键。他将诚信经营原则写入公司章程,时刻警醒自己和公司员工要诚信经营。他在公司章程的眉头警语中写道:"货真价实,免费口舌;货假价贱,招人不悦";"货品损坏,买后退还;如系原有,换之勿缓"。① 这些眉头警语充分说明了陈嘉庚对诚信经营的重视。为把好质量关,陈嘉庚要求公司生产的各类胶制品出厂前必须经过多道工序检验,才能进入销售环节。正是陈嘉庚对产品质量的重视,"钟"牌产品才得以畅销世界。此外,陈嘉庚还强调,"待人勿欺诈,欺诈必取败""与同业竞争,要用优美之精神与诚恳之态度",这都体现了陈嘉庚对顾客的尊重与相互信任。②

除了恪守诚信,果敢的毅力也是陈嘉庚商业成功的重要原因。陈嘉庚在经营实业过程中经历了许多困难和挑战。1905年,陈嘉庚创办冰糖厂,结果只经营一年就因获利困难而停止;1912年创办生蚝厂,结果完全失败;1913年,祥山橡胶园在投入了5万余元之后,因病虫害等不得不放弃种植;1926年以后,陈嘉庚更是遭遇了橡胶业市场持续低迷、被人故意纵火焚烧工厂、世界经济大萧条、企业控制权被剥夺等各种危机与挫折。面对困难挫折,陈嘉庚没有被轻易打倒,他认为"世界无难事,唯有毅力与责任耳"③。这种在逆境中不屈不挠、迎难而上的

---

① 王增炳等编:《陈嘉庚教育文集》,福建教育出版社1989年版,第156页。
② 王增炳等编:《陈嘉庚教育文集》,福建教育出版社1989年版,第156页。
③ 王增炳等编:《陈嘉庚教育文集》,福建教育出版社1989年版,第165页。

精神,不仅是企业经营的重要准则,也应成为新时代青年应对困难挫折时的重要品质。

"诚毅"是集美大学的校训,亦应成为新时代青年为人处世的准则。诚,源于《孟子》"诚者,天之道也;思诚者,人之道也",它是自然之道和人的行为准则。毅,源于《论语》"士不可以不弘毅,任重而道远",它是士人应有的坚忍品质和远大志向。面对复杂多变的社会环境,新时代青年首先应认识到诚信不仅是个人品德的体现,更是社会和谐与经济发展的重要保障。无论是工作还是生活,都应坚守诚信原则,确保言行一致,建立良好的信誉。其次,新时代青年应该培养坚毅果敢的意志和勇于探索的精神,以坚韧不拔的态度面对生活中的挑战和困难,迎难而上,追求卓越,努力实现个人价值与社会价值的统一。再次,新时代青年还应培养审时度势的敏锐观察力,在飞速发展的科技创新和激烈的市场竞争中,以信为本、以诚立人、以毅成事,将个人发展融入民族复兴伟业中。

四、无私奉献的责任担当

真诚回报社会的企业家才是社会认可的企业家。陈嘉庚一生艰苦朴素,企业经营所得几乎全部用于社会公益事业。与一般商人成功之后才开始投身公益不同,陈嘉庚在年仅 20 岁的时候,便在家乡集美创办了私塾——"惕斋学塾",而此时的他并不富裕。如果从 1894 年创办"惕斋学塾"算起,陈嘉庚一生办学的时间长达 67 年,创办及资助的学校多达 118 所。[1] 他认同西方哲学名言:"金钱如肥料,撒播才有用。"[2]

---

[1] 木志荣:《陈嘉庚创业管理之道》,厦门大学出版社 2022 年版,第 149 页。
[2] 陈嘉庚:《南侨回忆录》,中州古籍出版社 2019 年版,第 517 页。

因此,陈嘉庚倾资办学,将经营所得几乎全部用于教育和慈善事业。不同于其他商人创办企业是为了获得物质财富,陈嘉庚创办企业的目的是"实业救国""教育兴国"。这一点在《陈嘉庚公司分行章程》的序言(见图1-6)中得到了明确的体现:"本公司及制造厂虽名曰陈嘉庚公司,而占股最多,则为厦门大学与集美学校两校,约其数量,有十之八。盖厦集两校,经费浩大,必有基金为盾,校业方有强健之基。而经济充实,教育乃无中辍之虑。两校命运之亨屯,系于本公司营业之隆替。"①这段话充分说明了陈嘉庚将企业的发展与教育事业紧密相连,体现了他无私奉献的崇高品格和对教育事业的坚定支持。

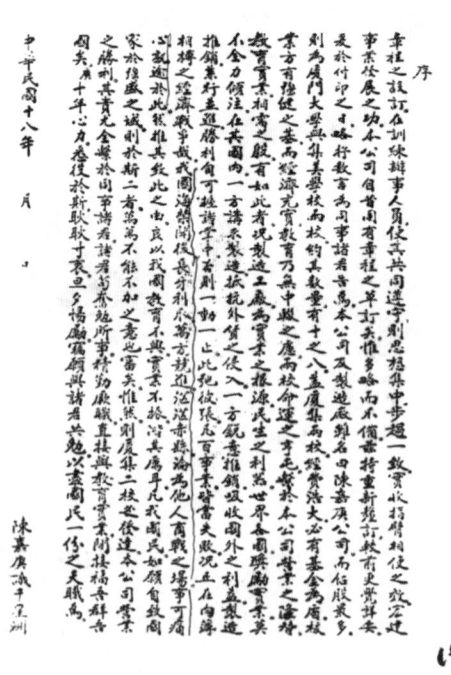

图1-6 《陈嘉庚公司分行章程》序言

① 王增炳等编:《陈嘉庚教育文集》,福建教育出版社1989年版,第149页。

当今社会充满了各种诱惑，新时代青年应学习陈嘉庚无私奉献的精神，才能在纷繁复杂的社会环境中保持清醒，抵挡诱惑。首先，新时代青年要牢固树立社会主义核心价值观，将其内化于心、外化于行，自觉维护社会公正，努力实现个人与社会的和谐发展，在奉献中实现自我价值，在服务中彰显责任担当，以实际行动促进和谐社会的构建。其次，新时代青年要始终坚持艰苦奋斗的精神。面对当前复杂的国际形势和艰巨繁重的改革发展稳定任务，必须以钉钉子的精神，不懈努力，以"我将无我"的奉献精神，积极投身到祖国最需要的地方。再次，新时代青年要培养"为人民服务"的宗旨意识，保持优良作风和高尚品德，敢于担当、乐于奉献、甘于牺牲，始终保持蓬勃朝气和昂扬斗志，以实际行动在新时代建功立业。

五、放眼天下的广阔视野

有多大的视野，就有多大的胸怀。陈嘉庚的商业成就离不开其放眼天下的广阔视野。在经营业务的范围上，陈嘉庚注重多元经营，涉足大米、菠萝、航运、橡胶、交通、报业、地皮、冰糖、木材、肥皂、制药等十余个领域，形成了多元并进、主次分明的产业链格局。在销售贸易的渠道上，陈嘉庚开创了与外国商家直接进行贸易的先例，减少了中间环节，提高了贸易效率，并通过在不同国家设立分支机构和分销网络，实现了产品销售的全球化。在技术人才的培养上，陈嘉庚聘请了一批德国、英国等国的外籍技术专家来橡胶制造厂服务，对员工进行技能培训；同时，他将企业盈利所得，用于创办集美学校和厦门大学等各类学校，培养了大量渔业、航运、农林、财经等方面的人才，既为自己的企业发展提供了智力支持，也为国家的现代化建设提供了强有力的人才支撑。

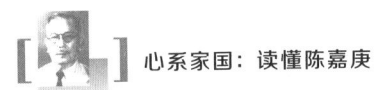

新时代青年在学习陈嘉庚企业家精神时,应学习陈嘉庚放眼天下的广阔视野,将个人发展融入国家战略的需求中,将青春梦想与复兴伟业相融合。首先,新时代青年要关注全球化趋势,积极参与国际竞争与合作,不断提升自身的国际视野和跨文化交流能力。其次,新时代青年要以开放的心态,学习借鉴世界各国的先进经验和技术,促进多元文明交流互鉴,增进国际间的理解和友谊,为世界和平与发展作出积极贡献。再次,新时代青年可以通过国际合作项目、学术交流、海外实习等途径,拓宽视野,增强自身的国际竞争力,积极参与全球治理和公共政策的讨论,为推动构建人类命运共同体贡献青春力量。

在以中国式现代化全面推进强国建设、民族复兴伟业的关键时期,新时代青年应当自觉地投身到社会主义现代化建设中去,积极响应时代号召,弘扬"嘉庚精神",秉承"诚毅"品格,以实际行动践行社会主义核心价值观,用青春的汗水浇灌梦想之花,用智慧和力量书写属于自己的壮丽篇章。

第二章　陈嘉庚的倾资兴学与教育理念

陈嘉庚倾资兴学的教育实践，留下了丰富的物质和精神财富，集中体现了陈嘉庚的爱国主义精神。其办学动机就是以国家为重、民族为重，办学理念、办学历程和教育体系都贯穿着诚毅品格、自强不息的精神。陈嘉庚虽然不是教育专家，经常自称是"教育门外汉"，也没有系统的教育思想，但在倾资兴学的过程中，陈嘉庚形成了自己独特的教育理念。这些理念包括教育立国的兴学动机、全面发展德育为先的育人观念、有教无类的平等观念、慎择校长广延名师的治校理念、知行合一的教学导向等。潘懋元教授曾这样评价：陈嘉庚的教育事业，蕴含着明确而深邃的教育思想。[①] 张楚琨认为：从办学主张和办学实践看，陈嘉庚不但是一个教育事业家，而且不愧为一个卓越的教育家。[②] 王增炳、骆怀东在《教育事业家陈嘉庚》一书序言中写道：陈嘉庚不但是一位伟大的爱国者，著名的大实业家，也是一位热心办学的教育家。[③]陈嘉庚的教育理念产生于其60多年的办学、助学实践中，散见在其著作、论文、书信、演说词、电文、通告和谈话中。陈嘉庚的兴学实践和教育理念深刻地影响着近代以来中国教育观念的发展和演进，对于新时代推动教

[①] 潘懋元:《教育事业家陈嘉庚教育思想新探》,《中国高教研究》2007年第10期。
[②] 黄金陵、王建立主编:《陈嘉庚精神文献选编》,福建人民出版社1996年版,第87页。
[③] 王增炳、骆怀东编:《教育事业家陈嘉庚》,教育科学出版社1989年版,序言。

育强国建设具有重要的理论和实践启示。

第一节 倾资兴学的教育实践

陈嘉庚自1894年创办惕斋学塾起,先后创办了集美小学校、集美幼稚园、集美中学、集美师范、集美水产航海学校、集美商业学校、集美农林学校,形成了规模宏大、门类齐全的集美学村;创办厦门大学,使之成为国内知名高校;还资助了福建省其他县市的100多所中小学,在新加坡倡办了一批华文学校等,从而构建了融基础教育、职业教育、高等教育等为一体,国民教育与华侨教育、国内教育与国外教育并进的教育体系。"据统计,由陈嘉庚先生创办、赞助和代办的各类学校,在海内外达118所,兴办学校的捐款当等于80年代初估算的一亿美元左右,这是那个时代空前的壮举。"①

一、基础教育

陈嘉庚兴学起始于19世纪末20世纪初。此时清末政府腐败无能,社会革命风起云涌;而民国初年政局未稳,政府无暇顾及教育,尤其是基础教育相当落后,国民识字率仅为4%左右。这一时期,陈嘉庚到南洋助父从商,接触了西方的先进思想,国内外教育现状的强烈反差,使他萌生了通过教育来改变社会和国家的愿望。

---

① 郭梁:《陈嘉庚的全民办学思想和实践》,《南洋问题研究》1995年版,第3期。

（一）幼儿教育

陈嘉庚的兴学实践从基础教育开始，他认为幼儿教育是基础中的基础，"譬植树焉，不培根本，枝干何处发达？理势然也！"①。1919年2月，陈嘉庚委派胞弟陈敬贤、弟媳王碧莲回家乡创办集美幼稚园。这是我国由国人创办的较早的一所民办幼稚园，是福建省首所由华侨开办的幼儿园。集美幼稚园的定名具有一定的超前性，因为当时的公立幼教设施依据《壬子·癸丑学制》被统一定名为"蒙养园"，1922年《壬戌学制》颁行后才统一定名为"幼稚园"。

集美幼稚园当时先借用渡头角旧民房开办，聘主任1人、教员4人，设4个班，学生140多人，被称为学生数最多的幼稚园。1919年6月，陈嘉庚回国后发现幼稚园学生多、园舍挤，光线又不足，缺乏活动室和运动场所，不利于幼儿教育和身心健康，决定另选园址，新建园舍。1925年秋，他选定在集美学村东北隅的二房山建园舍。1926年夏，巍峨壮观的一群西班牙哥特式园舍落成。前排为"养正楼"，寓意让幼儿从小养成正向良好的品行；中排正中一口圆形鱼池，两侧东是"熙春楼"、西是"群乐楼"，寓意幼儿要保持蓬勃朝气，融入集体快乐成长；后排"葆真"楼居中，寓意葆有幼儿的本真天性。同年秋季，幼稚园搬入新园舍上课，有宽敞的园艺室、活动室和新开辟的运动场所。

（二）小学教育

1.创办惕斋学塾

陈嘉庚最早创办小学教育要追溯到1893年。时年19岁的陈嘉庚奉母命回乡完婚。婚后，陈嘉庚在家乡居住了一年有余。这期间，同

---

① 王增炳等编：《陈嘉庚教育文集》，福建教育出版社1989年版，第186页。

安、厦门连续发生旱灾、风灾,粮食歉收,家乡触目皆贫。政府腐败、国弱民贫、教育颓废,社里的南轩私塾停办多年,乡里十余岁儿童因无学可上,整日捣乱甚至打架斗殴。家乡儿童失学的情况令陈嘉庚忧心忡忡。

　　1894年除夕,陈嘉庚与妻子商量欲出资2000银圆办个学塾。妻子有点不解,因为这是他下南洋三年辛苦所赚和父亲给予的结婚费用结余。但陈嘉庚认为钱财是流动的,有来有去、有去有来,好比掘井得泉,今日用明日则依然流满。1894年底,由陈嘉庚出资兴办的惕斋学塾开学了。学塾门前石刻楹联两副,正联为:"春发其华秋结其实,行先乎孝艺裕乎文。"副联为嵌字联:"惕厉其躬谦冲其度,斋庄有敬宽裕有容。"据考证,这两副楹联可能出自陈嘉庚之手。惕斋学塾不同于传统的旧式私塾,强调学生学习各种科学文化知识,同时也要注重个人道德品质的培养。这是陈嘉庚捐资兴学的开端,也为他尝试创办新学奠定了经验基础。

　　除了创办惕斋学塾,陈嘉庚还积极在家乡捐资助学。民国以前,南洋华侨在国内兴学已有一定氛围。1896年至1912年,华侨相继在同安县和厦门郊区创办了锦宅、曾营、霞阳、阳翟4所小学。陈嘉庚先后捐助阳翟小学建筑费和经常费累计5130银圆,占该校全部华侨捐资21316银圆的四分之一,他也被推举为阳翟小学永久校董。

　　2.兴办集美小学校

　　辛亥革命推翻了封建帝制,建立了中华民国政府。身为中国同盟会成员,陈嘉庚备受鼓舞,希图报效祖国。他一方面积极资助孙中山及其新生政权;另一方面,希望通过兴办实业和创办教育来振兴国家。民国初年许多先进知识人物汲取西方现代教育思想,试图以教育为主要手段来改造中国,开始了各种各样的教育试验,形成了各种各样的教育思潮和教育运动。受此影响,陈嘉庚以兴学为己任,力图通过教育实现救国愿望。

辛亥革命前后是陈嘉庚企业发展的黄金时期,多年的创业积累了丰厚的资产,为兴学提供了经济来源。1912年9月,陈嘉庚怀着报效桑梓的宏愿,从新加坡回归故里,但看到的景象犹如二十年前:"目睹儿童成群嬉游赌博,衣不蔽体,且有赤裸全身者,询之乡长有无设教,咸云旧学久废,新学师资缺乏,经费奇重,无力创办云。"①他感叹"若不亟图改善,恐将退处于太古洪荒之世"②,于是开始筹办集美小学校。这是陈嘉庚创办新式学校的开端。

据陈嘉庚回忆,当时集美社人口2000余人,无别姓杂居,分六七房,各房办一私塾,男生一二十人,女子不得入学。③ 各房分为两派,二十年来屡次械斗,死伤者数十人,意见甚深。为了统一办学,陈嘉庚就在大祠堂召集各房房长商议,反复讲明办学的目的,请求各房停办私塾,得到了大家的赞同和支持。他暂借集美社大祠堂及附近房祠堂作为校舍,聘校长教员7人。当时同安全县师资连简易科毕业者仅有4人,其中1人改从商业,陈嘉庚从另3人中选聘了2个。1913年3月4日(农历一月二十七日)开学,适龄男童报名入学达135人,分为五级:高等一级、初等四级,定名为"乡立集美两等小学"(即集美小学)。集美小学奠定了集美学校的基石,也是百年集美学村的起瞄地。

创办集美小学后不久,陈嘉庚决定建筑集美小学校舍。然而,当时集美住宅稠密,乏地可建,且地形为半岛,三面环海,耕地有限,村外坟墓如鳞,加上村民风水迷信思想甚深,在村外择地建校舍也行不通。幸

---

① 王增炳等编:《陈嘉庚教育文集》,福建教育出版社1989年版,第211页。
② 王增炳等编:《陈嘉庚教育文集》,福建教育出版社1989年版,第211页。
③ 陈嘉庚著:《南侨回忆录》,中州古籍出版社2019年版,第5页。

好村西有一口面积数十亩的大鱼池,由海滩围堤而成。陈嘉庚就以2000银圆的价格向各股主收买作为校址。4月立即动工,在鱼池四周挖深沟,挖出的泥土填平水池,形成小洲,高五六米,即使涨潮也不至于被淹;再建造木质平屋为校舍,周围开辟为操场,此即校史上所称的"填池建校"。8月20日竣工,秋季开学全校迁入新校舍。①

3.创办女子小学校

虽然在维新变法运动中,梁启超等人就倡议组织了"不缠足会",倡设女学堂,但实际上至20世纪初,我国的女子教育仍无实质进展。辛亥革命后,女子教育开始有一定的地位,但当时全国女校尚寥寥无几。在当时,创办女子学校相当于一场革命,要冲破几千年重男轻女封建思想的藩篱。更何况是在集美这个偏远的小渔村,那时集美社的女孩子根本没有上学的机会,只能在家里帮忙做繁重的家务。

为了让女孩子也享有受教育的权利,1916年10月,已回新加坡的陈嘉庚委派胞弟陈敬贤回集美增办女子小学校。为了能说服家长,使女子小学顺利开办,陈敬贤和夫人王碧莲挨家挨户、苦口婆心地做动员工作。为了鼓励女子上学,陈嘉庚给予每月补助2银圆,结果招收到65名女生。1917年2月,集美女子小学校正式开学,校长由男小校长兼任,聘请女教师4位。"集美女子小学校"是闽南第一所女子学校,为男女平等教育开启了新风。

随着学生规模的增加,陈嘉庚选择在寨内社(郑成功部将操练水兵的遗址),耗资6万银圆,购地建造了一幢三层新式校舍,取名延平楼。1922年9月落成,后集美小学迁入。

---

① 陈嘉庚著:《南侨回忆录》,中州古籍出版社2019年版,第7页。

（三）中学教育

集美小学开办后,本校学生不断增加,接着全县及邻近一些地区的小学教育也发展起来。小学生毕业后面临升学的问题,然而当时同安地区还没有中学。1916年,受陈嘉庚委派,陈敬贤在集美增办女子小学校的同时,创办集美中学。陈敬贤选择集美小学西北隅（属内池范围）及池外为校址,用加倍价格收买用地和公私坟墓（又补贴迁葬费）作为校址,随即开始大规模的校舍建设。至1918年初,先后建成了尚勇楼、居仁楼、立功楼、大礼堂等校舍和大操场等,建筑费共20余万元。经过多方筹备,1918年3月10日,集美中学（与集美师范同时）正式开学,设中学一班。中学生只交膳费,学宿费均免,所需被席蚊帐由学校供给,学校每年还发给学生春冬两季制服各一套。这样的优惠条件为当时许多因贫困而失学的青年创造了就学的机会。

长期以来,集美中学面向东南亚、面向港澳台招生,成为"侨生的摇篮"。"80多年来,培养了4万多名侨生,在海内外影响很大,为中华民族的崛起做出了很大的贡献。集美中学和北师大附中、南开中学等12所中学一起被列为20世纪中国名校。"[①]集美中学培养出一大批优秀人才,如抗日女英雄李林,书法家梁披云,画家黄永玉,企业家李尚大、黄克立,科学家蔡启瑞、张乾二,作家白刃,电影导演黄健中等等。中学校园内建筑中西合璧,古朴优雅,风景如画。1984年,美国前总统尼克松参观集美中学,称赞它是全世界最漂亮的地方。

---

① 洪永世:《把集美中学办成中国一流的学校》,载中共厦门市委党史研究室编:《科教兴国的先行者陈嘉庚》,中央文献出版社2001年版,第62页。

二、职业教育与高等教育

（一）集美学校中的职业教育

陈嘉庚从1918年开始在集美兴办各种职业技术学校,包括师范、水产、航海、轻工、财经、商业、农林等,形成了门类较广、办学水平较高的职业教育,为当时社会发展输送了大量应用技术人才。这些职业教育体系为集美学村创建大学教育奠定了坚实的基础。

1.创办各类师范学校

1913年集美小学创办后,当时同安县小学教育得到一定的发展,但小学师资紧缺,而同安县师范教育相当落后,兴办师范学校迫在眉睫。当时,陈嘉庚到福建省唯一培养小学师资的省立师范学校考察,得知这所学校每年只招收80多名学生,且多为官宦和富家子弟,这些人几乎都没有从事教育的志向,"所收学生既无执教鞭之志愿,又非考选合格,程度难免参差,学业勤惰更所不计,只求毕业文凭到手,谁肯充任月薪二三十元之教师"。他因而感叹:"新学师校则腐败如此,吾闽教育前程奚堪设想。"并表态:"默念等力能办到,当先办师范学校,收闽南贫寒子弟才志相当者,加以训练,以挽救本省教育之颓风。"①

为了从根本上解决师资匮乏问题,陈嘉庚决定创办师范学校。1918年,集美师范学校和集美中学同期筹办,校址与集美中学一致。校址选定后,紧接着是延聘校长和教师。受陈嘉庚委托,陈敬贤亲往上海选聘校长,其他教职员则由该校长负责聘任。但由于仓促聘来的教师不符合预期要求,且首任校长辞职,1918年5月陈敬贤再赴江浙托

---

① 陈嘉庚著:《南侨回忆录》,中州古籍出版社2019年版,第6页。

聘第二任校长和教师。陈嘉庚委托时为江苏教育会副会长的黄炎培代聘校长和教职员,聘了1位校长和5位教师,再加上原有教师20余人,有了一定的师资保障,但师资短缺问题仍然存在。新校长才干一般,且与国文主任意见甚深,函告辞职。暑假时,陈嘉庚遇到安溪叶采真(叶渊)先生来厦,交谈中认为其有负责气魄,即聘为校长,集美学校自此安定下来。

为了吸引优秀学生投身师范教育,陈嘉庚决定改革招生制度。他致函闽南各县勤学所所长,代为选拔有志教职的贫寒青年,大县五六人、小县三四人,共120多人,详填履历,到校加以复试。凡违背定章或不及格者,绝不录取。经过严格选拔,招生质量得到保障,又扩大了生源。经过多方筹备,1918年3月10日,集美师范(与集美中学同时)正式开学。由于初办招收学生程度参差不一,分别编为三年制师范科讲习班两班、五年制师范预科两班。

1918年3月10日,在集美师范学校和集美中学的开学典礼上,学校颁布了由陈嘉庚、陈敬贤亲立的"诚毅"校训。这是陈嘉庚和陈敬贤充分汲取了中华民族源远流长的优秀文化传统,结合他们立身处世的感悟而概括提炼出的。陈嘉庚曾语重心长地对集美学校的师生说:"我培养你们,我并不想要你们替我做什么,我更不愿你们是国家的害虫、寄生虫;我希望于你们的只是要你们依照着'诚毅'校训,努力地读书,好好地做人,好好地替国家民族做事。"[①]"诚毅"二字,常见解释是诚以待人、毅以处事,也可以解读为诚以为国、实事求是、大公无私,毅以处事、百折不挠、努力奋斗。在宏观层面上,它要求人们对祖国、民族、家乡怀有忠诚与热爱;在微观层面上,它要求人们"诚信果毅"。陈嘉庚不

---

① 黄金陵、王建立主编:《陈嘉庚精神文献选编》,福建人民出版社1996年版,第67页。

仅是"诚毅"的积极倡导者,而且是其实践的楷模。一百多年来,"诚毅"校训激励着一代又一代集美师生热爱国家民族、情系桑梓、艰苦奋斗,成为集美学校的"传家宝"。

集美学校校歌与"诚毅"校训,一并在1918年2月确定。集美学校校歌全称是"福建私立集美学校校歌"。校歌的歌词:"闽海之滨,有我集美乡,山明兮水秀,胜地冠南疆。天然位置,惟序与黉,英才乐育,蔚为国光。全国士聚一堂,师中实小共提倡。春风吹和煦,桃李尽成行。树人需百年,美哉教泽长。'诚毅'二字中心藏,大家勿忘,大家勿忘!"校歌由当时集美学校闽籍教师黄鸿翔作词,许振源谱曲。歌词历经几次修改,今天演唱的歌词全文最早刊登在1933年出版的《福建私立集美学校廿周纪念刊》上。歌词中"全国士聚一堂,师中实小共提倡"一句,原为"泉漳士共提倡,孕育师中在一堂",1921年改为"泉漳士聚一堂,师中水商共提倡",1923年6月改为"泉漳士聚一堂,师中实小共提倡",1927年后再改为"全国士聚一堂,师中实小共提倡"。从校歌歌词的修改演变中,也可以管窥集美学校发展壮大的历程。

为进一步打破重男轻女的封建思想束缚,推进女子受教育,陈嘉庚于1921年创办女子师范。当时的女师部招收女子师范讲习科和预科各一班,学生共100多名学生,女师学生待遇与男师一致。

鉴于社会上幼稚教育已有发展,然而集美学校尚缺,陈嘉庚决定创办幼稚师范教育。他以"自力更生,立足闽南"的雄心壮志,明确提出"三个反对和两有",即以"反对舶来品,反对依样葫芦,反对胶柱鼓瑟的;要有时代性,要有地方性"为宗旨,集合闽南有志幼教的女士创办幼稚师范学校。1927年9月,集美幼师开学,初设本科、预科班;1930年,取消预科、本科两年制,改为三年制;1932年,又分为预科两年、本科两年的四年制。幼稚师范教育的目的是培养幼稚园和小学低年级教师,造就具备艺术科学修养的女子。1933年底,陈嘉庚因南洋实业极度困难,集美学校实行裁员并校,集美幼师并入集美师范学校,幼师停止招生。集美幼师自1927年秋季到1933年秋季,共招收学生13个组,毕业生267名。

1932年,陈嘉庚创办乡村师范学校,聘请陶行知的得意门生张宗麟为校长。到1933年,师范、幼师和乡村学校合并为师范学校。1936年,当时的省政府通令全省私立师范院校停办,集美师范学校曾一度停办。1950年,国立第一侨民师范学校改名为"福建省厦门市师范学校",曾经在同安和鼓浪屿办学,不过在"文革"中又再次停办,直到1980年,集美师范专科学校才正式复办。1994年集美大学组建,集美师范专科学校并入集美大学。

2.创办水产航海教育

陈嘉庚痛感中国水产、航海业的落后,提出开拓海洋、挽回海权、振兴航业、培育人才的主张。为解决水产航海教师难聘的问题,1917年,陈嘉庚与上海吴淞水产学校协商,以学成之后到集美水产航海学校服务为条件,资助冯立民、张柱尊、侯朝海等三人前往日本东京水产讲习所留学。1919年9月,冯立民回国参与创办集美学校水产科。1920年2月,集美学校水产科正式开学,招收学生45名,学制4年。同年10月,聘冯立民为水产科主任。1924年和1925年又先后资送5位本校学生赴日本东京农林省水产讲习所深造,学成后陆续回母校任教。

为了满足水产航海科特殊的教学需要,陈嘉庚于1922年向德国购买渔船机器,学校自行设计、建造了一艘载重31吨的实习船,定名"集美一号"。1926年5月,又花巨资从法国购进全国唯一,也是全国最大的拖网渔轮,可载重274吨,定名"集美二号",该船是中国第一艘,也是当时全国最大的拖网渔船。由于坚持理论与实践相结合,并严格训练,

因此集美学校培养出来的水产、航海专门人才质量较高,在全国水产航海界享有盛誉,"集美水产航海学校,对促进我国沿海福建、广东、浙江和台湾等地及东南亚经济的繁荣和发展做出了不可磨灭的贡献,不愧是一所誉满全球的'航海家摇篮'"①。

抗战时期,为确保集美学校办学不中断,陈嘉庚函示集美航海水产等学校播迁内地,先后在安溪和三明的大田办学。在战时艰苦的条件下,陈嘉庚殚精竭虑出资维持集美学校的经费,并发动校友捐款支持母校,掀起了"校友养校"运动。集美水产航海学校师生也在战乱时期迎难而上,同舟共济。集美航海学校因此也成为抗战期间全国唯一没有停办航海专业的学校。

新中国成立后,陈嘉庚仍然极为重视水产航海教育。1949年9月,在第一届全国政协会议上,他提出七项议案,第二项就是"在沿海各重要地区设立水产航海学校案"。1951年1月,教育部批准增办集美水产商船专科学校。1951年4月25日,陈嘉庚特地发表了《为扩充集美水产商船专科暨水航高级职校学额,培植多数海事人才告各中等学校同学书》,提出福建山多田少、交通不便,要发展海运;要振兴航业,巩固海权,就应培育更多航业人才,因而要扩充水产商船专科及高级水产航海学校。1951年春季起,陈嘉庚即积极筹设集美水产商船专科学校,亲自关心过问聘请校长、调拨校舍、划定经费、招收学生等事宜。1952年9月,集美水产商船专科学校与厦门大学航务专修科合并为国立福建航海专科学校(简称福建航专),校舍建筑费及校具设备费由陈嘉庚负责。1953年8月,征得陈嘉庚同意,高教部决定将福建航专并入大连海运学院。1955年6月,福建省同安私立集美水产航海学校更

---

① 伍任之:《陈嘉庚与集美学校》,中共厦门市委党史研究室编:《华侨领袖陈嘉庚》,中央文献出版社2001年版,第188~189页。

名为"福建省厦门市私立水产航海学校"。1958年3月,水产、航海分为两校,校名分别为"福建省厦门市私立集美水产学校"和"福建省厦门市私立集美航海学校"。其中集美航海学校分别于1978年、1989年升格为"集美航海专科学校"、"集美航海学院",直至1994年合并组建集美大学后,更名为"集美大学航海学院"。

集美学村的航海教育在福建省乃至全国都具有举足轻重的地位。卢嘉锡曾说:"集美学村中最有影响的当推航海学校,它是解放前我国仅有的两所航海专科学校之一(另一所在上海的吴淞),是当时我国培养航海人才的重要基础,并形成了国内航海方面的两大学派之一。"① 陈嘉庚航海水产教育一方面培养了大量水产养殖和船务海运专门人才,另一方面促进了当地水产养殖、海洋捕捞、港口与海运等产业的发展,使闽南地区面海而兴、向海图强,为发展海洋经济、建设海洋强省提供了科技和人才支撑。经过百年来的建设和积累,集美学校在水产养殖、船舶与海洋工程、航海技术等海洋类专业和学科上成为我国东南地区重要的科研基地和人才摇篮。陈嘉庚海洋教育实践力图兴航运、挽海权、增渔利,为发展海洋经济、建设海洋强国留下了丰厚的物质基础,是以海洋事业促进国家富强的初步试验,是以教育、科技、人才支撑民族振兴的先行探索。

3.创办商科

陈嘉庚在南洋经商多年,深刻领悟到商业教育的重要性。他认为我国商业之不振,不在于土地、物资、人力和资本诸原因,"所独缺乏者,商人不知商业原理与常识。……吾人深知此弊,以为补救之法,莫善于兴学"②。1920年8月,陈嘉庚在集美学校创设商科。其目的一是培养

---

① 黄金陵、王建立主编:《陈嘉庚精神文献选编》,福建人民出版社1996年版,第29页。
② 王增炳等编:《陈嘉庚教育文集》,福建教育出版社1989年版,第185页。

有学识之才,支持南洋广大华侨经营商业,长中国人士气;二是培养商业人才,改变国内墨守成规的商业经营方式,以振兴实业。商科初办时只有25名学生,第一组生源委托菲律宾教育会代为考送,修业年限为4年,隶属于中学,主要授以商业所必需的知识和技能,功课偏重专门学科,学生待遇与中学相同。

1952年12月,集美高级商业职业学校(简称"高商")更名为福建私立集美财经学校,1950年秋,该校划归省工业厅领导。1959年3月,改校名为福建集美轻工业学校,并将泉州食品工业、厦门纺织工业两校并入,全校学生达1400人。陈嘉庚认为商校创立30余年应该保留,并应办好。1965年,该校一分为二,分别成立福建财经学校(后恢复集美财经学校名称)和福建轻工业学校(后改名为集美轻工业学校),都得到了很大的发展。集美财经学校在1994年并入集美大学,为现在的集美大学财经学院。

4. 创办农林部和国学专门部

陈嘉庚深刻体悟到农业对中国发展的重要性,他在《南侨回忆录》中指出:"我国素称以农立国,然因科学落后,水利未兴,改良无法,故收获不丰,民生困苦,本省虽临海,农业实占一大部分,尚乏农林学校,以资研究改良,余对农科尤为注意。"① 1925年5月,集美学校与同安仁德里洪塘社乡民签订契约,购买天马山山麓附近荒废山地,筹建农林部校舍"务本楼",并开辟农林试验场。同时,学校聘请北京农业大学教授、林学系主任叶道渊为农林部主任。1926年春,农林部正式开学,招收学生130多人。同年秋又开辟畜牧场,添购牲畜甚多,并培育许多树苗,派人到各乡游说植树造林,带树苗下乡教村民种树,力图掀起一场

---

① 陈嘉庚著:《南侨回忆录》,中州古籍出版社2019年版,第14页。

造林运动。后因开课后学生疾病频发,尤以疟疾为甚,且闽南治安不良,校内物畜屡遭抢劫等原因被迫停招。对此,陈嘉庚深感遗憾:"农林毕业生更有出路,各县需用不少。兹拟待战事息后,极力设法消除毒蚊,冀可挽救而谋进展。"①

1926年9月,集美学校设立了国学专门部。当年录取中学毕业生44人,学制四年,校舍在新建的瀹智楼。1927年改为国学专门学校,是当时集美办学层次最高的学校。因师资原因,1927年9月集美国学专门学校移并厦门大学,称厦门大学集美国专。

(二)创办高等教育

陈嘉庚认为当时世界各国强盛的根源在于科学,而发展科学,需要有专门的大学教育。因此他重视高等教育,旨在培养专门人才。1919年,陈嘉庚回乡看到邻省如广东江浙公私大学林立,医学校也不少,而福建省未有一所,导致专门人才短缺,且中等教师也无处培养,因此认为在家乡闽南创办一所大学非常必要,于是决定倡办厦门大学。②

1919年7月,陈嘉庚将其倡办厦大的计划、目的写成通告,在报上刊登《筹办福建厦门大学附设高等师范学校通告》③,首先指出倡办的动机:"专制之积弊未除,共和之建设未备,国民之教育未遍,地方之实业未兴。此四者欲望其各臻完善,非有高等教育专门学识,不足以躐等(逾越)而达。"其次结合福建省省情:"吾闽僻处海隅,地瘠民贫,莘莘学子,难造高深者,良以远方留学,则费重维艰,省内兴办,而政府难期。长此以往,吾民岂有自由幸福之日耶?"接着分析当时中国面临的外部

---

① 王增炳等编:《陈嘉庚教育文集》,福建教育出版社1989年版,第17页。
② 陈嘉庚著:《南侨回忆录》,中州古籍出版社2019年版,第18页。
③ 王增炳等编:《陈嘉庚教育文集》,福建教育出版社1989年版,第169页。

局势:"且门户洞开,强邻环伺,存亡绝续迫于眉睫,吾人若复袖手旁观,放弃责任,后患奚堪设想!"最后,他在通告上表示:"鄙人久客南洋,志怀祖国,希图报效,已非一日,不揣冒昧拟倡办大学校并附设高等师范于厦门……"通告最后提出:定于7月13日,假座浮屿陈氏宗祠开特别大会,报告详情。在特别大会上,陈嘉庚向各界人士说明筹备厦门大学的动机和经过,并当场公开认捐开办费100万元,作两年开销;再捐经常费300万元作12年支出,每年25万元。并拟于开办两年后,学校略有规模时,即向南洋富侨募捐:"唯具无限诚意,希望内地诸君及海外侨胞,负国民之责任,抱同舟而共济,见义勇为。当仁不让,则何患目的不达成。"①但当时华侨兴学之风未盛,之后陈嘉庚三次为厦大募捐均告失败。

为了保证创办厦门大学的开办费和经常费的资金来源,陈嘉庚在1919年5月回国之前,以新加坡的全部不动产充为集美学校永远基金,并对其经商所得之利,又提一半附益之。他聘请律师,立约为据。他还预立遗嘱,来日托新加坡中华总商会及道南学校董事代理收款,以便源源接济学费。集美学校永远基金就是陈嘉庚回国用以创办厦门大学费用的保证。

1921年4月6日,厦门大学正式开学,先设商学和师范(内分文理科)两部,经过严格入学考试,共录取新生120人,学生是从上海、福州、厦门、新加坡等地招过来的。因校舍尚未兴建,暂借集美学校的即温楼、明良楼和一些辅佐房屋作为厦门大学的临时校舍。福建省、厦门市社会各界代表,中外来宾及学生共1000多人参加了开学典礼。美国著名教育学家杜威博士及其夫人也应邀参加,并连续两天讲演大学旨趣

---

① 王增炳等编:《陈嘉庚教育文集》,福建教育出版社1989年版,第174页。

等。"厦门大学是福建省有史以来由华人创办的第一所高等学府,也是我国近代教育史上第一所由华侨独资创办的高等学府。厦门大学的创办是陈嘉庚先生继创办集美学校后倾资兴学的又一座丰碑,是前所未有、独树一帜、震古烁今的壮举。"①

1926年开始,由于橡胶价格连连暴跌,加上公司里的好几个骨干自立门户也经营橡胶业,竞争激烈,陈嘉庚公司陷入困境。1929年,受到世界经济危机的影响,胶价一跌再跌,陈嘉庚公司损失惨重。这期间企业经营入不敷出,还要承担集厦两校经费90余万元。当时,有人劝说陈嘉庚减少逐月汇给集美、厦大的经费,陈嘉庚回答:"盖两校如关门,自己误青年之罪少,影响社会之罪大。在商业尚可经营之际,何可遽行停止;一经停课关门,则恢复难望。"②为了把集美学校和厦门大学办下去,他还通过在厦门专门受理集厦两校资金的"集通号"有息借债20多万元,作为维持学校的经费。外国资本财团提出以停止支持集厦两校为条件,出资帮助陈嘉庚渡过难关,但陈嘉庚断然拒绝道:宁使企业收盘,绝不停办学校。1934年初,陈嘉庚将两子(陈济民、陈厥祥)居住的三幢别墅出售,所得资金全部充作厦门大学的办学经费,此即"变卖大厦,维持厦大"的壮举。③

1936年春,陈嘉庚在南洋的公司已经收盘,经费更加困难。陈嘉庚考虑到"厦集两校虽能维持现状,然无进展希望,而诸项添置亦付缺如,未免误及青年"④,因此为了集中力量维持集美学校,他写信给国民政府教育部部长王世杰和福建省政府,表示愿意无条件将厦门大学献

---

① 刘正英、黄顺通:《陈嘉庚与厦门大学》,中共厦门市委党史研究室编:《科教兴国的先行者陈嘉庚》,中央文献出版社2001年版,第99~100页。
② 黄金陵、王建立主编:《陈嘉庚精神文献选编》,福建教育出版社1996年版,第75页。
③ 黄金陵、王建立主编:《陈嘉庚精神文献选编》,福建教育出版社1996年版,第75页。
④ 陈嘉庚著:《南侨回忆录》,中州古籍出版社2019年版,第26页。

予政府。不久得到同意函,1937年厦门大学改为国立。陈嘉庚后来追述当时的处境时仍不胜感慨:"每念竭力兴学,期尽国民天职,不图经济竭蹶,为善不终,贻累政府,抱歉无似。"①事实上,他为了创办与维持厦大竭尽全力,16年间为厦大支出的款项刚好与当初认捐的400万元相符。

厦门大学立"止于至善"为校训,并重金礼聘名师,聚集了一大批国内学界翘楚,校务蒸蒸日上。厦门大学刚创办时,只有师范、商科两部。经过不断发展,到1930年,已经有文、理、法、商、教育5个学院,分设中国文学、外国文学、哲学、史学、社会学、算学、物理学、化学、会计学、工商管理学等17个系,成为国内科系最多的大学之一,办出了"面向华侨、面向南洋,注重实用、注重研究"的特色,成为全国著名高等学府。

校址问题是创办厦大之首要问题。陈嘉庚回国后,就开始勘察校址。他认为在厦门尤以演武场附近山麓最佳,背山面海,坐北向南,风景秀美,地场广大。② 陈嘉庚认为厦门是我国重要通商口岸、华侨出入境的门户,与南洋关系密切,而厦门演武场附近山麓是商船进入厦门港的必经之地,遂向厦门道尹提出拨地要求,但因演武场驻地有驻军而遭到拒绝。但陈嘉庚并不气馁,他邀请厦门道尹、思明县长、警察厅长等,实地勘察演武场,大家一致认为选作校址与军队防营实无妨碍,遂正式呈报省政府。时任福建省省长的李厚基要求陈嘉庚必须购买4万元省公债才肯发予地照。经过艰难的协调和努力,1920年初,道尹转来省政府批准之公函,就此确定演武场为校址。

针对校舍的规划建设,陈嘉庚从上海聘请美国工程师毛惠来厦绘制规划及建筑图,着手筹建第一批校舍;但因美国工程师绘制的图纸占

---

① 陈嘉庚著:《南侨回忆录》,中州古籍出版社2019年版,第26页。
② 陈嘉庚著:《南侨回忆录》,中州古籍出版社2019年版,第18页。

地大且造价高,陈嘉庚未予采用,而是根据自己的设计投建。陈嘉庚选定1921年5月9日"国耻日"(1915年5月9日,袁世凯与日本签订丧权辱国的"二十一条"不平等条约,国人视5月9日为"国耻日"),为演武场厦门大学校舍奠基开工。基石镌刻陈嘉庚亲笔题写的"中华民国十年五月九日 厦门大学校舍开工 陈嘉庚奠基题",嵌于群贤楼中厅墙根下。1922年第一批校舍落成后,厦门大学师生从集美学校迁往厦门新校舍上课,之后又陆续新建了一批校舍,招生规模也逐步扩大。抗战时期厦门沦陷,厦大校舍遭到严重破坏。战前厦大校舍总计40多座、3000余间,战后所剩无几。新中国成立后,厦大虽已为国立,但陈嘉庚仍十分关心厦大的建设和发展,特别关心校舍的建筑问题。对厦大的扩建,陈嘉庚也是殚精竭虑,四处筹措资金。1950年,李光前致函陈嘉庚,表示愿意出资修复被战火毁坏的厦大校舍,"从1951年到1954年,厦门大学先后建成的各种楼房24幢,共达59000多平方米。相当于解放前全部校舍的一倍"[①]。这些校舍包括建南大会堂、图书馆(成智楼)、生物馆(成义楼)、物理馆(南安楼)、化学馆(南光楼)、教师宿舍(国光一、二、三)、男女生宿舍(芙蓉一、二、三,丰庭一、二、三)、医院(成伟楼)、游泳池、运动场、学生餐厅等。建南大会堂有5000多个座位,是当时国内大学最大的礼堂之一。建南楼群以建南大会堂为中心,东有图书馆、物理馆,西有化学馆、生物馆,五座大楼并列一行,面向大海。建南大会堂前面的大操场原计划修成圆形,后被公路隔断,修成半圆形,取名"上弦场",可容纳1万余人。

陈嘉庚在兴办厦门大学期间,对校长的选择慎之又慎,而一校之长对学校的发展发挥着至关重要的作用。陈嘉庚原来准备聘汪精卫担任

---

① 蔡仁龙:《雏凤清于老凤声——记陈嘉庚的女婿李光前》,载中共厦门市委党史研究室编:《科教兴国的先行者陈嘉庚》,中央文献出版社2001年版,第327页。

校长。汪精卫在新加坡时与陈嘉庚认识,1920年汪精卫到漳州访问粤军总司令陈炯明,陈嘉庚就邀请他到集美参观,并请他担任厦门大学校长。汪精卫虽然表示愿任,但实际上并无心于办大学。不久因粤军回粤成功,汪精卫便来函以"将回粤办政治未暇兼顾"为由提出辞职。于是厦门大学便组织了筹备委员会,推举蔡元培(时任北京大学校长)、郭秉文(时任南京高级师范学校教务主任兼任东南大学筹备员)、余日章、胡敦复、汪精卫、黄炎培、叶渊、邓萃英、黄孟圭等为筹备员。1920年10月,筹备委员会在上海开会,拟定办学大纲,并推举时任教育部参事的邓萃英为厦大校长。邓萃英原先应允辞去教育部职务,但回去后并未辞卸,厦大教务则交给何公敢、郑贞文二人,自己远程操控。不久邓萃英提出辞呈,陈嘉庚便不再挽留,随即电邀挚友林文庆出任厦门大学校长。林文庆于1921年6月回国接任厦大校长,直到1937年厦门大学交由国办为止,为厦门大学的发展作出了巨大的贡献。

三、华文教育与社会大众教育

陈嘉庚热心华侨教育,积极鼓励和支持国内学校广收海外侨生,在侨居地新加坡创办和资助了许多学校。他长期担任新加坡福建会馆主席,领导会馆兴办许多中小学,对当地的文化教育的发展作出了巨大的贡献,也在南洋地区传播中华优秀文化。新中国成立后,他又积极推进国内侨生教育,为华侨归国参与祖国建设解决了后顾之忧。同时,他也积极创设各种社会教育机构和设施,普及社会教育。陈嘉庚之所以重视华文教育,是因为"他认为华侨和参加了外籍的华人固然需要学习当地通行的语文,以便在当地生活和发展,并同当地其他民族友好相处,同时也需要学习自己民族的语文,以维护和发扬本民族的文化"①。从国内学校优待侨生到海外倡办华文学校,从特设侨生实习班到开设华侨补习学校,陈嘉庚特别注重青年一代华侨对于中华文化的传承,特别关注培养青年一代热爱中华文化、认同中华民族的情怀,这体现了他以国家为重、民族为重的品格,是爱国主义在文化传承上的具体行动。

(一)国内华文教育

1.国内各校广收海外侨生

在1913年创办集美小学时,陈嘉庚就十分重视侨生教育。他认为"况侨生受祖国文化,比较国内尤为重要"②,"集美学校所以特别欢迎华侨子弟之就学,盖亦有感于是而谋挽回其祖国观念也"③。陈嘉庚特别鼓励海外侨生到集美就学,规定集美学校招生要面向海外,广纳侨生,即"概行收纳","到校时如考试未及格者,则另设补习班以教之。此为优待华侨派遣子弟回国而设,此例永存不废"④。集美学校1920年创设商科,其中的一个目的就是培养商业人才,以援助南洋华侨经营商业。陈嘉庚在1921年创建厦门大学时,要求学校广收海外侨生。同年3月1日,厦门大学第一次招生考试时,就同时在厦门、福州及新加坡开考,所招收的学生中也有侨生。厦门大学创立后,屡有青年要求回国入学,陈嘉庚说:"我一一都为介绍。有的程度不够,就另开补习班来容纳。"⑤陈嘉庚以增强海外华侨的祖国观念的远见卓识,开办侨生华文

---

① 洪丝丝:《陈嘉庚在新加坡兴学的光辉业绩》,载全国政协文史资料委员会编:《回忆陈嘉庚》,文史资料出版社1984年版,第108页。
② 王增炳等编:《陈嘉庚教育文集》,福建教育出版社1989年版,第252页。
③ 王增炳等编:《陈嘉庚教育文集》,福建教育出版社1989年版,第244页。
④ 陈嘉庚著:《南侨回忆录》,中州古籍出版社2019年版,第9页。
⑤ 王增炳等编:《陈嘉庚教育文集》,福建教育出版社1989年版,第279页。

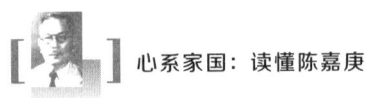

教育、奖励归侨子女回国学习,推动集美各校和厦门大学长期坚持面向华侨办学。

陈嘉庚特别关心侨生的生活。太平洋战争爆发之后,南洋华侨惨遭日寇迫害,企业停产、侨汇中断,集美学校许多侨生因家里音信全无、侨汇中断,连吃饭都成了问题。当时,集美学校自身也极为艰难。受陈嘉庚嘱托,其侨界亲友和集美校友于1943年10月在福建永安创办集友银行,"以行养校"。集美学校校董陈村牧在大田集美职校看见参加球赛的侨生球员体力失常,问知原委后当即表示:你们的家没有了,学校就是你们的家;父母联系不上,老师就是你们的父母。并发起"认养侨生"活动。学校教师把陈嘉庚"诚毅"校训落实到行动上,在烽火弥漫的校园里,关爱侨生的成长。

新中国成立后,陈嘉庚认为厦门大学应办成闻名东南亚的大学,建议厦门大学要着力培养华侨学生。厦门大学十分尊重并采纳陈嘉庚的意见,一方面积极招收侨生入学,使当时集美华侨补习学校的许多毕业生进入厦大深造;另一方面于1956年设立"南洋研究院",同时创办了华侨函授部(后陆续发展为海外函授部、海外函授学院、海外教育学院),面向侨生,招收语文、理化和中医等专业学员。厦门大学先后从30多个国家和地区,招收1万多名函授生,既有力推动了世界各地的华侨教育,也提高了学校在海外的声誉。

2.倡办归国华侨补习学校

新中国成立后,陈嘉庚对侨教热心不减。他在第一届全国政协会议上提交了七项议案,其中有三项与华侨教育有关,分别为设立各地华侨教育领导机构案、救济华侨失学儿童案和引致华侨回国投资案。他认为新中国成立后,很多侨胞愿意回国,回国求学的侨生会日益增多。随着侨生回国的数量不断增加,为了更好地让他们适应国内的教育、文化和社会生活,陈嘉庚于1953年向中央建议优待侨生回国升学,并拨出经费创办"华侨学生补习学校"。在中央政府的支持下,北京、广州、集美等地先后创办了多所华侨学生补习学校。

1953年12月,福建省集美华侨补习学校成立,开始接待第一批归国华侨学生。1954年2月23日举行开学典礼,陈嘉庚发表讲话,谈了寄宿、收录、补助等三个问题,勉励侨生们热爱祖国,明辨是非,端正学习态度,遵守学习纪律,艰苦朴素,注意卫生,做一个德智体全面发展的有用人才。[1] 华侨补习学校的学生迅速增多。

除了关心侨生的教育外,陈嘉庚还关心国内侨属生的教育,在集美特办"侨属子弟补习学校"。1957年8月,陈嘉庚又倡办侨属子女补习学校,隶属于华侨补习学校。据统计,自1954年至1990年,侨校共招收来自印尼、泰国、马来西亚、新加坡等30多个国家的侨生(含外籍华人)18000余名,招收国内归侨子女4000多人,共计22000多名。他们中的大多数,经学校培训后走上工作岗位,为发展侨居地经济作出了贡献。[2]

(二)南洋地区华文教育

陈嘉庚致力于南洋华侨华文教育。他曾说:"余痛感南洋侨生子弟之缺乏教育,数典忘祖,辗转而沦为土人,教育上之需要更迫切于祖国也。"[3]他认为侨生如果不学中文,未受祖国文化,对祖国观念极微,将被外国文化所同化,最后丧失自己民族的特征。他在南洋地区兴办华文教育的目的主要有三个方面:一是传承和光大中华文化,加强华侨与祖国的联系;二是提高海外华侨华人的文化水平和整体素质,增强他们

---

[1] 王增炳、骆怀东编:《教育事业家陈嘉庚》,教育科学出版社1989年版,第306页。
[2] 庄恭武:《陈嘉庚与集美华侨补校》,载曾讲来主编:《陈嘉庚研究文选》(第1卷)厦门大学出版社2007年版,第74、75页。
[3] 王增炳等编:《陈嘉庚教育文集》,福建教育出版社1989年版,第245页。

的生存和发展能力;三是促进侨居地的教育事业和社会经济的发展。①

1. 参与兴办道南学堂等校

1904年陈嘉庚开始经营实业,商务活动繁忙,但他很热心华侨子弟的教育。当时东南亚华侨教育状况堪忧,与国内一样,还都是旧式私塾。陈嘉庚在《南侨回忆录》中说:"民国未光复以前,南洋华侨无所谓教育,其时学校甚少,虽有私塾亦极有限。"②1901年清政府进行学制改革,颁布《奏定学堂章程》。新加坡华侨闻风而动,也开始兴办新式学堂。新加坡闽籍华人社团"新加坡福建会馆"于1906年11月9日创办道南学堂,陈嘉庚积极参与资助和创办。随着事业发展顺利,经济实力不断增加,陈嘉庚的社会地位也相应提升。1910年,陈嘉庚被选为道南学堂第三届总理(董事会主席),即向闽侨募捐5万元建设新校舍,并在国内物色校长、教员。1919年,道南学校在陈嘉庚的倡导和鼓励下,废除方言,实施华语教育,为星马华校之首创。

鉴于当时南洋华侨教育比较落后,陈嘉庚自1910年被选为道南学堂第三届总理后,支持新加坡福建会馆先后兴办了爱同学校(1912年成立)和崇福女子学校(1915年成立),并立即修改行政组织,改革和加强华侨教育的领导,设立教育科,管理和整顿会馆属下的学校。他资助闽侨创办的崇正、丹诏、兴亚、华南、彰德、振东、光洋等8校,达到了教育行政统一、统筹统办的目的。他强调闽侨教育应"以加强侨民之乡土观念,勿忘客遗忘"为宗旨,彰显其热心华侨教育的初心是胸怀家国情怀,传承祖国文化。陈嘉庚在南洋地区倡办、推动华文教育,"这一行动起了带头作用。以后,由那里的华人领袖和教育家共同努力,使居住在

---

① 林茂令、郑力强:《试论陈嘉庚的教育思想及其主要特色》,载曾讲来主编:《陈嘉庚研究文选》(第1卷),厦门大学出版社2007年版,第284页。
② 陈嘉庚著:《南侨回忆录》,中州古籍出版社2019年版,第278页。

东印度群岛的年青华人,有机会学到本国语言,能读,能写汉文,能讲官话(汉语)"①。

2.创办南洋华侨中学

陈嘉庚纵观当时"南洋华侨学校寥寥无几。光复后略有进展,概属小学校,马来亚还未有正式中学"②之情景,十分忧虑。1913年他创办集美小学后,就写信给新加坡中华总商会,建议创办华侨中学,但未能如愿。1918年陈嘉庚召集多位侨领,在新加坡倡办华侨中学。筹办过程中得到了同德书报社、国风幻境演剧团以及曾江水、钟水泮、林义顺等的慷慨解囊和大力支持,共募捐5万元(陈嘉庚捐1.3万元)。经过不懈努力,最终共募款五六十万元。南洋华侨中学于1919年3月21日开学,向上海聘请校长和教师,规定该校用中文教学。这是东南亚华侨自办的第一所跨帮系的华文正规完全中学。受陈嘉庚兴学壮举的感召,南洋华侨积极响应,此后,南洋各处中小学校如雨后春笋般迅速发展,前后统计有3000多所,男女学生10万人,比国内很多地方都普及。

3.倡办水产航海和师范学校

1939年,祖国东南沿海沦陷,集美水产航海学校内迁山区,南洋侨生难以回国就学,陈嘉庚在新加坡倡办水产航海学校。1941年他又在新加坡倡办南洋华侨师范学校,为南洋华侨教育培养师资,并于当年10月10日顺利开学。日本法西斯占领新加坡期间,华侨教育大受摧残,新加坡水产航海学校和南洋师范学校相继停办。日本投降以后,陈嘉庚连任福建会馆主席,除了继续主持道南、爱同、崇福等学校,还创办了南侨女子中学和光华学校。

---

① 陈国庆:《回忆我的父亲陈嘉庚》,中央文献出版社2001年版,第21页。
② 陈嘉庚著:《南侨回忆录》,中州古籍出版社2019年版,第28页。

抗战期间,南洋有许多侨胞兴办华文学校,但缺乏大量训练有素的华文教师。1940年底,陈嘉庚致电时任国民政府教育部部长的陈立夫,提出在广东、福建两省各办一所侨民师范学校。关于福建侨师选址,陈嘉庚认为应设在闽南,大量招收闽南贫寒子弟,毕业后到南洋服务。为此,陈嘉庚还以华侨界参政员的身份向国民参政会提交了《关于在闽粤创设师范学校提案》,该提案获得通过。1941年到1942年,两所侨民师范学校在福建和广东相继设立,培养华文教师,并被分别命名为第一、第二侨民师范学校。其中,第一侨民师范学校因厦门在抗战中沦陷,初期定址在长汀县。

陈嘉庚自1890年第一次出洋到1950年回国定居,居住新加坡时间前后达60年。据不完全统计,这期间他带头创办或参与创办了5所华文小学和中学(道南、爱同、崇福、华侨中学、南侨女中),2所中等专科学校(水产航海、南侨师范),资助过1所英文中学(英华),赞助1所曾拟办的大学(星洲大学),帮助过其他一些华侨学校。他在兴学方面成为华侨的光辉典范,带动了华侨在侨居地和家乡热心兴办教育的积极性和良好风气。在他的积极推动下,东南亚华文教育蓬勃发展,至抗日战争前夕,华文学校在马来亚多达1000余所,在东南亚超过3000所。他所创办和赞助的许多学校先后为新加坡以至南洋培育了不少人才,为传承祖国文化、延续华侨的中华文脉作出了巨大的贡献。

(三)社会大众教育

无论是在侨居地还是祖国故土,无论是青年时代还是晚年回国定居,陈嘉庚在各个时期都坚持开展形式多样、范围广泛的社会教育,引领社会风气的变革,促进人民生活习惯和思维方式的不断改进。陈嘉庚兴办社会教育的方式从创办民众夜校为村民扫盲,到与村民立约禁止、严令取缔当时集美社民众的烟赌恶习;从结合校舍的建设对家乡的房屋、道路、医院做新的全面的规划,到改进龙舟运动、改造严重妨害公共卫生的旧茅厕、编订《增广校正验方新编》,再到出版《战后建国首要:住屋与卫生》《民俗非论集》;从在集美兴建图书馆、科学馆、美术馆、植物园,到筹建厦门华侨博物院以及作为露天博物大观的集美鳌园。

1.创办各种民众学校

陈嘉庚重视社会教育。早在1914年,在创办集美小学的第二年,他在集美"大祖祠"开办"通宵夜学校",对文盲的成年人进行文化教育。同时,在"二房祖祠"另设一个阅报室,供乡亲们阅报学习,室内还陈列了社会教育画片等。1917年,集美女子两等小学兼办成人夜校。1923年,集美学校设教育股,开办男女民众学校各一所和校工工读夜校。1930年,集美学校专门成立了一个"民众教育委员会",在群众中开展识字运动,数十年间办了校工工读夜校、平民工读夜校、民众学校、战时妇女学校等各种民众学校。1946年10月,集美学校董事会拨出专款,创办集美民众夜校。

2.组织同安教育会

1919年陈嘉庚回国不久,曾到同安一带考察,发现同安原来有20多所小学,但由于农村经济衰弱经费不足,师资流失而多数停办,只剩下5所小学。陈嘉庚深感痛心失望,于是发起组织同安教育会,希望"立一教育会,然后逐渐扩充推广"[①],计划向南洋同侨筹募年捐,每年创办小学20所,在10年内创办200所,便可普及同安全县的小学教育。他将该计划写信给新加坡的同安华侨,征求他们意见,并自捐开办费13万元,经常费每年5000元。他还准备向马来亚、缅甸、菲律宾等

---

① 王增炳等编:《陈嘉庚教育文集》,福建教育出版社1989年版,第304页。

南洋各国同安华侨进行募捐。1921年、1922年先后创办40所,后因募款不理想经费无着落而中断。

3.成立教育推广部

为了提升教育质量,陈嘉庚于1924年在集美学校成立一个教育推广部,明确其宗旨是"以谋推广闽南教育为职志"。他委托集美学校校长叶渊兼推广部主任和视察之职,负责对省内中小学从经济上给予补助,从业务上进行督导,大力推广新的教学方法和先进的教学经验。教育推广部除了经常派人到各被补助学校视察外,每年还召开各补助学校校长会议一次,共同研究改进教学等问题。1925年,在事业鼎盛之时,他力图加大教育推广力度,计划向同安全县补助100所学样,闽南各地补助500所学校。

据统计,自1924年至1932年,福建省受到集美学校教育推广部补助和指导的包括同安、安溪、金门、厦门、福州、泉州、惠安、永春、德化、仙游、诏安、云霄、霞浦、石码、海澄、东山、永定、上杭、龙岩等28个县(市)共计73所中小学。陈嘉庚还让集美学校成立一个"闽南小学教育研究会",使闽南的小学教员有进修的机会,以提高教育水平。[1] 这些措施对当时福建省各地的教育普及与发展起到了积极的推动作用。

4.兴建鳌园、华侨博物院

社会教育是学校教育的重要补充,而且受众面更广,受益人群更多。陈嘉庚重视倡建社会教育,以弥补家族教育、学校教育之不足。他兴建了很多社会教育设施,包括图书馆、体育馆、龙舟池、鳌园和华侨博物院等等。1926年,在事业鼎盛时期,陈嘉庚曾计划捐建厦门、福州、上海三处图书馆,后因经营起伏而未成。在南洋地区,他于1923年当

---

[1] 骆怀东:《试论陈嘉庚的教育思想》,载曾讲来主编:《陈嘉庚研究文选》(第1卷),厦门大学出版社2007年版,第86~87页。

选为怡和轩俱乐部总理后,即设立图书室,购置书籍报刊供人阅读。1939年,他致函新当选的新加坡中华总商会会长,建议新加坡中华会馆设立中西图书馆。"盖教育为强国之本,公共图书馆之设立,实属提高民智之要素。内欲求华侨教育之普遍,尤赖于有充实之公共图书以为推进之工具"①。

1957年,由陈嘉庚亲自筹划兴建的集美鳌园基本落成。鳌园建设有集美解放纪念碑和鳌园博物观石壁等。鳌园博物观内容包括开国大典、文教卫生教育题词及联语、历代国内外战争、世界中国福建台湾同安地图等等,涵盖了人文历史、政治经济、社会文明和文化教育等百科知识,是一个面向广大民众开放的历史文化大观园。

陈嘉庚认为博物馆是文化教育机构的一种,与图书馆、学校等同样重要,而施教的范围更为广阔。1956年,陈嘉庚倡办厦门华侨博物院,并率先捐款10万元。他在《倡办华侨博物院缘起》里指出:"博物馆是文化教育机构的一种,与图书馆、学校等同样重要,而教施的范围更为广阔。学校为学生而设,图书馆为知识分子而设。博物馆的对象不限于学生或知识分子,一般市民,无论男女老幼,文野雅俗,一入其门都可由直观获得必需的常识。这是因为它是用形象来表现内容,不假文字间接传达,所以一般人民参观了博物馆,见所未见,眼界大开展;学校师生参观了博物馆,可由实物与书本相印证,专门学者参观了博物馆,可接触书本以外新发现的事物,有助于更深入的研究。"②

在陈嘉庚的积极推动下,1958年底厦门华侨博物院终于落成。这座当时国内唯一的、颇具规模的华侨博物院的建成,对广大民众了解侨情、侨史,了解华侨抗战历史,接受爱国主义教育起了巨大作用。在陈

---

① 黄金陵、王建立主编:《陈嘉庚精神文献选编》,福建人民出版社1996年版,第68页。
② 王增炳等编:《陈嘉庚教育文集》,福建教育出版社1989年版,第285页。

嘉庚看来,博物馆的意义已经超出了教育学生和知识分子,他把其提高到教育民众和振兴中华的高度上来。冠名"华侨博物院"是"因为它是华侨设立的,故应以华侨为名,不冠以厦门地名,以区别于地方设立的性质。因为一是华侨热爱祖国的文物不限于一地;二是配合教学研究的机构原是带有全国性的;三是它负有介绍南洋的责任,必须陈列很多南洋文物,以供国内人民了解南洋情况,故其内容不但是全国性,而且是世界性的;四是华侨是全国各地都有,不限于厦门一隅;这些都是命名采取全国性的理由"[①]。由于在其属下还设立了若干个馆,所以称其为"院"。另外,华侨博物院的创办,通过配合南洋研究所的南洋研究工作,不仅有助于了解华侨情况,而且还能让归国华侨参观,配合开展华侨文教事业。

第二节　陈嘉庚的教育理念

一、"教育立国"的战略理念

教育立国,即通过教育培育新人以救国,是我国近代知识分子在不断探索中得出的结论。鸦片战争后,中国沦为半殖民地半封建社会,国家积贫积弱、备受凌辱,一批有识之士逐步认识到,中西方力量的悬殊和中华民族危机的真正根源在于科技人才缺乏,而弥补这种落差的最佳方式是教育。洋务运动中,林则徐、魏源的"师夷长技以制夷"是近代教育救国论的起始。严复则认为教育应该用来"鼓民力、开民智、新民

---

① 王增炳等编:《陈嘉庚教育文集》,福建教育出版社1989年版,第285页。

德"。陈嘉庚深受这些思想的影响,提出"教育为立国之本,兴学乃国民天职"。这既明确了教育的重要战略地位,也表明了陈嘉庚兴学的目的和动机。

(一)教育为立国之本

"教育为立国之本"是陈嘉庚对教育战略地位的认知,包含对"教育与立国""教育与实业"等关系的深刻认识。关于教育事业与国家发展的关系,陈嘉庚认为教育是改进国家社会的重要途径。他在集美小学记(碑文)中写到创办集美小学的缘起:"余侨商星洲,慨祖国之陵夷,悯故乡之闾斗,以为改进国家社会,舍教育莫为功。"[①] 1918年集美师范学校和集美中学开学时,陈嘉庚特地从新加坡寄来开学训词:"吾国今处列强肘腋之下,成败存亡千钧一发,自非急起力追难逃天演之淘汰。"[②] 1920年11月,他在筹办厦门大学的演讲中谈道:国家之富强,全在乎国民;国民之发展,全在乎教育。这些论述说明他兴办教育就是为了改进国家社会。

那么如何通过教育来"救国"？陈嘉庚认为要通过教育启迪民智,进而改变国家贫穷落后的现状。"启迪民智"一方面在于提振国民的民族精神。陈嘉庚希望通过教育"保我国粹、扬我精神,以我四万万民族,亦或有重光之一日乎"[③]。他认为:"世界任其如何变动,我国固有之文化精神,万不能残缺,此理甚明也。故吾侨之义务,应如何补助,对教育之维护,应如何尽其力量,我国前途,方有一线希望。"[④]他兴办学校就是希望学生通过教育传承中国优秀文化,提振民族精神,以报效国家社

---

① 王增炳等编:《陈嘉庚教育文集》,福建教育出版社1989年版,第184页。
② 王增炳等编:《陈嘉庚教育文集》,福建教育出版社1989年版,第160页。
③ 王增炳等编:《陈嘉庚教育文集》,福建教育出版社1989年版,第164~165页。
④ 王增炳等编:《陈嘉庚教育文集》,福建教育出版社1989年版,第61页。

会。"启迪民智"另一方面在于提升国民的科学文化水平。陈嘉庚办教育,极为重视科学教育。他明确指出:"何谓根本?科学也。今日之世界,科学强盛之世界也。科学之发源,乃在专门大学。"①因此,他重视大学专门教育。1919年7月,他向社会发出《筹办厦门大学附设高等师范学校通告》,认为今日之中国,"专制之积弊未除,共和之建设未备,国民之教育未遍,地方之实业未兴,此四者欲望其各臻完善,非有高等教育专门学识,不足以躐等逾越而达"②。可见,他兴办教育的动机是改变"国弱民贫"的状况,通过教育开启民智,提振民族精神,提高人民科学文化素质,进而达到"立国"的目的。

关于教育事业与发展实业的关系,陈嘉庚认为教育和实业在报国中都极为重要。创办实业和兴办教育是陈嘉庚报国的两种途径,二者之间是相辅相成相互制约的关系,"教育与实业似有连带之关系,无实业则教育费从何来;无教育实业人才从何出"③。他认为一方面,教育可以为发展实业提供人才支持,希望通过教育培育人才以振兴实业。在筹办厦大的特别大会上,陈嘉庚谈到为国家培养人才的重要性:"我国现有大学,强半为外人所创办,其内容不过神学、文学、医学等科目,而农工商等关系社会经济发展和国家生存的重要专业,则少有所闻。"④另一方面,实业可以为教育创造物质条件。但当二者发生矛盾时,陈嘉庚则毅然决然地选择教育,宁可企业收盘,也决不能让学校停办。

(二)兴学乃国民天职

"兴学乃国民天职"是陈嘉庚对国民在教育中责任的理解。陈嘉庚

---

① 王增炳等编:《陈嘉庚教育文集》,福建教育出版社1989年版,第63页。
② 王增炳等编:《陈嘉庚教育文集》,福建教育出版社1989年版,第169页。
③ 黄金陵、王建立主编:《陈嘉庚精神文献选编》,福建人民出版社1996年版,第63页。
④ 王增炳等编:《陈嘉庚教育文集》,福建教育出版社1989年版,第172页。

认为国家命运与个人命运休戚相关,有国才有家。深受中国传统文化熏陶的陈嘉庚,在青年时期就体现出对国家民族的忧患意识和对振兴乡党社会的责任感。他回忆最初办学目的时曾说道:"而生平志趣,自廿岁时,对乡党祠堂私塾及社会义务诸事,颇具热心,出乎生性之自然,绝非被动勉强者。"①在下南洋后,陈嘉庚拓宽了视野,了解了英、美等发达国家的教育状况,强烈的民族危机感更加坚定了他教育立国的信念。

陈嘉庚认为兴学就是他的分内之事。辛亥革命后,他满心欢欣,立志复兴祖国、振兴中华。除了积极拥护孙中山革命组织、筹款捐助孙中山革命活动外,他一直在思考如何通过兴办教育来尽国民之天职。他曾自述:"民国光复后余热诚内向,思欲尽国民一分子之天职。"如何去尽天职呢?"窃念份子天职,欲实行报效工作,尤以乡梓需要为急务,故不计成败,痛下决心,实事求是,以文化为基础,热忱勇往,有进尺无退寸,抱定破釜沉舟之志也。"②1919年夏,陈嘉庚撰写《筹办福建厦门大学附设高等师范学校通告》,阐明筹办厦门大学的动机:"鄙人久客南洋,志怀祖国,希图报效,已非一日。"③1934年,他在《畏惧失败才是可耻》一文中写道:"念欲尽国民一份子天之职,以一平凡侨商,自审除多少资财外,绝无何项才能可以牺牲。而捐资一道,窃谓莫善于教育……欲为公众服务,亦以办学为宜。"④他坚信"救亡图存,匹夫有责",把兴学的责任揽在自己身上,认为自己责无旁贷。正是这种强烈的民族危机感和家国情怀,让陈嘉庚认为教育就是国民的天职,而自己尽国民之天职的途径就是捐资办学。

---

① 陈嘉庚著:《南侨回忆录》,中州古籍出版社2019年版,"弁言"第1页。
② 王增炳等编:《陈嘉庚教育文集》,福建教育出版社1989年版,第413页。
③ 王增炳等编:《陈嘉庚教育文集》,福建教育出版社1989年版,第169页。
④ 王增炳等编:《陈嘉庚教育文集》,福建教育出版社1989年版,第214页。

在陈嘉庚倾资兴学事迹的影响和感召下,海外华侨在家乡兴学助学蔚然成风。"以福建省为例,从1915年到1949年的34年中,华侨捐资兴办的中学达48所,小学967所,几乎遍布福建省各地侨乡。"①改革开放以来,海外华侨举办学校、回报家乡的热潮更是方兴未艾,成为吸引外来资金、学习国外经验的一种重要特殊通道。"1978—1988年,华侨、华人向家乡和各地捐款总值约合405亿人民币,内有88.8亿用于兴办教育事业。"②这其中,李嘉诚创办汕头大学、包玉刚创办宁波大学、邵逸夫捐巨款用于教育事业、吴庆星创办仰恩大学等事迹,对改革开放以来教育事业的影响最为深刻。在经济发展相对滞后、政府财政紧张、教育投入不足的时代背景下,华侨捐资兴学有力地缓解了教育投入不足等困境,为各地的经济社会发展培养了大量人才。

不仅如此,东南亚地区的华侨也热心兴学,改善当地教育环境,有力地促进了华文在侨居地的教育传播。"据马来亚一带统计,华侨华人在当地兴办的学校,1911年有14所,到1940年增至1051所,近30年增加70倍。"③黄奕欢先生认为南洋华侨热心办学之风气正是源于陈嘉庚,"南洋华人博得热心教育美誉,更是起因于有了嘉庚先生;换言之,即起因于嘉庚先生的兴学风气"④。在陈嘉庚的引领下,华侨在我国东南地区和南洋地区办学兴学蔚然成风。比如,除全力支持陈嘉庚兴办集美学校和厦门大学外,李光前在家乡南安创办国专学村,陈六使

---

① 郭梁:《陈嘉庚精神与教育振兴》,载中共厦门市委党史研究室编:《科教兴国的先行者陈嘉庚》,中央文献出版社2001年版,第41页。
② 郭梁:《陈嘉庚精神与教育振兴》,载中共厦门市委党史研究室编:《科教兴国的先行者陈嘉庚》,中央文献出版社2001年版,第42页。
③ 王毅林:《"教育是立国之本"》,载中共厦门市委党史研究室编:《科教兴国的先行者陈嘉庚》,中央文献出版社2001年版,第11~12页。
④ 黄奕欢:《我所知道的陈嘉庚先生的生平》,载张焕萍编:《陈嘉庚纪念文集》,2021年版,第93页。

在新加坡创办南洋大学,刘玉水在惠安创办荷山中学,李陆大、李尚大在安溪创办慈山学园,等等。

二、"全面发展以德为先"的育人理念

陈嘉庚注重学生的全面发展。早在20年代初期,陈嘉庚就明确主张"德智体三育并重"为集美学校的办学宗旨。而实际上,他的"三育并重"理念与我们当代倡导的"德智体美劳全面发展"理念具有内在一致性。他提出,学校教育要注重学生的全面发展,"不但要教其识字而已,其他如知识、思想、能力、品格、实验、体育、园艺、音乐,以及其他课外活动,均须注重,与正课相辅并行"①,其中,德智体三育又尤为重要。1920年5月8日,他对集美学校的学生说:"有一部分同学,锐意攻书,而对于课外运动不甚注意,是未悉三育并重之宗旨也。"②在学校的教育管理过程中,陈嘉庚注重德智体三育,对于学习、操行、运动等方面优秀的学生给予奖励。

陈嘉庚反对学生"如机械化一样"地死读书。陈嘉庚重视智育,强调"知识与技能并重"的原则,主张实验方面应"与正课相辅并行"。对集美学校,他提出"知识为体,技能为用,有知识,庶能施之技能,有技能,庶能利用知识"。对于师范教育,他特别重视实习环节;对于水产、商科、农林等实业教育,他更是要求学生必须学以致用。在课程的安排上,要求学生掌握的知识面是较广的,如水产科的学制为四年,所学的课程包括英文、国文、公民学、数学、物理、化学、博物学(包括动物学、植物学)、气象学、海洋学、操船术、航海术、造船学、渔捞论等20几门。实

---

① 王增炳、骆怀东主编:《教育事业家陈嘉庚》,教育科学出版社1989年版,第369页。
② 王增炳等编:《陈嘉庚教育文集》,福建教育出版社1989年版,第180页

习和技能训练在课程中占有较大的比重,约为全部学时的三分之一。

陈嘉庚重视体育,认为"体育运动为教育中一重要之学科,虽主旨在训练健康,然对于道德精神,关系更为密切"①。他主张必须以提倡体育,恢复国民健康,作为振兴教育之先决问题。他明确地提出,"应有健全之身体与精神,方可为社会服务,荷国家仔肩"②。为了搞好学校体育,他在建校时就留有充足的操场、运动场、游泳场等,注意配备必要的体育设施,大力开展体育运动,规定学校定期召开运动会,开展群众体育运动,包括举办群众喜闻乐见的龙舟赛活动。

陈嘉庚重视美育,强调美育与正课要相辅并行。集美学校早在20世纪20年代就普遍开设美术课和音乐课。1925年陈嘉庚创办集美学校师范部艺术科,重金聘请浙江著名花鸟画家张书旂、张振铎和在上海美专任教的本省仙游籍古典人物画家黄羲副教授来校任教。他组织了当时全国少有、福建省仅有的铜乐队。集美学校的艺术课外活动十分活跃,不但有美术课外小组、音乐课外小组,还有业余话剧团。

陈嘉庚重视劳动教育,提倡在持续的课外劳动中让学生树立劳动观念。他说:"劳作项目,包括校内一切,上至窗户墙壁楼板,下则全校界地面,床橱桌椅校具花木水沟便所及其他一切,每星期至少一两次,挑水清洗扫拭,不避劳动不怕污秽,且须守恒不断,乃能收实效。"③他提出课外劳动必须有教师指导,才有计划性,才能经常化。他的劳动教育理念还贯穿在其兴办教育的过程中,比如集美试验乡村师范学校提出的办学目标就是培养学生健康的体魄、劳动的身手、科学的头脑、艺术的兴趣和改造社会的精神。

---

① 王增炳、骆怀东主编:《教育事业家陈嘉庚》,教育科学出版社1989年版,第374页。
② 王增炳等编:《陈嘉庚教育文集》,福建教育出版社1989年版,第183页。
③ 王增炳等编:《陈嘉庚教育文集》,福建教育出版社1989年版,第293页。

第二章 陈嘉庚的倾资兴学与教育理念

在全面发展的教育理念中,陈嘉庚明确"以德为先"的理念。陈嘉庚把品德看成学生的根本,认为"教育非仅读书识字,而尤以养成德性,裨益社会"①。陈嘉庚的德育理念以爱国主义教育为核心。他始终重视培养学生的爱国主义精神,并将其作为德育的首要任务,把爱国作为对学生的一项基本要求与首要道德标准。在1918年致集美学校诸生信中,他说:"诸生青年志学,大都爱国男儿,尚其慎体鄙人兴学之意,志同道合,声应气求,上以谋国家之福利,下以造桑梓之麻祯,懿欤休哉,有厚望焉。"②他就是希望学生能够通过教育增长本领,报效祖国与家乡;在1919年集美学校秋季始业式上的训词中,他希望集美学校的学生"一对于国家,当尽国民之责任,凡分所应尽者,务必有以报国家。二对于学校,学生品学之优劣,关于学校名誉甚重。诸生在校希勿稍忽功课,努力向前。在校既诸尽学生之职务,出校既能尽国民之职务是也……"③1937卢沟桥事件爆发后,他在当年11月1日致陈村牧函中,勉励师生努力抗敌救国:"国难日亟,希激励员生,抱定牺牲苦干之精神,努力抗敌救国之工作,是所至望。"④在他的勉励下,集美学校成立了"抗日救国会"和"抗日义勇队",会(队)员个个立下誓言:"随时准备为国牺牲。"

除了爱国主义教育,陈嘉庚还十分重视学生的品性与操行,注重培养学生的独立人格和思维方式。

一是重视培养学生"诚毅"的道德品格。他把"诚毅"二字定为集美学校校训,希望学生努力读书,好好做人,替国家民族做事。他曾强调:

---

① 王增炳等编:《陈嘉庚教育文集》,福建教育出版社1989年版,第193页。
② 王增炳等编:《陈嘉庚教育文集》,福建教育出版社1989年版,第160页。
③ 王增炳等编:《陈嘉庚教育文集》,福建教育出版社1989年版,第179页。
④ 王增炳等编:《陈嘉庚教育文集》,福建教育出版社1989年版,第420页。

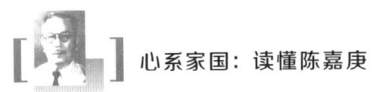
心系家国：读懂陈嘉庚

无论个人、社会、国家事业的发展,全赖"忠诚信义"四字。他还将"诚毅"校训转化为学生的行为规范,具体规定了评判细则。其中包括①:

诚信最优者:(1)忠于视事;(2)实践信用和义务;(3)不作浮夸虚伪之言;(4)戒绝武断;(5)作正当游戏;(6)待人诚恳不欺。

诚信最劣者:(1)贪冒人功;(2)不顾信用与义务;(3)好作轻薄浮夸之言;(4)偏于武断;(5)作不正当之游戏;(6)待人诈伪。

毅力最优者:(1)尝试不成仍继续前进;(2)作事不中辍;(3)当行即行;(4)不肯私自放松一步;(5)肯负责任;(6)对于负责操作之分量过于常人。

毅力最劣:(1)稍遇阻碍即为之气馁;(2)事未竣即置弃之;(3)遇事迟延;(4)私自苟安偷懒;(5)不负责任;(6)稍达其要求即生满足。

二是注重培养学生崇尚俭朴的品行。1919年9月,陈嘉庚先生在集美学校秋季始业式中指出:"本校性质如何?即省俭是也。中国今日贫困极矣,吾既为中国人,则种种举动应以节俭为本。"②集美学校在学生日常管理中,要求学生养成节俭习惯,勤学俭朴,以造就廉洁人才。

三是注重培养学生正确的价值观。陈嘉庚认为学生要有正确的荣辱观、是非观,他说:"做人最要紧是有是非。……分别是非,不但对国家如此,就是个人也是一样。无是非就不算是人。辨别是非,是做人的基本条件。"③在《遗教二十则》中,陈嘉庚也留下了"能辨是非,做事有恒""明辨是非善恶,众人须知之,应如何笃行之"等为人处世之训。

---

① 转引自曾翰:《诚毅足千秋——浅谈陈嘉庚先生的校训》,载曾讲来主编:《陈嘉庚研究文选》(第1卷),厦门大学出版社2007年版,第262页。
② 王增炳等:《陈嘉庚教育文集》,福建教育出版社1989年版,第177页。
③ 王增炳等编:《陈嘉庚教育文集》,福建教育出版社1989年版,第271、272页。

三、"有教无类"的普及理念

陈嘉庚继承了孔子"有教无类"的教育思想的精华,提出"盖有教无类,乃教育之目的"。

(一)招生不分贫富贵贱,给予贫困学生补助

旧式教育长期以来是为富家子弟开门的,穷人家的孩子难得有上学的机会,农村的教育更是落后不堪。为了改变这种状况,陈嘉庚在招生上进行了改革。比如开办集美师范学校时,着重招收来自农村的"贫寒子弟才志相当者",在经济生活上予以许多优惠:入学费、住宿费、膳费均免,被子、蚊帐、草席和春冬两套制服均由学校无偿供给。这既减轻了学生家长的经济负担,又使学生在校无后顾之忧,能集中精力攻读。因此,闽西、闽南和广东东部及南洋侨生,慕名报考集美师范学校者接踵而至。为了鼓励学生学习水产航海专业,陈嘉庚特地规定水产航海学生"待遇同师范生,学生膳宿费全免",还由学校发给统一的制服和被席蚊帐。

新中国成立后,陈嘉庚一如既往重视贫困生的上学问题。1952年7月,他在《劝告集岑郭社亲栽培子女妥筹善后书》中说:"在求学中间,最困难的问题,就是生活费。生活费如果有着,除天资至愚无法造就外,通常才质均得顺利到达毕业。本社儿童和青年,由小学读至大学,凡家境贫苦乏力供给入学及升学费用者,我拟自本年8月份起,按月份给他们补助。"[①]他在海外办学时也十分注意让贫苦的华侨子弟有享受教育的机会。

---

① 王增炳等编:《陈嘉庚教育文集》,福建教育出版社1989年版,第262页。

（二）主张男女平等，给予女子同等受教育的权利

"重男轻女"封建思想一直严重禁锢着人们的思想。陈嘉庚较早就意识到女子受教育的意义，鲜明地反对"女子无才便是德"的陈腐观念，大力提倡男女平等，主张给予女子享受教育的权利。他提出："居今时世，非但男儿当受教育！女子亦当受教育，在浅识之人，多云女子受教育，乃为他姓造福，而不知未嫁之前，能教其弟侄，既嫁之后更能顾爱父母家以及造成女子自身之幸福也。"① 为了普及女子教育，他在闽南首开女禁，设立女子小学，给就学女生以生活补贴，鼓励女子上学。后来他又在海内外创办女子中学、女子师范多所。厦门大学坚持这种做法，成为当时国内最早招收女生的 7 所大学之一。

（三）在教育对象上，打破地域界限，面向广大民众

陈嘉庚筹办厦大时曾规定"大学生不分省界"，他认为办学的目的只有一个，就是为国家造就人才，而不能有地方界域之见。他非常明确地反对"办学而分帮派"，也反对读书分贫富，主张尽力帮助贫寒子弟上学。新加坡华侨办学一般都按祖籍地有所分别，"他帮所设学校，不收异帮子弟"，如广东人创办养正学堂、客家人创设应新学校、潮州人创办端蒙学校。然而，陈嘉庚兴办的学校提倡"超帮办学"：道南学校虽是福建会馆办的，但在陈嘉庚的主持下，广东籍学生就占了半数以上；南洋华侨中学则是东南亚华侨打破地域、帮派界线合办的第一所华文中学。

陈嘉庚兴办教育事业，教育对象不仅是在校上学的学生，还有学校大门外的广大民众，使广大民众都有学习的机会。1914 年，集美就开办"通宵夜学校"，对文盲的成年人进行文化教育；在祖祠堂设置阅报

---

① 王增炳等编：《陈嘉庚教育文集》，福建教育出版社 1989 年版，第 62 页。

室,以方便乡民阅报学习。集美还成立"民众教育委员会",开展识字运动,创办各种民众学校,都是为了提高广大民众的受教育程度。

四、"慎择校长广延名师"的治校理念

陈嘉庚在治校中,尤其重视师资建设。陈嘉庚主张要办好学校,关键在于师资队伍建设,"独是师资一项,最为无上第一要切。因教育之母,将来概由此产生"[1]。他认为:"一个良好教师可以影响千百个学生,转移社会风气的潜力完全在此。"[2]因此他明确提出"要严格选教师"。他深知"没有好的老师,就没有好的学校"[3]。选聘的教师,必须既有真才实学,又能"为人师表"。他认为好教师是很难得的,不能像到市场上买东西一样,等到需要时才去找,而要花力气去争取。他通过创办各级师范学校、重金礼聘、送出国进修培养等多种形式,充实师资队伍。

(一)创办师范学校培养教师

陈嘉庚创办集美师范学校就是为了培养小学教师,后来又继办女师、乡师、普师等,都是为了解决师资问题。陈嘉庚倡办厦门大学的初衷之一就是培养中等学校师资,因而厦大创办时首先设立的是师范专业。"厦门大学之起源,为鉴于闽省中等师资的缺乏,盖小学师资既有集美学校可负责,而中等师资,则尚付缺如。"[4]

(二)多方物色,重金礼聘

陈嘉庚创办集美师范学校和集美中学时,通过教育家黄炎培到教

---

[1] 王增炳等编:《陈嘉庚教育文集》,福建教育出版社1989年版,第313页。
[2] 王增炳等编:《陈嘉庚教育文集》,福建教育出版社1989年版,第293页。
[3] 黄金陵、王建立主编:《陈嘉庚精神文献选编》,福建人民出版社1996年版,第69页。
[4] 黄金陵、王建立主编:《陈嘉庚精神文献选编》,福建人民出版社1996年版,第80页。

育比较发达的江苏、浙江去物色师资。创办集美学校农林部时,不惜用重金聘来曾在德国、美国、日本留过学的教师5人。创办厦门大学时,委托教育家蔡元培物色师资,并重金礼聘德才兼备的归国留学生及国内著名学者、专家,且薪资丰厚。20世纪20年代中期,厦门大学规定教授月薪400银圆、讲师200银圆。当时月薪25银圆就可养活5口之家。而复旦大学校长及教授月薪最高也只200银圆。因而,其时厦门大学人才荟萃,包括鲁迅、林语堂、沈兼士、张星烺、张颐、史禄国、姜立夫、胡刚复、庄泽宣等都曾在此任教。集美学村也吸引了全国各学科的知名学者,哲学家吴康曾任集美图书馆主任,国学大师钱穆任《集美季刊》总编辑,历史学家王伯祥任《集美周刊》首任编辑部主任。知名专家还有教育学家朱智贤、罗廷光,文学家吴文祺、王鲁彦,诗人潘训、汪静之,等等。

(三)选送资助毕业生升学或留学

陈嘉庚多次资助经济困难、品学兼优的毕业生升入大学或到国外留学。这些学生学成后多数回集美母校服务,有的成为骨干。在拟办水产航海学校时,陈嘉庚致函位于上海吴淞的水产学校,委托其代聘教师。学校复函有三名高材生要毕业,但须资助他们前往日本留学,两年后可以回校任教。陈嘉庚欣然答应资助他们留学。他还从航海学校毕业生中挑选部分学生到日本农林省水产讲习所(现东京水产大学)学习,学成后回集美任教。1924—1934年,陈嘉庚在集美学校专门设立"成美储金"(意为"成人之美"),用于资助经济困难、品学兼优、学成后愿回校任教的集美学校毕业生上大学或出国留学深造。

陈嘉庚特别重视师德建设,他嘱咐前来工作的校长、教员:"诸君之来集校办学,其抱定志愿定与他校不同,莫非坚持一种就像救国之心,及有教无类之念,改良风俗之无限职责。"①此外,陈嘉庚还特别爱护和关心教师。他在一封信中说:"弟素以诚挚待教师,又以优俸酬其劳,按月必交,无缺分毫,俾仰事俯畜无内顾之忧。"②正因为如此,集美学校的教师以校为家,在抗战困难时期,自愿减少薪水以帮助学校渡过难关。

陈嘉庚在教师队伍建设中又特别强调慎择校长,认为"千军易得,一将难求"。在创办集美学校和厦门大学时,他对选聘校长煞费苦心,集美学校开办初期两年间三易校长。陈嘉庚选聘校长,要求必须"品学兼优",且有管理学校的经验。具体要求包括:(1)有道德,志在为国家社会效力;(2)有毅力,责任心强,不图清闲;(3)有真才实学;(4)有度量,任人唯贤,不徇私情;(5)有众多学友等相知者帮助;(6)有丰富经验,能对付各种局面;(7)有旺盛的精力,年富力壮。③ 对聘定的校长,陈嘉庚完全信任,给职、给权,放手让校长统掌校政。1920年5月聘叶渊为集美学校校长时,陈嘉庚说:"即聘为校长,校中一切信任办理,余绝不干预,集美学校从此安定矣。"④

五、"知行合一"的培养理念

陈嘉庚十分重视培养学生的专业素养,包括专业理论知识和技能,倡导知行合一的教育教学理念。陈嘉庚童年时接受私塾教育,对旧式教育的弊病有切身体会。他提倡新学,注重学生培养学生理论联系实

---

① 王增炳等编:《陈嘉庚教育文集》,福建教育出版社1989年版,第370页。
② 王增炳等编:《陈嘉庚教育文集》,福建教育出版社1989年版,第308页。
③ 骆怀东:《旧教育体制改革的先行者——陈嘉庚》,中共厦门市委党史研究室编:《科教兴国的先行者陈嘉庚》,中央文献出版社2001年版,第203页。
④ 陈嘉庚著:《南侨回忆录》,中州古籍出版社2019年版,第12页。

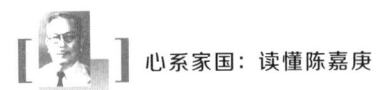

际的能力,要求学校教学中要把理论教育与实践教学紧密结合起来。陈嘉庚认为社会实践与学校教育是相辅相成的,要通过社会实践,让学生走进社会,了解世情,同时也锻炼学生的社会劳动能力,磨炼其意志品质,目的就是为国家和社会培养合格的职业人才。

一方面,陈嘉庚十分重视实践课程,重视学生的实习实践。在陈嘉庚创办的学校中,实验、实习和技能训练课程在整个教学过程中占了相当大的比例。他规定水产、航海和农林类学校的学生平常的实践时间不少于三分之一。师范学校的学生必须到附设的小学和幼稚园实习、见习。商业学校除了职业训练外,强调开设服务精神的课程,重视实际应用能力,还开设了实习银行和各种商店,由学生来经营,类似现在高校的"创业孵化园"。学生学习的最后一学期,则分配到陈嘉庚公司在各地的分公司、办事处实习。另一方面,陈嘉庚积极倡导学生参加社会调查、文学艺术、志愿服务等各种各样的社会实践活动。比如水产学校教师组织学生成立"渔村社会调查访问团",利用寒暑假到沿海渔村开展社会调研。《集美周刊》曾专门设立"水产专号"刊登学生社会实践调研论文,如《东山县渔业调查报告》《打船渔业调查报告》《网仔网渔业调查报告》《莆田县渔行调查报告》《南日岛渔业调查报告》等。

为了更好地开展实践教学,陈嘉庚不断扩充各种设备,建设配合教学的各种馆、厂、场、舍,提供充足的实验室和实习场所,为师生的体育活动提供充分的场所、设施和器材。除建筑宽敞的教学楼群外,还斥巨资购置实习船艇,如为集美水产航海学校建置了 4 艘实习船,开设水产养殖场。1925 年,水产航海二组师生驾驶"集美一号"前往江、浙、沪沿海实习,21 名师生在船上进行航海船艺、驾驶、轮机等技能操作。这艘重 31 吨的小型汽油发动机船历经 5 个月、航程 2000 多海里,最终抵达上海黄浦港。这一海洋教育的创举轰动社会各界,"片舟渡重洋,赞美不止"。陈嘉庚还建造为教学服务的图书馆、科学馆、体育馆、美术馆、音乐馆、印刷厂、自来水厂、电灯厂等等。同时,为更好地开展实践教学,陈嘉庚强调要聘请双师型的教师,比如航海科的教师一定要有出海经历与经验。因此,集美学校教育出来的学生往往实践操作能力和独立工作能力都比较强,深受社会欢迎。

第三节　陈嘉庚教育理念的当代启示

自 1894 年创办惕斋学塾起,陈嘉庚在 60 多年的办学助学实践中,对教育各方面有着全面而深刻的理解。他的教育理念主要包括"教育立国"的战略理念、"全面发展以德为先"的发展理念、"有教无类"的普及理念、"慎择校长广延名师"的治校理念和"知行合一"的培养理念等,此外在学校管理体制、校园文化建设、后勤服务以及校舍建筑建设等方面,陈嘉庚也有自己独到的见解。总而言之,陈嘉庚无愧于"卓越的教育家"的盛誉。他的教育理念在当时具有先进性和超前性,对当前我国推进教育强国建设、落实立德树人根本任务、办好人民满意的教育仍具有重要的启示作用。

一、推进教育强国建设

从教育立国到科教兴国再到教育强国,教育始终被置于党和国家的战略全局进行谋划。陈嘉庚提出的"教育为立国之本,兴学乃国民天职"的理念,对我们推进教育强国建设具有启迪作用。

教育兴则国兴,教育强则国强。纵观人类历史发展,教育始终是强

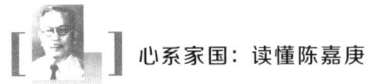

国兴起的关键因素。当前,中国特色社会主义建设进入新时代,面对百年未有之大变局和中华民族伟大复兴的战略全局,教育强国建设更具战略性地位和基础性作用。当今世界新一轮科技革命和产业变革深入发展,围绕高素质人才和科技制高点的国际竞争空前激烈。但我国在建设教育强国的征程中仍存在不少短板和差距,比如人才培养模式,教育引领科技创新、促进新质生产力发展的体制机制等存在堵点卡点,培养高层次拔尖创新人才的能力还有所欠缺等等,因而实现从教育大国向教育强国的跨越依然任重道远。党的二十大报告将"实施科教兴国战略,强化现代化建设人才支撑"单独作为一部分进行了阐述,首次将教育、科技、人才三大战略进行统筹部署,指出"教育、科技、人才是全面建设社会主义现代化国家的基础性、战略性支撑",吹响了加快建设教育强国的号角;党的二十届三中全会的《决定》对深化教育科技人才体制机制一体化改革作出了新的重要部署,进一步强化提升了教育科技人才在推进中国式现代化进程中的重要战略地位。

建设教育强国,要坚持和加强党对教育工作的全面领导,不断完善党委统一领导、党政齐抓共管、部门各负其责的教育领导体制。一是必须确保优先发展教育事业。当前,我国已经建成世界上规模最大的教育体系,但创新型人才和高素质劳动者还很缺乏。教育作为人才培养的基础和科技创新的先导,自然要肩负起新的时代使命。要持续加强教育先行的科学观念,明确教育的基础性、先导性、全局性作用;要在经济社会发展规划上优先安排教育,在财政资金投入上优先保障教育,在公共资源配置上优先满足教育和人力资源开发的需要,同时鼓励和扩大社会投入,奋力开拓新局,加快推进教育现代化。二是必须加强教育协同促进科技创新治理体系。通过优化国家科研机构、高水平研究型大学和科技领军企业的定位和布局,发挥国家实验室的核心和龙头作用,提升科技创新能力;通过建立科技发展、国家战略需求牵引的学科设置调整机制和人才培养模式,提升教育在促进科技创新中的作用;通过优化教育协作,加强创新资源统筹和力量组织,提高科技投入产出效率,培育教育新质生产力,集中智慧攻克"卡脖子"科技难题。三是必须聚焦教育改革,培育拔尖创新型人才。人才是第一资源,要通过深化教育改革,重视基础教育,通过课程内容、教学模式、评价方式等方面的变革提升中小学生创新素养,为拔尖创新型人才的培养筑牢根基;要注重提升大学生的创新创业素养,优化人才的培养和发展环境,激发各类人才的创造活力,培育拔尖创新人才。

建设教育强国不仅是党和国家的任务,也是全社会的共同责任。学校、家庭、社会要紧密合作、同向发力,积极投身教育强国实践,共同办好教育强国事业。全国人民要坚定信心,深刻领会建设教育强国对实现中国式现代化的意义,明确教育优先发展战略,为教育提供力所能及的支持,创造良好的社会氛围,以更加强烈的历史主动精神践行教育强国建设的时代担当。对于教育工作者来说,应当明确坚持党对教育事业的全面领导,以立德树人为根本任务,以为党育人、为国育才为根本目标,以服务中华民族伟大复兴为重要使命,创新教育理念和方法,培养时代需要的科技创新人才;对于当代大学生来说,应当主动接受教育,积极学习科技文化知识,关注科技前沿动态,培养创新思维和创新能力,提高科技创新素养,传承科教精神并引领社会风尚,成为国家发展战略所需要的科教人才,为早日实现教育强国目标而共同努力。

二、落实立德树人根本任务

陈嘉庚"全面发展德育为先"的教育理念,对于回答教育应该培养

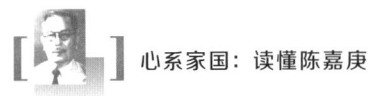

什么人、怎样培养人、为谁培养人的问题具有重要的启示作用。教育要培养全面发展并对社会有用的人才,尤其要重视德育的重要作用。无论是个人修养、社会发展还是国家治理,都离不开道德的作用,道德乃立身立国之本。除了重视道德修养外,德育最核心的是培养学生的爱国主义思想,其目标是将学生培养成有爱国情怀、有高尚品德、全面发展的人才,以服务国家和社会。20世纪20年代初期,中国的新式教育处在起步和发展阶段,这些理念在当时具有先进性,为国家培养了大批积极上进的年轻人,为促进社会发展作出了巨大贡献。

新时代,落实立德树人根本任务,培养全面发展的时代新人更是重中之重。党的二十大报告指出:教育是国之大计、党之大计;培养什么人、怎样培养人、为谁培养人是教育的根本问题;育人的根本在于立德;要全面贯彻党的教育方针,落实立德树人根本任务,培养德智体美劳全面发展的社会主义建设者和接班人。党的二十届三中全会强调要紧扣培养担当民族复兴大任的时代新人的要求,完善立德树人机制,推进大中小学思政课一体化改革创新,健全德智体美劳全面培养体系。

陈嘉庚先生提倡德育为先,而德育又以爱国教育为核心的主张,对于我们落实立德树人根本任务有重要的启发意义。我们要加强爱国主义教育和理想信念教育,引导学生努力学习,不断提高思想道德素质,把爱国情怀融入学习和工作中。对于学科教师而言,在教书育人的全过程中,要注重将爱国主义教育有机融入相关学科课程中,通过"课程思政"润物无声。思政课教师则应结合学生的成长阶段、个性特点和现实需求,帮助学生透彻理解和深入思考中国特色社会主义思想以及核心价值观的本质,引导学生坚定理想信念,坚定爱国主义立场,自觉涵养高尚品格。对于广大青年而言,要树立"全面发展,以德为先"的理念,积极、努力学习,扎实学好文化知识,掌握专业知识和技能,不断提高思想道德素质;坚定对马克思主义的信仰、对中国特色社会主义的信念、对中国共产党的信任和对中华民族伟大复兴中国梦的信心,积极投身社会实践,敢担当、能吃苦、肯奋斗,将个人价值和社会价值有机统一起来,努力成为德智体美劳全面发展的能够担当民族复兴大任的时代新人。

三、办好人民满意的教育

陈嘉庚"有教无类"的教育理念,对推动当时社会普及教育和教育公平作出了巨大的贡献。进入中国特色社会主义新时代,"有教无类"理念得到推广和实践,确保了我国所有适龄儿童都能接受基础教育,促进了教育公平。2023年,我国学前教育毛入园率达到91.1%,九年义务教育巩固率为95.7%,高中阶段毛入学率为91.8%,高等教育毛入学率达到60.2%。① 这些数字表明,我国各级教育普及程度已达到或超过中高收入国家平均水平,国民素质得到显著提升。我国教育公平政策制度体系也得到不断完善,学生资助体系已实现应助尽助,目前已形成政府主导、学校和社会积极参与的"奖、贷、助、勤、补、免"全方位资助体系,从制度上保障"不让一个学生因家庭经济困难而失学"。

在当前我国教育普及化的社会背景下,"有教无类"理念已经超越了早先入学机会平等的"广度"公平,而转向公平而有质量的教育这种"深度"的公平。这是新时代我国教育高质量发展的新要求。在教育规模保障教育机会的同时,必须切实提高教育质量以满足人民群众的教育需求。从这个维度上看,当前我国"有教无类"的教育公平仍然还存在一些问题,包括教育资源的不均衡分配、城乡教育发展水平差距过

---

① 邓晖:《奋力书写教育强国建设新篇章》,《光明日报》2024年9月27日第3版。

大、校际差距显著等等。新时代教育公平面临的挑战多样且复杂,需要从多个维度出发,通过深化教育改革、优化资源配置、加强师资培训、推动政策创新等措施,逐步实现更高质量、更公平的教育。党的二十大报告指出要办好人民满意的教育。我们应以党的二十大报告精神为指引,加快义务教育优质均衡发展和城乡一体化步伐,优化区域教育资源配置,强化学前教育、特殊教育普惠发展,坚持高中阶段学校多样化发展,完善覆盖全学段学生的资助体系。要坚持以人民为中心发展教育,加快建设高质量教育体系,发展素质教育,促进教育公平。

四、加强人才队伍建设

陈嘉庚"慎择校长广延名师"的治校理念强调,必须重视师资建设,采取多种途径建设师资队伍,注重教师师德师风建设,关心爱护教师。这些做法为新时代学校加强师资队伍建设提供了参考。

首先,要明确好老师的标准。党的十八大以来,习近平总书记从国家繁荣、民族振兴、教育发展的大局出发,深刻阐释了教育工作和教师工作的极端重要性,明确提出成为一名党和人民满意的好教师要具有"四有"、"四个引路人"和"四个相统一"的标准。这些标准对广大教师思想、道德、学识、能力、作风、纪律等方面提出了全方位的要求,赋予了人民教师神圣的职责使命,是新时期进一步加强教师队伍建设、培养高素质专业化创新型教师的行动指南。

其次,要注重引培并举。学校要将教师队伍建设与优秀人才引进相结合整体考虑,建立科学、系统、行之有效的策略,吸引更多优秀人才从教。要强化教师专业素养的培养和提升,确保教育质量不断提升。通过创设导师制,开展职业教育、岗前培训、新教师集体备课、教学督导点评、教学竞赛等活动,提升青年教师的教学技能水平,促使青年教师自觉更新知识结构,努力提高运用新技术的能力。要支持教师深入实际、调查研究,把实践锻炼作为自我提高的重要环节,定期深入农村、企业、社区,在实践中寻找解决课堂教学中所遇到的疑难问题的答案。要加强教师科研团队建设,激发教师参与科研的积极性,帮助教师不断提升开展科学研究工作的能力,特别是要重视基础理论研究,强化科学研究对课堂教学的支撑作用,让教师在教学科研服务中成长。

再次,要特别重视师德师风建设。党的二十届三中全会指出,强教必先强师,要提升教师教书育人能力,健全师德师风建设长效机制,通过教师师德教育培训,开展"立德树人"研讨会、优秀教育工作者座谈会、"我最喜爱的老师"评选活动等,营造重教的良好风尚,引导教师坚定信念和追求,坚持把立德树人作为根本任务,把为党育人、为国育才作为根本目标,把服务中华民族伟大复兴作为重要使命,用自己的实际行动努力办好人民满意的教育。

此外,要关心关爱教师,尊重教师的主体地位。尊师重教是中华民族的优良传统,学校要牢牢确立办学以教师为本的理念,积极为广大教师施展才华、奉献社会创造条件。学校要牢牢树立办学以教师为本的理念,积极为广大教师施展才华、奉献社会创造条件。要加强教师待遇保障,推进高校薪酬制度改革,维护教师职业尊严和合法权益,减轻教师非教育教学任务负担。要充分肯定教师在教育改革发展中的重要作用,制定科学合理的考核、奖励和分配机制,调动教师在教育教学中的主动性和积极性。对教师要给予充分的尊重和信任,积极听取广大教师在人才培养、科学研究、学科建设、学校事务管理等方面的意见、建议,确保教师的主体参与权。

五、完善"知行合一"的育人体系

陈嘉庚"知行合一"的理念强调,必须重视实践课程,重视学生的社会实践和劳动教育,培养学生的职业素养、动手能力,注重实习实践场馆建设,聘请双师型教师。在陈嘉庚的海洋教育实践中,注重理论与实践结合、重视教学实践和技能训练等理念得到了充分体现。在课程设置上,航海、水产教育约有三分之一的学时为技能训练和专业实习,贯穿于整个人才培养过程。实习既包括课内技能训练、假期专业实践、专业见习,也包括毕业实习和生产实习。在实验设备、训练场所的建设上,陈嘉庚理念超前、力求完备。1924年由学校自行设计、建造的"集美一号"下水,1926年从法国购置拖网渔轮"集美二号",1929年从新加坡购买"集美三号""集美四号"。为了方便学生操艇练习和采集海上标本,学校先后建造了"郑和号""祖逊号""海鸥号"等多艘端艇。根据陈延杭的统计,从1920年至1929年,学校"购置教学仪器标本数千件,轮船4艘,端艇练习艇5只,费用达30余万元"[①]。此外,为了提供船舶停靠,学校在集美龙王宫前建设一座码头。当时的集美水产航海学校具备仪器先进、体系健全的教学设备,拥有当时国内较为先进的综合训练基地和生产实习船队,奠定了集美乃至厦门发展海洋学科和海洋教育的重要基础。

陈嘉庚注重理论与实践相结合的教育理念及其实践对当前的学校教育教学仍有启发意义。当前,我们要落实立德树人根本任务,就需要处理好知与行、认识与实践等关系,克服远离生活、远离社会、实践缺失

---

① 陈延杭:《航海教学的重点在实践环节》,载曾讲来主编:《陈嘉庚研究文选》(第1卷),厦门大学出版社2007年版,第41页。

等知行分离问题,推进"知行合一"的育人体系,切实做到"知行合一"。

一是要重视第一课堂的教学实践。第一课堂的教学实践主要指实践教学环节。要根据专业培养目标,合理设置实践教学课程,并组织师资团队切实有效开展实践教学,比如专业见习、专业实习等都是专业培养方案中的重要组成部分,应不折不扣地实施。另外,在以理论讲授为主的课堂上,教师也可以设置一些实践环节,比如通过案例教学、小组讨论、团队展示等方式,让学生自主学习、交流碰撞,加深对专业理论的理解。

二是要重视第二课堂的活动实践。第二课堂的活动实践主要指学生的课外活动,既包括学生会、团委等组织举办的各种活动,也包括勤工助学、志愿服务、假期社会实践等活动。应加强对学生课外活动的规范管理和引导,可以借鉴陈嘉庚先生提出的建立"学生课外活动指导委员会"的做法,建立由校团委、辅导员及专业教师共同参与指导的课外活动指导组织,从活动的策划、组织、指导、点评、总结分析等方面对学生的活动或比赛进行指导和帮助。同时,也要鼓励学生积极把第一课堂和第二课堂结合起来,让第二课堂反哺第一课堂。

三是要充分开发和利用各类教育资源,重视实习研学基地建设。要开发和利用有利于学生成长的各类自然资源、红色资源、文化资源、科技资源、国防资源、企事业单位资源等,建设和完善实践教育基地、劳动教育基地、研学旅行基地、革命传统教育基地、爱国主义教育基地,推进教育信息化与教育的深度融合,做到线上与线下相结合、课内与课外相结合、校内与校外相结合,为践行"知行合一"的育人体系创造有利条件。

四是要建设学校、家庭、社会协同育人体系。要建立和完善学校、家庭、社会共育机制,达成学校、家庭和社会的良性互动。加强社会教育和家庭教育,充分发挥全员育人、全程育人、全方位育人的功能,构建学校、家庭、社会中由专家和模范榜样人物等组成的"大师资",建设教育基地,提供实践场所,开展有利于青少年成长的教育活动,引导学生参与社会、体验社会、服务社会,在解决社会现实问题中学习,在社会生活中锻炼成长。

第三章　陈嘉庚与中国近代民主革命

陈嘉庚是当代华侨最杰出的领袖,他不仅是一位著名的企业家、慈善家、教育家和社会改革家,而且还是一位杰出的政治活动家,是华侨史上第一位把东南亚各地华侨组织在一个统一的团体之内的领袖人物。作为政治活动家和社会活动家的陈嘉庚,积极投身中国近代民主革命,推动中华民族独立事业,促进民主政治发展;他具有以国家为重、民族为重的品格以及自强不息、勇毅奋斗的精神品质;他为中华民族的民主进步和解放事业作出了卓越的历史贡献。

陈嘉庚生前好友张楚琨在《陈嘉庚光辉的一生》一文中,以"华侨史上有一个光辉的名字,永远铭刻在千百万华侨的心里,受到祖国人民的尊敬和怀念"为开头,将这名字和"倾资办学""爱国爱乡""诚毅""坚持正义"等词关联在一起。曾任南侨总会委员的黄奕欢认为,陈嘉庚"是20世纪初期新马华侨社会的杰出领袖,也是全南洋华侨的主要领导人","他的当仁不让、鞠躬尽瘁的爱国精神,以及他的敢言、敢怒、敢做的作风,获得绝大多数侨领的拥护与支持……他的伟大的爱国精神,成为当时及后世的楷模"。[①] 陈嘉庚的家国情怀,他投身救亡斗争、关心祖国建设的爱国行为,他在紧要历史关头作出的政治抉择,为实现中华

[①] 黄奕欢:《赤子丹心照汗青》,载全国政协文史资料委员会编:《回忆陈嘉庚》,文史资料出版社1984年版,第67~68页。

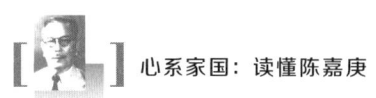

民族伟大复兴的中国梦,为在中华大地上全面建成小康社会,为全面建成社会主义现代化强国,为中国式现代化道路的探索,都作出了前瞻性和历史性的贡献。

第一节　支持民主主义革命

陈嘉庚是一位伟大的爱国主义者,他一生追求进步,积极参与近代以来中华民族的民主革命事业,致力于反对外来侵略势力、争取民族独立的斗争,积极投身社会主义革命和建设。爱国主义是陈嘉庚精神的核心,是他一生恪守的信念,也是他一生行为的准则,具体体现为三个特征:争取民族独立,一切以民族幸福为前提、为依归;争取人民大众的民主;一心为着国家富强。① 陈嘉庚的社会政治活动以民族、国家和家乡为中心,体现在争取民主进步、争取民族独立、推动国家和家乡建设等方面。

一、争取民主进步

自鸦片战争以来,中华民族面临"千年未有之大变局",无数仁人志士不断探索民族振兴之路。孙中山领导的辛亥革命,奏响了古老的中华民族在变局中奋勇求新的时代强音,引领方向的同时也凝聚了一代人的力量。这其中就包括"生平志趣,自廿岁时,对乡党祠堂私塾及社会义务诸事,颇具热心"②的陈嘉庚。陈嘉庚支持孙中山的革命运动,积极融入近代中国民主革命的浪潮之中。

---

① 雷克啸编著:《陈嘉庚精神》,福建人民出版社1999年版,第110～115页。
② 陈嘉庚:《南侨回忆录》,中州古籍出版社2019年版,"弁言"第1页。

第三章　陈嘉庚与中国近代民主革命

(一)政治领域:襄助辛亥革命

经济基础决定上层建筑,陈嘉庚对此有深刻的认知和自觉的践行,他曾直言"先有营业而后能服务社会,继而后得领导南侨襄助抗战工作"①。无论是在侨居地新加坡还是在故土祖国,作为海外华侨的陈嘉庚都深刻地认识到,若要对政治、社会产生影响,则需要雄厚的经济基础和财富积累。他所创办的公司,章程里都会写上"惟有真骨性方能爱国,惟有真事业方能救国"的眉头警语,时刻激励自己和公司员工。陈嘉庚1904年开始独自经商、替父还债,1925年前后企业进入全盛时期,1934年企业全面收盘。陈嘉庚在逆境中起步,凭借顽强而专注的奋斗精神,诚信经营,善于把握机遇,敢于不断开拓,从熟米加工经营到黄梨罐头制造销售,再到果断进军橡胶业、航运业,并涉足地产、报业、医药、木材、皮革等诸多领域,商业上的成功为其政治、社会活动奠定了坚实可靠的经济基础。一方面,陈嘉庚在经济上直接支持孙中山的革命活动。1911年12月16日,"孙中山先生自欧洲回国,途过新加坡将赴上海,曾言到国内时如私人需款可否帮助,余许筹五万元。其后来电告予,将赴南京需费,予即如数汇交"②。陈嘉庚致电孙中山说,"客南洋,心怀祖国希图报效,已非一日",并以个人名义向孙中山捐款5万元。③ 另一方面,陈嘉庚积极为辛亥革命后新成立的福建地方政府募捐资助。1911年11月9日,福建革命政府宣布成立。同年11月13日,陈嘉庚主持召开闽侨大会,成立福建保安捐款委员会并当选为主席,当场募捐2万元,随即汇往福州。④ 陈嘉庚在《南侨回忆录》中亦有

---

① 陈嘉庚:《南侨回忆录》,中州古籍出版社2019年版,"弁言"第2页。
② 陈嘉庚:《南侨回忆录》,中州古籍出版社2019年版,第4页。
③ 任贵祥:《孙中山与华侨》,黑龙江人民出版社1998年版,第199页。
④ 陈碧笙、陈毅明编:《陈嘉庚年谱》,福建人民出版社1986年版,第14页。

记载:住坡闽侨乃在天福宫福建会馆开会,组织保安会,举余为正会长,筹款救济闽省及维持治安……即汇去国币2万元。①

1910年春,陈嘉庚、陈敬贤兄弟双双剪去辫发,加入同盟会,誓曰:"福建同安人,陈嘉庚、陈敬贤当天发誓,驱除鞑虏,恢复中华,创立民国,平均地权。矢信矢忠,有始有卒。有渝此盟,任众处罚。"②剪去发辫标志着陈嘉庚民族意识的进一步觉醒,参加同盟会则是陈嘉庚参与政治活动的开端。以支持孙中山领导的革命运动为契机,陈嘉庚开启了自己投身近代中华民族民主运动的序篇。

(二)社会领域:办教育启民智

陈嘉庚自青少年时代就"对乡党祠堂私塾及社会义务诸事,颇具热心,出乎生性之自然,绝非被动勉强者"。"余热诚内向,思欲尽国民一分子之天职,愧无其他才能参加政务或公共事业,只有自量绵力,回到家乡集美社创办小学校,及经营海产罐头蚝厂。"③在孙中山领导辛亥革命推翻清王朝的腐朽统治,结束了中国两千多年的封建专制制度之后,陈嘉庚满怀热忱投身到社会公益事业中。历经两年筹备,1913年集美小学正式开学,揭开了集美学村的序幕,陈嘉庚也开始了以大规模办学为主的公益事业。1914年,第一次世界大战爆发,帝国主义列强无暇东顾,中国民族工商业获得了一个难得的发展机会。陈嘉庚结合自己经营企业的经验和祖国的实际需要,先后在家乡开办了水产航海、商业、农林等专业教育,以此"急起力追,服务公众"。无实业则教育费用无所出,无教育则实业人才无所来。在祖国积贫积弱并仍处于内忧

---

① 陈嘉庚:《南侨回忆录》,中州古籍出版社2019年版,第4页。
② 陈碧笙、陈毅明编:《陈嘉庚年谱》,福建人民出版社1986年版,第13页。
③ 陈嘉庚:《南侨回忆录》,中州古籍出版社2019年版,第5页。

外患的时代背景下,长期经营实业的陈嘉庚意识到,兴办实业需要与创办教育相辅相成,于是他在家乡创办学校的同时兴办罐头厂。这一方面奠定了他面向实业需要、行业需求的办学宗旨,另一方面也逐步形成了以厂为校,"训练职员工人,如师范学校之训练学生"[1]这一独具特色的经商理念。因此,陈嘉庚所兴办的专业教育能够在艰苦的环境下生存,培养了一大批社会急需的专业人才,不断为国家社会贡献力量。

在工商业为主导的现代社会,科学教育是学校教育的基本内容,也是社会进步的基础和引擎。陈嘉庚敏锐地捕捉到科学对现代世界的重要作用:"何谓根本?科学是也。今日之世界,一科学全盛之世界也。"[2]20世纪初的中国,传统与现代激烈交锋,陈嘉庚创办一系列新式教育,推动科学思想的传播,助力中国的现代化进程。陈嘉庚对科技发展与我国社会进步、民生需求的关系有清醒的认知,指出:"我国素称以农立国,然因科学落后,水利未兴改良无法,故收获不丰,民生困苦。"[3]他认为,我国沿海八九省,海岸线长近万里,海产之富、无物不有,水上交通范围极广。唯科学不讲,百业落后,渔权丧失,渔利废弃,而利权挽回则首需科学人才。[4] 所以,陈嘉庚在规划学校发展时就充分考虑到科学教育所需条件,认为"教员室与科学实验室,当并重而齐建之","此后力能办到者或依次设备之:第一切要科学实验室与仪器。第二之设备为医科解剖学、微菌学。第三便是工科"。[5] 他在办学实践过程中不但设立了当时看来规模宏大的图书馆、科学馆、实验室,还不断添置先进的仪器设备,陆续建设了美术馆、植物园、动物园,让学生在实践中培

---

[1] 王增炳等编:《陈嘉庚教育文集》,福建教育出版社1989年版,第79页。
[2] 王增炳等编:《陈嘉庚教育文集》,福建教育出版社1989年版,第185页。
[3] 王增炳等编:《陈嘉庚教育文集》,福建教育出版社1989年版,第17页。
[4] 王增炳等编:《陈嘉庚教育文集》,福建教育出版社1989年版,第42页。
[5] 王增炳等编:《陈嘉庚教育文集》,福建教育出版社1989年版,第328页。

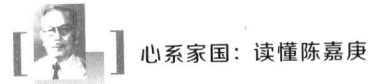

养动手能力,使外在的课本知识和自发的科学意识相结合,"中学校最好设备科学馆及丰富图书室,供学生实验参考"①。他注重培养学生全面发展,认为学校"不但教其识字而已,其他如知识,思想,能力,品格,实验,体育,园艺,音乐,以及其他课外活动,均须注重,与正课相辅并行"②。值得一提的是,在厦门大学创办初期,陈嘉庚在科学实验设备方面的投入竟然超过校园建筑费用,"统计15年,经常校费1744万元,建筑费800万元,科学实验设备费956万元"③,其对科学技术的重视程度可见一斑。

(三)文化领域:引领先进思潮

20世纪初,政治救亡和思想启蒙日益成为中国社会的时代主题。1915年日本强迫中国签订"二十一条"不平等条约和1919年巴黎和会中国外交的失败,使新文化运动的影响越来越大,并随着五四运动的深入发展,而成为激起民众爱国心和反抗意志的旗帜和先锋。学生和新兴思想界领袖们受到这种情绪的感染,发起了一场大规模的现代化运动,希望通过思想改革、社会改革来建设一个新中国。更重要的是,五四运动"在思想上和干部上准备了一九二一年中国共产党的成立"④。

在这样的历史背景下,陈嘉庚创办了适应时代发展的集美学校、厦门大学等新型学校。新学校迅速成长,与时代潮流互相激荡、促进,孕育着更加先进的新思想,逐步形成红色文化生长和传播的土壤。陈嘉庚注重培养学生的新知识、新思想,广邀各界名流来校讲学。辛亥革命后的胡汉民、朱执信,新文化及五四运动时期的著名学者蔡元培、黄炎

---

① 王增炳等编:《陈嘉庚教育文集》,福建教育出版社1989年版,第91页。
② 王增炳等编:《陈嘉庚教育文集》,福建教育出版社1989年版,第92页。
③ 王增炳等编:《陈嘉庚教育文集》,福建教育出版社1989年版,第187页。
④ 《毛泽东选集》(第二卷),人民出版社1991年版,第700页。

培、马寅初、鲁迅、马叙伦、林语堂等先后到校讲学,《共产党宣言》《新青年》《中国青年》《湘江评论》等进步书刊也可以在学校的图书馆和阅览室传阅。新学说百家争鸣,新思潮百花齐放,客观上为马克思主义的传播提供了有利条件,引导了一批集美师生和校友走上新民主主义革命的道路。

正是在这种开放风气的熏陶和滋养下,罗善培(罗明)、李觉民、罗杨才、卢肇西等一大批从集美学校走出来的先进青年,先后走上为民族解放和复兴而奋斗的道路。1923年,李觉民积极传播《中国青年》《向导》等革命刊物,他还和罗明等人组织创办了厦门乃至闽西南地区第一份专门宣传马列主义的报纸——《星火周报》。通过这些宣传,越来越多的集美校友投身革命,集美学校逐渐成为闽西南乃至福建地区的革命摇篮。1925年6月,共青团广东区委派蓝裕业到厦门开展建团活动。蓝裕业以国民会议促进会代表的身份到达集美学校,同罗明所介绍的同学取得了联系。通过广泛接触协进社会员,先后吸收了罗扬才、刘端生、邱泮林等优秀青年为共青团员。1925年6月,在集美学校师范部的三立楼,建立起闽西南第一个共青团支部——共青团厦门支部,由李觉民任书记。1926年2月,罗扬才、李觉民、罗秋天在厦门大学囊萤楼成立了党支部,罗扬才为党支部书记,宣告了厦门地区第一个中国共产党支部的诞生。

1928年3月8日,以集美校友朱积垒为书记的中共平和临时县委在长乐乡领导农民武装反抗国民党反动派,打响了八闽大地的第一枪,拉开了"福建农民主动夺取政权的第一幕"。1930年6月,为加强中央苏区与上海党中央的联系,集美校友卢肇西着手建立秘密的地下交通线,保证了党中央和中央苏区的联络,为中央苏区运送了大量重要物资,同时安全护送周恩来、刘少奇、叶剑英、邓小平、瞿秋白等党、政、军

领导和共产国际代表李德以及其他电讯技术人员、文艺工作者等200多人进入中央苏区。

此外,陈嘉庚在支持孙中山革命活动、投身公益事业、涵养先进社会思潮过程中所形成的人脉网络、社会声望以及锻造出的管理才能,也为他日后承担更为重要的历史责任创造了条件。陈嘉庚身边的族亲、雇员,如陈六使、李光前等人,因受其精神的感动和鼓舞,在各自领域取得成功之后,一方面效仿陈嘉庚投身教育、公益事业,把嘉庚精神发扬光大,另一方面在经济、政治和道义上给予陈嘉庚源源不断的支持,形成支撑陈嘉庚在更大舞台上持续发挥作用的重要力量,使他面对因日本帝国主义侵略而日益深重的民族危机时,能够统领南洋华侨共赴国难。

二、投身民族解放事业

陈嘉庚投身近代中华民族民主革命的实际行动,可以追溯到辛亥革命前后。比如,早在辛亥革命前一年,陈嘉庚即"剪去发辫,与清廷脱离关系",辛亥革命胜利后,当即在侨居地组织福建保安会,并担任会长,"筹款救济闽省及维持治安",并直接资助孙中山革命款项5万元,等等。但真正奠定陈嘉庚"华侨旗帜,民族光辉"历史地位的,是在日本帝国主义步步紧逼、中华民族危机日益加深之际,陈嘉庚在南洋地区团结千万侨胞力量共赴国难的丰功伟绩。

(一)捐输侨汇财物,支持抗日经济生命线

陈嘉庚立足当时国家积贫积弱的实际情况,指出海外华侨汇款对于祖国抗战的特殊意义:"外国逢有战争需要金钱,多是发行公债,向国民息借。我国政府亦不能例外,然政府素乏信用,民众又患贫穷";"然政府每年发出公债两次,每次五万万元……银行何以有此能力?此则利用华侨汇款作纸币基金耳";"我国战费及政费,所需金钱,既与华侨有密切关系,华侨应如何竭诚努力,以尽职责,大可以救祖国之危亡,次可以减将士之死伤"。[①] 可以看出,华侨的汇款捐输对于抗战大局有着举足轻重的作用。20 世纪 20 年代,伴随着经济实力和社会影响力的大幅度提升,陈嘉庚成为新加坡著名华侨社团怡和轩俱乐部的领袖人物,他着手对俱乐部进行一系列改革,广开门户,围绕爱国救亡运动团结南洋华侨华人。

1928 年,日本为阻挠北伐军北上而出兵残杀我国外交官和民众,占据济南城,酿成"济南惨案"。惨案发生后,"新加坡发起筹赈会召集全侨大会,名为'山东惨祸筹赈会',选举陈嘉庚为主席。两三月间筹捐国币一百三十余万元,概汇交南京财政部施赈"[②]。与此同时,陈嘉庚号召华侨抵制日货,华侨同仇敌忾。山东筹赈会不仅支援了祖国的抗日运动,而且对东南亚华侨社会以及陈嘉庚本人,都有深远影响。这次活动在精神上、思想上唤醒华人正视中国本土的政治,进一步打破藩篱,使华人社会更易于凝聚起来以共图义举,也为后续的各项活动,在组织原则、形式等方面树立了楷模。自此,从领导山东筹赈会开始,在支援祖国民族解放事业的社会政治运动中,陈嘉庚的领导才能和在南洋华侨中的领袖地位也不断巩固和提高。

1931 年"九·一八"事变后,陈嘉庚挺身而出,通电国际反法西斯联盟制裁日本,呼吁国内团结抗日:"日本侵占东四省,余在新加坡开侨民大会,通过发电欧洲日内瓦国际联盟会及美国总统……然祖国遭此侵暴,海外侨民不宜塞耳无闻,自应唤醒侨民鼓动志气,激励爱国,冀可

---

① 陈嘉庚:《南侨回忆录》,中州古籍出版社 2019 年版,"弁言"第 2~3 页。
② 陈嘉庚:《南侨回忆录》,中州古籍出版社 2019 年版,第 30 页。

收效于将来。"①1932年"一·二八"事变后,南洋华侨在半年内筹款600多万元支援十九路军抗战。1936年"经请准当地政府,联络马来亚各埠合作……计捐国币一百卅余万元,概汇交南京购机"②。1937年"七·七"事变后,陈嘉庚筹备并发起新加坡、马来亚筹赈会,不断为国捐财输物。1938年10月,他筹备成立南侨总会并担任主席,发表宣言控诉日本侵略者的恶行,通告南洋华侨自觉承担责任,并源源不断地组织人、财、物支持祖国全面、长期抗战。整个南洋华侨社会能够实现空前的抗日救国大团结,为支援祖国抗战作出重大贡献,陈嘉庚功不可没。③

(二)组织南侨机工,保障交通运输大动脉

1938年10月,广州陷落后,中华民族抗日战争进入最为艰苦的相持阶段。日寇已经封锁中国沿海各主要港口,中国对外的海上交通运输线中断,军民物资只能通过陆路进行,而西北交通运输线路途遥远,效率较低,西南从缅甸到昆明的滇缅公路几乎成为维持中国对外交通运输的唯一生命线。滇缅公路全长1145.4公里。在国际援助物资海外入境通道被切断后,滇缅公路决定着抗战前线战略物资的供给,事关抗战全局,而当时国内又缺乏熟练的货车司机及修理工人。时任西南交通运输处主事的宋子良请求陈嘉庚在南洋代雇熟练机工回国服务:"滇缅路将通车时,缺乏驶车机工,且新路多崎岖,驶车者非老经验必多蹉跌。宋君来电托代雇司机及修机工人等回国,往滇缅路并西南等省

---

① 陈嘉庚:《南侨回忆录》,中州古籍出版社2019年版,第43页。
② 陈嘉庚:《南侨回忆录》,中州古籍出版社2019年版,第58页。
③ 任贵祥:《华侨与中国民族民主革命》,中央编译出版社2006年版,第312页。

服务。"①陈嘉庚随即通过南侨总会发出通告,招募回国服务机工,"数月之间,热诚回国者三千二百余人"②。"南侨机工回国服务团"成员放弃自己优渥的生活——"有一机工在洋十余年,每月收入坡币二百余元,自甘牺牲,并招同伴十余人,带其全副机器前往"③——分批次回国,投身到保障当时中国唯一对外交通运输大动脉的特殊战斗中。为了能够回国服务,他们中间有改换名字者,有女扮男装者,有抛家舍业者。当时有家华文报纸《光华日报》刊登了一位名叫白雪娇的教师的一封家书,在华侨中引起强烈反响,鼓舞了更多有志青年走向滇缅公路。她写道:

> 亲爱的父母,别了,现在什么也不能阻挠我投笔从戎了……此去虽然千山万水,未卜安危,但是,以有用之躯,在有用之日,尤其是在祖国危难的时刻,正是青年奋发效力的时机……家是为我所恋的,双亲弟妹是为我所爱的,但是破碎的祖国,更是我所怀念热爱的……希望能在救亡的汪流中,竭我一滴之微力。

离家回国,视死如归,南侨机工书写了中华民族反法西斯战争史上浓墨重彩的一笔。经陈嘉庚和南侨总会努力,为滇缅公路国际抗战物资运输招募了大量具有娴熟汽车驾驶技术和修理技术的南侨机工,共15批3192人回国(一些未经登记而零星回国的未算在内)。"从1939年2月至9月,由南侨总会招募的南侨机工共3192人,分15批回国,加上自发由马来亚槟城、泰国、菲律宾、美洲回国并被编入西南运输公

---

① 陈嘉庚:《南侨回忆录》,中州古籍出版社2019年版,第112页。
② 陈嘉庚:《南侨回忆录》,中州古籍出版社2019年版,第112页。
③ 陈嘉庚:《南侨回忆录》,中州古籍出版社2019年版,第112页。

司的,南侨机工总人数为3259人"①,组成了一支人数众多技术熟练的南侨机工运输队伍。南侨机工回国后,组成南侨机工车队共4个大队,他们三年时间累计运送抗战物资达50万吨,占到当时国际援助物资的九成以上,在抗日战争最为艰苦的相持阶段,极大地支持了祖国人民的抗战事业,对战局的发展起到了重要作用。与此同时,中国的锡、皮革、生丝、桐油、猪鬃、绸缎、矿石等通过滇缅公路转销英、美、欧洲国家,从而获得了一定数量的外汇,支援了抗战经济。

当时的滇缅公路,两边是横断山区的悬崖峭壁,天上盘旋着日寇的轰炸机,承担前线战略物资运输任务的南侨机工还要同时面对不利的气候和后勤保障,他们中间有超过1000人牺牲在了滇缅公路这条特殊的战线上,他们的事迹永远令人感动。他们在祖国迫切需要的时候,响应陈嘉庚的征募号召,义无反顾地走上共赴国难之路,共同铸就了中华民族抗日战争历史上可歌可泣的"南侨机工精神"。战斗在滇缅公路上的每一位华侨机工,都是祖国抗战胜利的功臣,是全体中华儿女的骄傲。他们怀着崇高的爱国主义精神,为赶走侵略者、挽救民族危亡,贡献出美好的青春年华乃至整个生命,为中华民族的解放和世界反法西斯战争的胜利作出了彪炳史册的历史功勋。

陈嘉庚非常关心南侨机工回国参战后的工作和生活情况,积极关心南侨机工的工作、生活权益,协助南侨机工复员南返等事宜。在回国慰劳期间,他在昆明专门向当地官员询问机工的工资、医疗等情况。1940年8月1日,陈嘉庚参观西南运输处车库,并了解华侨司机服务及待遇改善情况,询问南洋地区捐赠的衣被鞋等物品的发放情况。为

---

① 陈毅明:《南侨机工的历史业绩》,载曾讲来主编:《陈嘉庚研究文选》(第2卷),厦门大学出版社2007年版,第234页。

了解决华侨机工子女入学问题,他支持和关心侯西反、白清泉等爱国华侨于 1943 年在昆明创办侨光小学。新中国成立后,陈嘉庚曾两次前往昆明、贵阳等地看望留在国内的华侨机工,关心他们的工作和生活情况。

(三)率团回国慰劳,鼓舞军民团结抗战

1940 年,日本帝国主义采取政治分化、经济掠夺以及军事扫荡抗日根据地等方式,继续加速侵略中国的步伐。国内亲日派傀儡粉墨登场,大肆鼓吹投降言论,蒋介石政府对日妥协倾向严重,敌后抗日根据地经济困难加剧。此外,由于沿海港口城市陷落,华侨对于国内战争和民众生活情况缺乏了解。因此,为"回国慰劳忠勇抗战之将士及遭受痛苦之民众""鼓励祖国同胞,增加抗战民气,及回洋报告侨众增益义捐,及多寄家费以加外汇",1940 年,陈嘉庚克服国语不通、年迈患病等不利因素,以 67 岁高龄不辞辛劳、不避艰险,率领"南洋华侨回国慰劳团"回国慰劳抗战军民,在抗日战争最艰苦的时期与祖国同胞一道共克时艰。[①] 他刚到重庆,即发表演说再次表明个人心迹和慰劳目的:"我离开祖国已经十八九年了,对于国内的情形,很欠明悉。但是我有一颗心,这颗心随时随地惦念着祖国""对牺牲辛苦的抗战将士表示敬意;同时附带考察祖国在军事、政治、建设、教育诸方面的进步情形""大家拿出有用的金钱,帮助抗战,以精诚团结的精神,战胜日人"。[②]

慰劳期间,陈嘉庚的足迹遍布 14 个省份,不断呼吁各界团结起来坚持抗战,并亲身体察中国的国情。他在亲历了全国和地方性的抗战情景后,对国内抗战的真相和各党派的态度有了更深刻的了解。尤其

---

① 陈嘉庚:《南侨回忆录》,中州古籍出版社 2019 年版,第 124~126 页。
② 陈碧笙、陈毅明编:《陈嘉庚年谱》,福建人民出版社 1986 年版,第 108 页。

是实地了解国民党执政、治理和抗战的真实情况后,陈嘉庚的政治立场加速转变。

一是见微知著,透过与蒋介石、毛泽东的交往细节观察国民党和共产党。陈嘉庚到达重庆后,立即对所看到的车辆不洁问题向蒋介石提出意见。但后来发现他们敷衍了事,普通人力车有所改善,但国民党官员的汽车则是光鲜其表,里面藏污纳垢:"诸官长所用汽车,多属大型,外观亦颇光洁悦目,若俯瞰车下及车翼等,则泥土积寸厚,似乎日久绝未清洗,车夫怠惰,车主不知督责。"①陈嘉庚赴延安慰劳整整一周,其间走了很多地方,一些细节让他印象深刻,并记录在《南侨回忆录》中。他赴毛泽东之约,看到其住所和办事所的山洞及家具,与一般村民所用无二,外人出入交谈简单自然。"南洋女学生来,无敬礼便坐,并参加谈话,绝无拘束。又一男学生亦然","余乃知平等无阶级制度",吃饭时十几人仅设一席,而且是"设于门外露天,取一旧圆桌面置方桌上,已陈旧不光洁,乃用四张白纸遮盖以代桌巾"。②

二是全面调研,得出对国民党和共产党的总体判断。除了蒋介石外,陈嘉庚与国民党多位重要人员进行了逐个会谈,人员涉及国民政府的党政军、经济和文化等各个领域,也实地走访了各工厂、街道等一线地方,对国民党内部不同派别、不同人员作出了实事求是的评价,这有助于陈嘉庚根据实际情况维护抗日民族统一战线的存续和发展。在延安,陈嘉庚走访了城内街道、商店、工厂、医院、学校等地方,不仅向当地群众、行政人员访谈,还向南洋学生以及集美校友问询佐证,对延安的军政民生都进行了深入细致的了解。③

---

① 陈嘉庚:《南侨回忆录》,中州古籍出版社2019年版,第133页。
② 陈嘉庚:《南侨回忆录》,中州古籍出版社2019年版,第209页。
③ 陈嘉庚:《南侨回忆录》,中州古籍出版社2019年版,第205~220页。

三是以大局为重,以团结抗战为首要目标。随着回国慰劳地方的增加、调研的深入,陈嘉庚对国民党的整体认知也越来越具体、客观。尤其是经过对重庆、延安的对比和详细考察国民党在福建的弊政,并且多次与蒋介石直接交涉无果之后,陈嘉庚已经越来越意识到中国共产党是中华民族解放和民主进步的真正希望所在。但日寇猖獗、大敌当前之时,陈嘉庚公开谈话时不断呼吁国共继续携手抗战,共克时艰。

在慰劳期间,陈嘉庚也更为广泛和深入地领略了祖国的大好河山、风土人情和人文古迹,除增加了解、增进感情之外,更加深了他自身对民族精神和文化的认同感,加强了他为保卫国家领土完整、挽救国家危亡、实现民族复兴而奋斗的坚定信念。在离开延安前的欢送会上,陈嘉庚最后还强调"一致对外,乃国民全体之愿望。至于团结两字,甚为重要,自抗战以来,海外华侨闻国内已能团结对外,欣幸莫可形容""四万万五千万人皆欲团结,知非团结不足以救国"。①

南侨慰劳团不远万里奔赴祖国各地,了解前线的战况、后方的供给、生产建设等,并深入厂矿、企业、学校、医院等地考察,全面了解祖国抗战的真实情况,促进了海内外抗日民族统一战线的巩固和深化,从精神上和物质上极大地鼓舞着祖国军民的抗战斗志。

三、拥护新民主主义革命路线

自辛亥革命时期参与中国近代民主政治革命以来,陈嘉庚首先坚定支持孙中山领导的民主革命,继而拥护国民政府。这一历史时期,陈嘉庚拥护蒋介石领导的"国民政府",相信南京政府是"孙中山事业的继承者"。这种政治立场主要是因为他"久居南洋,且受片面宣传,对国内

---

① 陈嘉庚:《南侨回忆录》,中州古籍出版社2019年版,第218页。

政治难辨黑白"。在思想认识上,"在一段很长的时期里,陈嘉庚的爱国活动,主要是以正统观念为其思想基础的"①。那么,陈嘉庚的政治立场是如何从支持旧民主主义革命转向拥护中国共产党领导的新民主主义革命的呢?

(一)立场转变:重庆与延安的对比

1940年,陈嘉庚率南洋华侨回国慰劳团走访了除沦陷区外的大部分国土,时间超过8个月。他广泛接触全民族抗战的各个阶层,鼓舞大家的抗战士气,同时向海外华人华侨介绍祖国抗战的具体情况,完成了"鼓励祖国同胞,增加抗战民气,及回洋报告侨众增益义捐,及多寄家费以加外汇"②的主要慰劳目的。在此过程中,陈嘉庚深入了解了当时中国社会的情况,这其中对他的政治观念触动最大的就是分别代表国统区的重庆和解放区的延安的情况。

重庆是抗战时期南京陷落后的陪都,延安是当时中共中央所在地。在重庆与延安,陈嘉庚不仅广泛接触了国共双方的高层领导,并且通过亲身观察、调研,在鲜明的对照中得出结论。在重庆,他所见到的是长衣马褂、旗袍高跟,还有官办私业,行政机构人员冗杂,尸位素餐、贪污腐败者比比皆是,公共事业则是乏善可陈。总之,重庆给陈嘉庚的总体印象是"虚浮乏实,绝无一项稍感满意,与抗战艰难时际不甚适合耳"③。在延安,他看到的则是完全相反的另一番景象,"长衣马褂,唇红旗袍,官吏营业,滥设机关及酒楼应酬,诸有损无益各项,都绝迹不

---

① 张培春:《儒家文化对陈嘉庚的影响管窥》,《集美大学学报(哲学社会科学版)》2003年第4期。
② 陈嘉庚:《南侨回忆录》,中州古籍出版社2019年版,第124页。
③ 陈嘉庚:《南侨回忆录》,中州古籍出版社2019年版,第219页。

见",并发出"重庆诸人之奢费,金钱从何而来?是否民脂民膏?"①一系列疑问。这其实是陈嘉庚给自己之前拥护蒋介石的政治立场画上的问号,对延安的诸多肯定则使他逐渐得出了"中国的希望在延安"的结论。

(二)具体契机:陈嘉庚的救乡运动

福建是陈嘉庚回国慰劳的重要一站。他于1940年9月至11月进行了两个多月的详细考察,但结果却是乘兴而来败兴而归。尽管进入福建前就听说主政者陈仪苛政害民,但回到故乡的土地时,陈嘉庚的心情还是欢喜的——"欢喜到闽境"。然而,入闽后所见所闻无不一一印证了之前的传闻。继而陈嘉庚又发现诸多政策的弊端,为此他先后五次致函时任福建省主席的陈仪,力陈运输统制之害及民众受缺粮苛役之苦。为了达到警醒陈仪的目的,陈嘉庚甚至在电文里直述国民政府救国公债大半源于华侨外汇,声称如果国民政府不解除闽省运输统制,势必会影响海外侨情,减少侨汇的数量,直接影响救国公债的发行。然而,陈仪对于陈嘉庚上述函电并未作任何回复,也没有对闽政实施任何改革,陈嘉庚劝改统制运输等诸弊政的努力均无结果。②

陈嘉庚一路所见,闽省苛政达十几款,分别是任人唯亲、与民争利、滥发纸币、鱼肉百姓、囤积居奇、擅加田赋、虐待壮丁、摧残教育、贱待参议员、腐化贪污、官商勾结、食盐统制等。他后来回忆道:"省当局如林森、萨镇冰、方声涛、杨树庄主持十余年,无一善状可言,至武人之凶暴横行,闽北则有卢兴邦兄弟,闽南又有张贞、陈国辉及其他半土匪式之

---

① 陈嘉庚:《南侨回忆录》,中州古籍出版社2019年版,第219页。
② 陈嘉庚:《南侨回忆录》,中州古籍出版社2019年版,第341、345、347、360、361~362页。

流,指不胜屈。不但对闽政无丝毫裨益,而祸害愈烈,纠纷愈甚。"① 历数福建当局的腐败政治之后,陈嘉庚认为"陈仪存心祸闽,比较其他贪官污吏,则更加数等,如重用罪人徐学禹,统制运输,变政治作贸易,摧残实业,科派军米,增加田赋,箝制教育,虐待壮丁,捕禁省参议,对调劣县长,利诱豪绅,设旅社作间谍,创省银行,统制食盐,设公沽局,此十余事,莫不残酷害民,甚于洪水猛兽"②。陈嘉庚对当时福建弊政的详细揭露与深刻剖析,不但指出了陈仪的昏聩无能,也从侧面反映了国民党政府在地方社会治理方面的失效。

与陈仪沟通无果后,陈嘉庚曾寄希望于借蒋介石、林森等国民党高层之力改变福建的苛政。离开福建进入江西后,陈嘉庚一路上反复与蒋介石、林森通信,希望国民党政府能够派人来闽详查,改变陈仪的苛政。但他的努力同样无疾而终,等来的反馈大都是让他息事宁人、不要声张。③ 此间,陈嘉庚也曾寄希望于新闻舆论的宣传报道,倒逼闽省改革弊政,但大部分媒体都被严格管制,最终只是在福建同乡的范围内引起一定反响,并没有引起国内各地的广泛关注,陈仪苛政实情无法被更多人详细知晓。在救乡运动的失望中,陈嘉庚改变了对国民党政府整体的看法,更加深入地分析闽省苛政的根源。在此过程中,与陈仪的对峙也趋于公开化,他对蒋介石为首的国民党政府的不满也在不断加深。

(三)实践共识:反独裁促民主

中国共产党的成立,深刻改变了近代以后中华民族的发展方向和进程,也改变了中国人民和中华民族的前途和命运。中国共产党第一

---

① 陈嘉庚:《南侨回忆录》,中州古籍出版社2019年版,第370页。
② 陈嘉庚:《南侨回忆录》,中州古籍出版社2019年版,第383页。
③ 陈嘉庚:《南侨回忆录》,中州古籍出版社2019年版,第386~388页。

次提出了反帝反封建的民主革命纲领,为中国人民指出了明确的斗争目标。新民主主义革命的目标与陈嘉庚的民主政治诉求内在契合,这也是抗日战争胜利后,陈嘉庚逐步转向支持新民主主义革命的根本原因。1945年10月4日,在避难结束返回新加坡途中,陈嘉庚在巴城福建会馆演讲论及国内政治走向时提出:"最低希望,亦必有一方能真实行三民主义者。战时虽黑白难分,若在战后,无难清水观鱼矣。"[①]经过1940年回国慰劳的考察,透过抗日战争中各党派和社会各阶层的具体表现,此时陈嘉庚对国内主要政治派别的主张有了清晰的判断。

陈嘉庚安全返回新加坡的消息传到重庆,重庆各界代表人士500多人于1945年11月18日联合举办了规模盛大的庆祝大会并向陈嘉庚致电,次日重庆《新闻报》作了长篇报道。[②] 邵力子主持庆祝大会,郭沫若、黄炎培、沈钧儒、柳亚子、陶行知等众多知名人士参加,并有许多贺词送达。毛泽东专门题写"华侨旗帜,民族光辉"的单条,周恩来、王若飞专门祝词"为民族解放尽最大努力,为团结抗战受无限苦辛,诽言不能伤,威武不能屈,庆安全健在,再为民请命!",国民党将领冯玉祥贺诗"陈先生,即嘉庚,对人好,谋国忠,一言一行皆大公,闻已返旧居,远道得讯喜难名"。邵子力说"陈先生的一生就是兴实业、办教育、勤劳国事、言人之所不敢言、为人之所不敢为"。黄炎培说"发了财的人,而肯全拿出来的,只有陈先生"。值得一提的是,抗日战争期间得到陈嘉庚各方面极大支持的蒋介石政府及其本人,对庆祝大会并没有相关表示,反映出蒋介石与陈嘉庚主张民主政治的立场渐行渐远。

1946年11月21日,陈嘉庚在新加坡创办《南侨日报》,他亲自担任报社董事长,胡愈之任社长,主笔夏衍。报纸的宗旨是"团结华侨,促

---

① 陈嘉庚:《南侨回忆录》,中州古籍出版社2019年版,第500页。
② 陈嘉庚:《南侨回忆录》,中州古籍出版社2019年版,第508~509页。

进祖国之和平民主"。《南侨日报》的创刊词指出:"以前南侨是抗日长城,现在南侨是和平先驱、民主堡垒。"该报积极宣传新民主主义革命理论,报道国内战局、国际形势以及解放区的光明和国统区的黑暗、华侨爱国运动等,"成为南洋华侨争取民主进步和反对专制独裁的重要舆论平台,与人民解放战争进程紧密配合,为新民主主义革命胜利营造良好的舆论氛围[1]"。张楚琨指出:"南侨报社对于团结广大华侨群众,特别是团结各帮派,从坚持民主、反对独裁到'打倒蒋介石、解放全中国'的历史发展中起了巨大的舆论作用。"[2]

《南侨日报》受到广大侨众的普遍信任和欢迎,读者非常喜欢胡愈之撰写的极具洞察力的社论。陈嘉庚本人也在《南侨日报》上发表了许多专论和演讲词,例如《论美国救蒋必败》《蒋介石表示不要做总统》《蒋介石的"最大错误"》《中国内战何日告知》《国共决无和平可言》等。《南侨日报》在新中国成立后坚决以"拥护中国人民解放事业,拥护人民民主"作为办报的基本宗旨,因而遭到英殖民政府的阻挠破坏,被迫于1950年9月20日停刊。《南侨日报》虽然仅存在3年10个月,却从舆论上强有力地支持了反独裁、争取新民主主义革命胜利的斗争。

陈嘉庚以《南侨日报》为阵地,无情地揭露和抨击国民党统治的腐朽与黑暗,为实现国家的民主政治大声疾呼。

首先,陈嘉庚揭露蒋介石"假和平,真内战"的阴谋。面对蒋介石政府假和平真内战的缓兵之计,陈嘉庚予以直接的揭露。针对《双十协定》,他指出:"若真得到民主和平,那比赚什么大钱都更高兴,因为这是

---

[1] 郑小妍:《陈嘉庚眼中的毛泽东》,《学习时报》2023年12月22日,第5版。
[2] 张楚琨:《陈嘉庚与〈南侨日报〉》,载中共厦门市委党史研究室编:《华侨领袖陈嘉庚》,中央文献出版社2001年版,第203页。

全国人民的大福气,不过看起来,蒋介石没有那种诚意。"①对于蒋介石主持召开的"假政协",他直言不讳乃是"政协民主,与虎谋皮",并且还专门发电报给周恩来,善意提醒。爱国民主人士李公朴、闻一多被国民党特务杀害,陈嘉庚坦言"抗战后欲废除独裁,实行民主,非再流血,决不能达到"。1947年5月,陈嘉庚以南侨总会主席的名义,致电国民参政会,痛斥国民党当局假宪政之名,行独裁之实,大肆贪污,滥发纸币,加以发动内战,更使民不聊生。他支持国统区青年学生运动,向国民参政会吁请响应全国学生的正义主张,认为唯有恢复言论自由、切实保障人权,方能平民愤,以挽危机。1947年4月30日,陈嘉庚批评国民党政府凶暴残忍,发动内战,不顾民众之饥饿死亡、国权之削弱丧失,保存其专制独裁之野心,惯行其自欺欺人之狡诈。

其次,陈嘉庚列举独裁政府罪状,批评国民党政府出卖主权。他指出孙中山推倒清政府,建立中华民国,主权属民,为世界各国所公认,今不幸权操独裁者,与苏美妄立非法条约不知取消,领土主权,无志收回。陈嘉庚还抵制蒋介石召开的国民大会,指出蒋介石一夫独裁,不惜媚外卖国以巩固地位,消灭异己,较之石敬瑭、秦桧、吴三桂、汪精卫等人,有过之而无不及。

最后,陈嘉庚表达了对中国共产党必胜、国民党蒋介石必败的信念。蒋介石悍然发动内战后,陈嘉庚预言蒋家王朝必将覆灭并且通电美国总统,反对美国干涉中国内政、支持蒋介石独裁政府。陈嘉庚认为"内战为民主与独裁之战,为贫苦大众与豪富贪污之战"。国民党政府倒行逆施,陈嘉庚断言国民党必败,认为蒋介石执政二十年,背叛民主而实行独裁,断丧国权,纵容贪官污吏,违诺反信,这些恶行屈指难数。

---

① 陈碧笙、陈毅明编:《陈嘉庚年谱》,福建人民出版社1986年版,第173页。

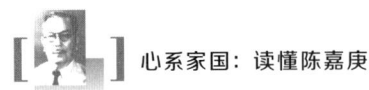

比如在重庆政治协商会议上答应消除内战,组织联合政府,可未及三月,食言毁约。再后更公开发动全面内战,但知利己独裁,不顾民族惨祸。陈嘉庚有着深刻的历史洞察力,他根据欧亚各国的历史经验,判定凡背信义不道德之人,虽显赫一时,终必失败。

显然,国民党政府并非陈嘉庚眼中的"良好的政府"。访问重庆、延安的亲身经历,使陈嘉庚深刻地意识到决定中国命运的不是国民党,而是共产党。在新加坡各种华侨集会上,他以大量事实揭露国民党的腐败无能,称颂共产党、毛泽东的英明领导和中共军队的辉煌战绩。陈嘉庚认为,中共统治区内,吏治之清廉、民心之归向,较诸蒋政府统治地区,有着天渊之别。中国共产党对民主人士积极争取,也赢得了陈嘉庚等民主人士的拥护。1948年5月1日,陈嘉庚积极响应中国共产党召开新政协会议、成立民主联合政府的"五一口号",旗帜鲜明地站在中国共产党一边。

第二节 投身社会主义革命和建设

陈嘉庚内心深处念兹在兹的仍然是祖国故乡:每一次在个人企业经营方面有所增益之后,都尽可能地回馈家乡;每一次在祖国遭遇困厄的时候,同样竭尽所能摇旗呐喊并慷慨输将。少年南渡,一生八去八回往返于南洋与祖国之间,晚年回国定居家乡集美,陈嘉庚的人生轨迹充分诠释了他的情之所系、心之所依。新中国成立后,一面是侨居地的空前声望、儿孙绕膝,另一面是历经战乱、百废待举的家乡,晚年陈嘉庚最终带着极大的热忱回到他魂牵梦绕的家乡集美定居,开始了新的奋斗之旅。

一、参与建国大业

在解放战争节节胜利的历史关头,陈嘉庚敏锐地指出,解放区应紧急成立联合政府政权机构,以对抗国民党"伪国大"召开后的局面,明确支持中国共产党领导人民建立政权。1948年4月30日,中国共产党发布"五一口号",号召各民主党派、各人民团体、各社会贤达迅速召开政治协商会议,讨论并召开人民代表大会,成立民主联合政府。各民主党派以及无党派民主人士和海外华侨热烈响应,公开、自觉地接受中国共产党的领导。"五一口号"发布后,各民主党派、无党派民主人士、人民团体、海外华侨等组织和个人纷纷发表宣言、通电、声明、文章,拥护中国共产党的政治主张。1948年5月4日,陈嘉庚在新加坡主持召开侨团大会,支持中国共产党的政治主张,并代表120个华侨团体致电毛泽东,响应"五一口号",积极回国参政议政。

时间来到1949年,一个永远载入中华民族历史的年份。毛泽东在元旦发表了《将革命进行到底》的新年献词,吹响了解放全中国的嘹亮号角。同一天,远在新加坡的陈嘉庚,在他所发表的《新岁献词》开篇就提到,"今岁实为我国历史上巨大变革之年,或亦竟为中华民族大革命胜利成功之年",继而痛陈数十年来国家民族内忧外患的局面和原因,就过去之回忆、当前之瞻望,一抒所见,向海内外先进人士表达了对革命胜利、国家复兴的殷切期望和坚定信念。他认为我国地大物博人口众多,国内外恶势力铲除以后,复兴建国,必定能突飞猛进,转危为安、转弱为强、转贫为富。

站在新的历史节点,面对即将改天换地的祖国家乡,身处南洋却无时无刻不忧国忧民的陈嘉庚,以75岁高龄翘首以待。他在1948年的

"新岁献辞"中强调"回首故国,余企望之"。1949年1月20日,陈嘉庚收到毛泽东邀请北上共商建国大业的函电:"嘉庚先生,中国人民解放斗争,日益接近全国胜利。召开新的协商会议,建立民主联合政府,团结全国人民及海外侨胞力量,完成中国人民的独立解放事业,亟待各民主党派及各界领袖共同商讨。先生南侨盛望,众望所归,谨请命驾北来参加会议。肃电欢迎,并请赐复。"[①]陈嘉庚再次表现出对革命即将胜利的喜悦和拥护,对国家建设的期盼,复电表示"革命大功将告完成,曷胜兴奋!严寒后,决回国敬贺"。[②] 1949年5月,陈嘉庚怀抱着对祖国未来发展的无限期望,于阔别九年之后再次回国,参加新政协筹备和开国大典,并当选为政协常委、政府委员、华侨事务委员会委员,之后视察了东北、华北、华南等地。即将诞生的新中国百废待兴、百业待举,全国人民上下一心,到处洋溢着奋发图强的气息,年逾古稀的陈嘉庚决定回国定居,奋其风烛晚年,将全部余力贡献给新中国的建设事业,在振兴中华的新征程上,继续他在青少年时代就开始的家国富足之梦。

二、助力社会主义建设

从陈嘉庚1949年应邀回国参加人民政协会议和开国大典,至其1961年去世,前后约12年。在这一段不长的时间里,陈嘉庚主要通过参政议政、建言献策等方式投身新中国社会主义建设,为新中国的建设作出了卓越的贡献。

---

① 转引自任贵祥:《解放战争时期毛泽东与华侨来往电函解析》,《毛泽东邓小平理论研究》,2005年第5期,第51页。
② 黄金陵、王建立主编:《陈嘉庚精神文献选编》,福建人民出版社1996年版,第187页。

（一）参政议政

一方面，陈嘉庚作为侨界代表，积极参与中国人民政治协商会议，建章立制，共襄共和国伟业。1949年6月15日晚，新政协筹备会在中南海勤政殿开幕，陈嘉庚代表华侨发言，对中国共产党广邀各民主党派、各人民团体及各界民主人士共商建国大计表示赞赏和钦佩。在发言中，陈嘉庚表示拥护民主联合政府，拥护中国共产党和毛泽东主席。在新政协筹备工作中，陈嘉庚作为华侨首席代表和侨界召集人，参与讨论拟定国旗、国歌和国都所在地的方案。

同年9月21日，作为主席团成员之一，陈嘉庚出席中国人民政治协商会议第一届全体会议，他以华侨民主人士首席代表身份发言，对《中国人民政治协商会议组织法》《中华人民共和国中央人民政府组织法》和《中国人民政治协商会议共同纲领》三个草案发表意见，认为这三个草案能够适切地反映广大人民的迫切要求，充分照顾到各民主阶级、各民族的利益，对于独立、民主、和平、统一和富强的中华人民共和国的建立有很大帮助，也符合海外爱国华侨的愿望，表示完全接受和极力拥护。在全国政协一届二次会议上，陈嘉庚发言拥护《中华人民共和国土地改革法》，以自身在我国东北的所见所闻为事实依据，指出土改能促进生产。

1954年6月14日，陈嘉庚出席中央人民政府委员会第三十次会议，发言表示拥护《中华人民共和国宪法（草案）》，指出该宪法不仅是全国人民多年来的愿望，也是海外华侨热切殷望的宪法。同年9月15日，陈嘉庚作为主席团成员出席第一届全国人民代表大会第一次会议，在会上，陈嘉庚发言赞扬即将诞生的宪法，表示相信这部宪法颁布实行后,"不但全国人民热烈欣庆,海外千余万侨胞亦必欢欣鼓舞也"①。

另一方面,陈嘉庚代表海外华侨,为实现民族独立、维护祖国统一发声。1950年6月25日,朝鲜战争爆发,战火烧至鸭绿江边,刚回国不久的陈嘉庚与全国同胞一道,坚决拥护抗美援朝并提议从行动上支持抗美援朝。同年10月15日,陈嘉庚从集友银行开出一张500万元的支票,购置冬衣,赠给在前方英勇抗击美帝国主义的志愿军战士御寒之用。

1959年4月,陈嘉庚先后出席在北京召开的全国政协三届一次会议和全国人大二届一次会议,在发言中,陈嘉庚谴责帝国主义制造所谓"西藏独立"的阴谋。他强调,西藏是中国领土不可分割的一部分,中国人民包括海外华侨,过去不容许日本帝国主义制造所谓的"满洲国",今天同样也不会容许任何帝国主义和一切反动派制造所谓的"西藏独立"。②

1959年9月,中印边界发生冲突,印度军队不断越过边界侵犯我国领土主权,中国人民解放军被迫自卫还击。为此,陈嘉庚对新华社记者发表谈话指出:"我代表广大爱国华侨完全拥护政府处理中印边界问题的立场、态度和方针,决不容许任何国家侵犯中国的领土和主权。"③在1955年7月举行的全国人大一届二次会议上,陈嘉庚发言支持党和政府关于根治黄河水害和开发黄河水利的综合规划。1957年6月26日,陈嘉庚出席在北京举行的全国人大一届四次会议,7月2日在会上发言,表示响应毛主席关于百家争鸣、帮助中国共产党整风的号召,并作了题为"从治标治本两方面克服官僚主义"的长篇发言。

---

① 朱立文编:《陈嘉庚言论新集》,厦门大学出版社2013年版,第13页。
② 朱立文编:《陈嘉庚言论新集》,厦门大学出版社2013年版,第52页。
③ 朱立文编:《陈嘉庚言论新集》,厦门大学出版社2013年版,第127页。

(二)积极提案建言献策

1949年6月下旬,陈嘉庚前往天津、沈阳、抚顺、哈尔滨等地方考察。参加完开国大典和政协会议之后,陈嘉庚开始一路南下,先后到华北、华中、华南等各地考察。考察中他看到,工业迅速恢复与扩展,工人成为工厂的主人,工作努力,热情高涨;交通、文化、教育、医药各项事业都很发达;乞丐、赌博、娼妓等现象已消失,人民生活欣欣向荣。他信心满满地认为,从东北看全中国,国家建设的前途一片光明。通过考察,他提出了关于新中国建设的一系列建议。例如他建议政府充分利用丰富的水利资源,大力发展水电。他认为要注意人口质量发展,发展工农业,改善人民生活,增进人民卫生幸福,使人民身体健康及长寿。1950年,他在接受记者采访中指出:"我们祖国正在一步一步地恢复起来,在毛主席和中国共产党的领导下,海外侨胞与国内同胞一致坚信:我们的建设工作一定可以做得很好。"①

教育、文化方面的建设是陈嘉庚关注的重点。在政协一届一次会议上,陈嘉庚提交七项富有建设性的提案:一是在全国各中学普设科学馆案;二是在沿海各重要地区设立水产航海学校案;三是增加纸烟税率并停止公务人员之配给案;四是今后人民新建住宅,应注意卫生之设计案;五是设立各地华侨教育领导机构案;六是救济华侨失学儿童案;七是引致华侨回国投资案。这些建议既有团结华侨继续关心祖国建设的措施,有兴办教育机构、优先学科布局等建议,也有他提倡健康生活方式的一些思考。这七项提案均被大会接受并交中央人民政府处理。

1955年7月到12月,陈嘉庚再次到东北、华北、西北、中南、华南

---

① 朱立文编:《陈嘉庚言论新集》,厦门大学出版社2013年版,第91页。

考察，在沿途不断给毛泽东、周恩来和有关领导机关写信，反映情况，总共提出了15项建议。如视察期间看到大连等东北城市十字路口都设置街心花园，既美观，行车又安全，建议推广；又如看到中华民族祖先黄帝陵、轩辕氏庙，因缺乏专门机构管理，庙宇破损无人修理，建议设立专责机构，拨款维修妥加保护。他在1956年元旦发表的《伟大祖国的伟大建设》一文的结尾中写道："我的总观感是，毛主席领导全国人民做我们前人从来没有做过的极其光荣伟大的事业，已经取得重大成就。事实证明，只有社会主义才能使国家富强，使人民幸福，社会主义是完全适合中国国情的。"[①]

1957年2月，毛泽东召集全国政协委员到北京参加最高国务扩大会议，同时召开政协会议。同年3月12日和14日，陈嘉庚分别在上述两会上就橡胶工业原料问题作长篇发言，认为社会发展进步与橡胶业分不开。他建议化工部和各制胶厂采用廉价给胶生产橡胶制品以节省外汇。陈嘉庚熟悉橡胶行情，早在1950年10月23日，他就在《厦门日报》上发表《南洋橡胶史话及生产市场状况》一文，针对苏联、美国人造胶品质问题，呼吁国内厂商多加警惕，以免国家外汇受损。

（三）关心家乡建设

陈嘉庚晚年长期居住在家乡集美，为福建省、厦门市的建设提出许多宝贵建议和可行方案，也为家乡建设争取到各种资源和政策支持。1953年9月，在第一届全国人民代表大会第一次会议上，陈嘉庚提出关于福建建设的几个重要议案。一是请中央政府在福建多设工厂以扩大就业，增加出口，争取外汇，尤其需要设棉纺厂和麻纺厂，减少进口。

[①] 朱立文编：《陈嘉庚言论新集》，厦门大学出版社2013年版，第138页。

二是闽南人稠田少,而人民又多占良田建住房,希望政府调查,彻底限制、改革,以保良田,增产粮食。建议人民住宅宜建在山地,既合卫生条件,又可免损失良田。三是重提前年政协会议议案,请政府派员调查沿海袋形海滩,组织民工围滩造田。

经济发展,交通先行。陈嘉庚非常重视福建省的交通建设。陈嘉庚认为福建省未有一寸铁路,各项事业之不振,民生之困苦,与此当不无关系。福建交通如此落后,铁路早建早好,不宜拖延。1950年6月,他提出修建福建铁路的建议。1952年5月,他又致函毛主席反映福建落后并提出修建铁路发展工业的建议,恳切陈述建设福建铁路的重要性和必要性。毛泽东接信后,即批给其他中央领导同志阅研。陈嘉庚后来得知,福建铁路建设计划分两步,第一步是先从鹰潭到闽北,第二步才到厦门。为此,陈嘉庚于同年12月5日再次上书毛泽东。后来,中央决定福建铁路从鹰潭入闽后直达厦门,一步到位。

陈嘉庚认为修通铁路对开发福建资源具有重要作用。他认为龙岩专区不但有优良的铁矿,也有丰富的煤矿和其他矿产资源,鹰厦铁路还应从漳平修建一条支线到龙岩,进一步打通道路以畅通资源运输。"鹰厦铁路的通车,不但对于解放台湾有巨大作用,对于开发福建资源为社会主义建设服务也有巨大作用。"①

鹰厦铁路于1955年2月动工,1956年12月建成通车,全线长694公里。鹰厦铁路"不但使闽省急起直追,早一天走上现代化建设的道路","而且为国家节省了难以计量的工程费用","政府计划以鹰潭为铁路起点,以厦门为铁路终点,实具有为全国运输统筹利益之成算"。②鹰厦铁路的建成,有力地促进了福建沿海和内地经济建设的发展,为厦

---

① 朱立文编:《陈嘉庚言论新集》,厦门大学出版社2013年版,第25页。
② 朱立文编:《陈嘉庚言论新集》,厦门大学出版社2013年版,第146页。

门建成对外开放的窗口打下了坚实基础。

参政议政之外,陈嘉庚全身心投入修复和扩建厦门大学和集美学校的校舍以及家乡福建尤其是厦门市的建设中。1949年冬,陈嘉庚回到集美,看到福建开始修建支前公路,他建议在厦门海峡建设海堤,把厦门岛与集美连接起来。1953年2月,他正式向全国政协一届四次会议提议建设连通厦门—集美的高集海堤,以改变厦门交通面貌,促进市区发展。当鹰厦铁路完成路段勘探,正式动工之时,他又建议,应再建一条杏林—集美的杏集海堤,使火车从角美经灌口、杏林进入集美直达厦门,不需绕杏林湾多走9公里弯路,还可增加堤内3万亩的农田。这些建议均被重点采纳,跨海的高集海堤和杏集海堤就此建造起来。其中,高集海堤长2272米,堤顶宽19米,用石量达到70余万立方米,是当时国内首建的最大的跨海大堤。厦门海堤和杏林海堤的建成,使孤岛厦门变成厦、漳、泉闽南三角洲的中心城市,不但使厦门由原来的消费城市逐步发展为一个生产的城市,还把当时的厦门市区和广大城郊的集美、杏林和海沧连成一片,为我们今天建设厦门经济特区和实现城乡一体化、建设现代化城市创造了条件,打下了基础。①

这段时间,在陈嘉庚的亲自主持或推动下,厦门大学和集美学村不但修复完竣,而且规模进一步扩大。此外,一批对地方社会经济发展影响深远的基础建设工程纷纷立项建设并完工。在生命的最后几年,年过八旬的陈嘉庚仍然不断思考自来水、港口、水库等事关家乡未来发展的重要工程。陈嘉庚对福州自来水问题十分关注。当他得知省会城市福州仍然没有自来水设施时,颇为着急,经过实地调查,他提出在福州建设自来水工程设施案,此案很快被福建省政府采纳实施,一举解决了

---

① 王毅林:《留得光辉照人间》,中共厦门市委党史研究室:《回忆陈嘉庚文选》,中央文献出版社2001年版,第39~40页。

福州市民长期饮水难及消防用水问题。1955年1月21日,福州市区遭蒋机轰炸,陈嘉庚闻讯即于22日致电周恩来,建议建屋材料由木板改为砖瓦,同一电又致省委叶飞副主席。他的意见得到重视和采纳。1960年陈嘉庚病重期间,仍然惦记厦门人民吃水供水问题,撰写了《厦门供水问题》等文章。

陈嘉庚非常关心厦门的港口、码头建设。1955年7月举行全国人大一届二次会议,在会上,陈嘉庚建议发展对南洋的贸易,营建厦门港,以加速我国工业化建设,并再次提议在福建设立纺织厂。1956年3月,陈嘉庚撰写《厦门的将来》一文,分析厦门港的优越条件,论证厦门港的前途必能后来居上。他立足长远,提出要把厦门港建设起来。他还提出筼筜港(今东渡港区一带)最适合建码头。他建议筼筜港南北宽度至少500米,把它挖深,使一二万吨的船舶可以靠岸,东西横长仍须保证6公里,北畔近山,可建大小船坞及工厂,南畔近市,可建货仓及其他。他还绘制了厦门嵩屿和筼筜港图纸4张,供有关方面参考。1957年6月26日,陈嘉庚出席在北京举行的全国人大一届四次会议。会上陈嘉庚提交建设厦门码头提案,即鹰厦铁路通车后,其终点站厦门临海有三处码头(嵩屿、厦门、集美),请政府及早计划分别筹建。这个提案被列为第111号提案,由国务院转交铁道部办理。

三、维护海外华侨权益

陈嘉庚被誉为"华侨旗帜",被推举为华侨首席代表,是因为他奋斗的一生集中反映了华侨反对帝国主义、殖民主义,维护祖国独立,争取国家富强的愿望。他的心总是和海外千百万侨胞连在一起,他身体力行,时时处处竭力维护华侨正当权益,是我国近现代史上爱侨护侨的楷模。

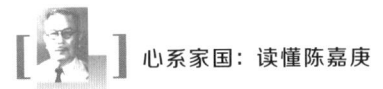
心系家国：读懂陈嘉庚

（一）维护华侨根本利益

20世纪20年代，陈嘉庚在海外反对英属马来亚当局公开卖鸦片搜刮华侨脂膏。30年代，陈嘉庚反对当地政府歧视华人的政策。抗战胜利后，陈嘉庚从南洋实际情况和华侨根本利益出发，认为华侨唯一的出路是与当地人民友好相处，共同发展当地民族经济。而华侨要做到与当地人民友好相处，首先本身要同心协力加强团结，否则难以形成集体力量。为此，陈嘉庚曾以南侨总会名义发出战后第一个通告，劝告广大侨胞要亲爱互助、协力同行、效力建国。通告还明确指出，战时华侨生命财产损失，应由各处侨领从速组织调查委员会，呈请中外政府，要求追回原物，赔偿损失，严惩凶手，务期达到目的。南侨总会的通告对战后华侨社会的安定团结起了促进作用。1945年12月，南侨总会又发出第三号、第四号通告，登报征求敌寇占领期间对华侨所施暴行的有关材料，内容分军事、刑杀、贪污、奸淫、奸贼、损失、政治七项，汇编成《大战与南侨》一书。同时，针对当时华侨社会有人大唱团结高调，但却着意经营自己帮派的情况，陈嘉庚在各报发布《我之华侨团结观》一文，主张各帮学校应统一办理，各帮大小会馆及无数同宗会亦须减少及合并，并提出了具体解决办法。

1959年，印尼发生大规模排华暴行，华侨生命财产损失惨重。陈嘉庚对此表示极大的愤慨和痛心。在全国侨联一届四次会议上，他回顾了华侨和印尼人民友好相处的悠久历史，指出华侨对印尼做出过不可磨灭的贡献，同时指出，现在印度尼西亚的一些别有用心的势力，却以怨报德，公然把华侨当作敌对国家的侨民对待，对他们进行惨无人道的迫害，这完全是一种忘恩负义的行为。陈嘉庚指出，我们伟大的祖国是海外华侨最有力的靠山；我国政府和人民对于在印度尼西亚遭到非人道待遇的侨胞特别关切;我们热烈欢迎一切要求回国的侨胞重返祖国的怀抱。在祖国政府和人民的有力声援下,许多印尼华侨相继回到祖国并得到妥善安置,在各地安居乐业,这是对反华逆流的有力反击。1959年中印边界发生冲突,陈嘉庚表示华侨在东南亚以及南非等地同印度侨民长期友好相处,要根据五项原则通过和平方式协商解决问题。

(二)维护华侨社会声誉

陈嘉庚一向关注华侨社会声誉。1948年3月,马来亚英军总司令白思华在伦敦发表了关于马来亚战役的报告书。为了掩盖其无耻投降劣迹,白思华竟然在报告书中夸大敌情、歪曲事实、嫁祸于人,激起广大华侨华人的极大愤慨。为了澄清历史事实,陈嘉庚于当月公开发表《致英国陆军部备忘录》,列举七项当年的史实痛斥白思化的错误言论,要求白思华做出忠实修正与道歉,否则华侨为揭穿马来亚战争真相,将另作报告书,以正视听。

陈嘉庚实事求是、敢于讲真话、不说假话的品德,使得他素来为海外侨胞所敬仰。海外侨胞相信陈嘉庚,通过陈嘉庚的著作、文章、讲话、对外通信、会晤交谈等,了解新中国的面貌和各方面的成就及有关政策。陈嘉庚也善于听取和集中华侨对祖国的期望和要求,反映华侨的实际情况和问题,供党和政府在制定有关政策时参考。

全国侨联于1956年10月在北京成立,陈嘉庚被选为首任主席。他在开幕词中号召华侨积极参加祖国社会主义建设。他强调指出,当前归国华侨联合会应该更广泛地团结和组织归侨、侨眷和华侨,加强社会主义教育,进一步鼓励并帮助他们参加祖国建设事业。对于推动和平解放台湾的事业,爱国侨胞应该和祖国人民一道,担负起应负的责任。归国华侨联合会应该经常向有关部门反映侨情,积极提出建议,使

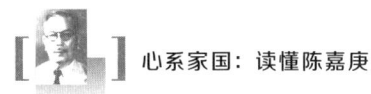

以后的工作做得更好。陈嘉庚针对华侨中部分人对"一边倒"政策和人民政府是否保护私人商业有疑虑等问题,通过答《南侨日报》记者问的方式作了详尽解释。陈嘉庚指出所谓一边倒,是倒在和平、民主、进步、建设的这一方面,并不是倒在苏联身上,更不是要做苏联的附庸。陈嘉庚指出,《中国人民政治协商会议共同纲领》中提到的团结小资产阶级和民族资产阶级,就已经包括正当商人在内,而且《共同纲领》第 37 条还规定"保护一切合法的公私贸易",因此,私人合法经商属于保护之列,疑虑应当消除。

(三)维护华侨正当权利

1950 年 5 月,陈嘉庚在全国政协一届二次会议上发言,指出华侨在世界各地有 1000 多万人,或受殖民地政府苛待,或被当地民族排斥,损失惨况,不可省计,海外孤儿告诉无门。自我国中央人民政府成立,希望早日建立外交关系,派出使领,以通过外交手续切实保护华侨利益。他十分关注新中国第一部国家大法——《中华人民共和国宪法》的制定,当获悉宪法草案第 98 条规定"中华人民共和国保护华侨的正当权利和利益"时,倍感欣慰地表示,宪法草案有这么一条,对于国外华侨就是很大的鼓舞。后来,他又在《光明日报》发表谈话,表示宪法草案明白规定,华侨同国内全体人民一样是国家的主人,华侨同国内人民一样都选出代表参加全国人民代表大会,行使人民拥有的国家最高权力。由此可见,祖国是何等重视、何等热爱她在国外的儿女。宪法草案对华侨的关怀和照顾用立法手段固定下来,这就更加巩固了国外华侨的自信心,使他们更加团结、热爱祖国。

经过友好协商谈判,我国与印度尼西亚共和国关于华侨双重国籍问题的条约,于 1955 年 5 月正式签署。陈嘉庚在同年 5 月 5 日的《厦门日报》上发表文章认为,华侨是沟通我国人民与侨居国人民团结友谊的桥梁。根据上述中国和印尼的条约,在印度尼西亚的华侨,可以根据自己的意愿,自行选择国籍,进一步加强彼此的友谊关系。1956年,新加坡人民主要是广大华侨华人热烈开展争取公民权运动。陈嘉庚在北京会见来访的新加坡中华总商会会长高德根时指出,非常赞同新加坡人民争取公民权的运动。对于广大华侨华人反对殖民主义统治、争取独立自主斗争的胜利,陈嘉庚还专门写了一封信给李光耀表示祝贺。

第三节 陈嘉庚的民主政治观

一、与时俱进的政治观念

中国的近代化是一个在不断摸索中前进的历程,其内在逻辑也在不断发展变化。曾经一个人口几乎占世界三分之一的帝国,不顾时势,安于现状,人为地隔绝于世,并竭力以天朝尽善尽美的幻想自欺。这样一个帝国注定要在一场殊死的决斗中被打垮。1840年以后至新中国成立前,中华民族在半殖民地半封建社会的泥潭里挣扎,严重的民族危机是每一个中国人都无法回避的时代拷问。从1840年鸦片战争到1911年辛亥革命,腐朽衰败的清王朝在这场"决斗"中挣扎了71年,这也是中国人民为拯救民族危亡而奋起反抗、无数仁人志士前赴后继的71年。从林则徐、魏源等人"睁眼看世界"、主张"师夷长技以制夷",到洋务派的"中体西用"、创办近代企业和新式教育,再到维新派的政治改良、革命派推翻帝制,中华民族在救亡图存的道路上不断探索。

陈嘉庚青少年时代就处在这样急剧变化的历史潮流中，其早期的爱国实践也正是对这一历史潮流的反观和应用——在推翻帝制的大前提下，以教育和实业为抓手改造国家社会，培养发展实业的劳动者、社会进步的改革者和开创未来的先行者。这一思路和效果契合近代中国从发展实业到文化启蒙的逻辑线索。随着日本侵华加剧，通过对国共两党在抗战中表现的切身观察和深入比较，陈嘉庚重新审视挽救民族危亡的政治前提，转向支持新民主主义革命的立场。新中国成立后，陈嘉庚根据"一五"时期祖国各项事业蓬勃发展的事实，明确主张中国应该走社会主义发展道路。

陈嘉庚见证了那一代仁人志士救亡图存的探索，目睹了清王朝的衰败、北洋军阀的混战、国民党蒋介石政府的兴衰，同时也经历了两次世界大战造成的国际格局的变化和东亚、东南亚民族独立运动的兴起，其政治观点和民族意识也相应地经历了一个不断变化发展的过程。陈嘉庚于1909年在新加坡结识孙中山，在其影响下开始探索挽救民族危亡的具体路径，1910年即宣布与清政府脱离关系，并加入同盟会。辛亥革命后陈嘉庚认为政治清明有望，随即逐步加大回国投资、办学力度，并直接从经济上支持南京临时政府。南京政府成立之时，陈嘉庚从国家统一的角度而"不顾个人交情"，"决定拥护中央"。在日本侵略者步步紧逼、民族危机日益加深的时局下，他立足民族大义，助力西安事变和平解决，号召团结抗战，并主持募捐输将南京政府，支持抗战。全面抗战爆发后，陈嘉庚继续号召南侨慷慨输将，与投降势力作坚决斗争，致电参政会指出"敌人未退出我国以前，公务员谈和平便是汉奸国贼"，打响了打击汪精卫卖国投敌行为的第一炮，鼓舞了持久抗战的决心。此外，他还带头谴责国民党顽固派发动皖南事变，为维护国共合作抗日大局披肝沥胆。陈嘉庚在实事求是、坚持不懈的探索中，不断打开追求政治民主、民族解放道路上的新展望、新视野和新憧憬。

作为致力于中华民族解放事业的爱国华侨,陈嘉庚对中国共产党的救亡主张早有关注、了解。1933年演讲时他就曾提到"惟自来抱社会主义,愿为公众服务"[①]。他对集美学校学生在学术上讨论、研究共产主义信仰的现象,也持接纳态度,使之自由发展;自己也曾通过埃德加斯诺的《西行漫记》对共产党人有所了解。但由于长期侨居国外,陈嘉庚对中国共产党具体的救国路径及现实举措所知不多,加之外界出于种种政治目的的不实宣传,使他迫切地想一探究竟。于是在1940年刚到重庆的演说里他就公开提出"若第八路军所在地延安,如能到达,余亦拟亲往视察,以明真相"[②],随即在叶剑英等人的主动联络和促成下确定了赴延安的具体行程。1940年5月31日下午,陈嘉庚一到延安就开始在露天广场与数千民众交流,从而开始了他紧凑而充实的延安之行。在为期8天的时间里,从毛泽东、朱德等中共领导人至南洋归国青年、集美学校校友,从政府职员、商店店员到学校学生,他与延安各界人士进行了深入的交流,并且实地了解了延安的街道布局、风土人情、商业经营、政府运行甚至是军事活动等的具体情况。在破除外界谣言、偏见和污蔑的同时,重庆与延安社会风气的强烈反差在他心中形成了鲜明对照——"迨至延安则长衣马褂,唇红旗袍,官吏营业,滥设机关,及酒楼应酬,诸有损无益各项,都绝迹不见"。在此观感之下,陈嘉庚如拨云雾见青天,断定国民党必败、共产党必胜。从此,自1911年清政府倒台起就已立志将全部财产捐为厦集二校经费、自觉实行"共产主义"的陈嘉庚,终于对中国共产党有了清晰的认识,真正看到了民族复兴的希望所在。

---

① 王增炳等编:《陈嘉庚教育文集》,福建教育出版社1989年版,第207页。
② 陈碧笙、陈毅明编:《陈嘉庚年谱》,福建人民出版社1986年版,第108页。

在延安的所见所闻,使陈嘉庚一方面因看到民族解放之希望而"梦寐神驰,为我大中华民族庆祝也",另一方面则带着更大的期望进行了更为深远的思考——"陕北地贫,交通不便,商业不盛,地方非广,故治理较益,分化诚朴。设共产党若握着东南富庶市场,区域广大,不知能如此廉洁,兴利除弊,为人民造福如延安之精神乎?"①此时,陈嘉庚不仅把救亡图存的希望寄托于延安,也站在中国共产党的立场上,把他深邃的目光投向了民族复兴的未来,认为只有在夺取全国革命胜利甚至成为执政党之后,还能一以贯之地保持为人民造福的精神,才能不断取得新的胜利。陈嘉庚的"延安之问"与黄炎培的"兴亡周期率"一样,都是站在历史的角度提出的疑虑和警示,也是近代以来中华民族经历了一百多年的被动挨打和苦苦求索之后,爱国民主人士对民族独立和复兴的珍视与期盼,代表着全体中华儿女的共同心声。

中国共产党人直面这些历史难题。首先由毛泽东提出"民主新路"以跳出"其兴也勃焉,其亡也忽焉"的历史周期率,再到之后的坚持"两个务必"、牢记"初心使命"、推进"自我革命",一代代中国共产党人不断给出适合时代特征的新答案。今天,习近平总书记依然反复用历史周期率问题警示和告诫全党:功成名就时做到居安思危、保持创业初期那种励精图治的精神状态不容易,执掌政权后做到节俭内敛、敬终如始不容易,承平时期严以治吏、防腐戒奢不容易,重大变革关头顺乎潮流、顺应民心不容易。百年大党,初心不改、本色依旧,矢志不移朝着民族复兴的伟大梦想奋进,是用实际行动对前辈先贤的最好告慰,也是用实际行动对陈嘉庚"延安之问"给予的时代回应。

---

① 陈嘉庚:《南侨回忆录》,中州古籍出版社2019年版,第220页。

二、传统文化的深厚滋养

闽南地区山脉陡峻,海景、气候多变,造成了闽南人民性格中多变与坚毅的特征。山脉积淀着节俭、简朴与诚挚等特质,航海传统则养成了闽南人独立、冒险、奋发、顽固、正义与矛盾等品性。为了生计,他们被迫竭力训驭变幻莫测的气候,这促使他们养成了不屈不挠的顽强斗志。与外商往来之传统也使闽南人民练就了一身经商本事,掌握了精打细算及铁面无情的买卖手腕。陈嘉庚生长于福建省同安县的集美渔村,在首次离开家乡到新加坡之前,曾在家乡集美接受了 8 年连续的私塾教育,回乡完婚后又继续接受了 1 年多的私塾教育,最终于 1894 年开始走上倾资兴学的道路——创办惕斋学塾。

早期的学习和教育实践,构筑了陈嘉庚人生道路的背景和基石,形成了他"兼具中国传统文化、闽南文化和侨乡文化"的人格特质,也培养了他对家乡故土的眷恋和对国家民族的认同。这种爱国情感和文化认同在他长期背井离乡的奋斗和对祖国苦难的关注过程中逐步加深和升华,并通过他的一系列社会实践活动呈现出来。陈嘉庚所受到的传统文化教育及影响,一再熏陶着他的政治信仰,并指引他的政治行动。他具备勤、俭、克己、廉、诚、毅等儒家优良品德与领袖特质,集美学校甚至以诚与毅为校训,他所积累之财产,一应用于慈善义举、兴学办校或政治用途上。他希望通过这些实践,实现一生为中国人服膺的崇高理想——"天下兴亡,匹夫有责",这也体现了他"先天下之忧而忧,后天下之乐而乐"的高尚节操。此外,他的办事闯劲、魄力、胆识,他的善于分析的头脑、出色的组织能力及善于激励人、团结人的卓越才能,将他塑造为一个令人敬畏的商场领袖及社会、政治领袖。时机、运气、果敢促

使他领导闽侨与社会事务,领导赈灾工作,推动新加坡和福建两地的教育事业。

对祖国文化危机的亲身体察,促使他对当时的救亡运动进行更加深刻的思考,他认为"今日国势危如累卵,所赖以维持者,惟此方兴之教育与未死之民心耳","民心不死,国脉尚存,以四万万之民族,决无甘居人下之理"。① 他认为"对于我国文化前途,应加注意"②,比如波兰被亡国之后,其人民坚持保存本民族文化,最终复国;又比如历史上"汉族亡于元清之手,两度之恢复,亦全赖于文化之重力"。故陈嘉庚说"保留我国文化,乃能维持民族精神",是"救国保种之道",进而公开呼吁"我国固有之文化精神,万不能残缺"。③ 传承中华文化的使命意识和自觉担当,更加坚定了陈嘉庚"教育为立国之本,兴学乃国民天职"的信念,成为他"奔走海外,茹苦含辛数十年,身家性命之利害得失,举不足撄吾念虑,独于兴学一事,不惜牺牲金钱竭殚心力而为之,唯日孜孜无敢逸豫者"④的源动力。这也是他在抗战时期最艰苦的岁月里,主张集美学校和厦门大学举校内迁、坚持办学的根本原因。白手起家的陈嘉庚,一生皆浸濡在儒家格训中,他一生的言谈举止,极少逾越这些儒家规范。他不止一次地公开说,通过服务社会,在教育、公益事业中尽献自己所有,他已经实现了"社会主义"乃至"共产主义"的理想。

三、调查研究的具体方法

陈嘉庚一生有三次在中国大地上的长途旅行考察,每一次都是秉

---

① 王增炳等编:《陈嘉庚教育文集》,福建教育出版社1989年版,第175~176页。
② 王增炳等编:《陈嘉庚教育文集》,福建教育出版社1989年版,第205页。
③ 王增炳等编:《陈嘉庚教育文集》,福建教育出版社1989年版,第206页。
④ 王增炳等编:《陈嘉庚教育文集》,福建教育出版社1989年版,第160页。

持着实事求是的态度观察、思考、判断。1940年回国慰劳找到了中国希望之所在,1949年带着迎接新中国诞生的喜悦和好奇,1955年则是确证了社会主义建设的蓬勃朝气和无限生机。其实,新中国成立前夕,促使陈嘉庚回国的最初动因也正是想要实地看一看、做点事的想法。在1949年的祖国万里行中,在东北地区,陈嘉庚根据当地产业状况提出"增加生产,减低成本""完善交通网""预早计划未来市区建设图案,必须多留空地,放宽街路……并准备扩展市郊以外",轮胎生产"规模要大,出品要多,只有政府力量,乃能达到目的"等具体发展建议。此次参访让陈嘉庚全面了解到各地在解放后的生活和生产状况,面对新社会、新气象感到极大欣慰。交通有序、车辆整洁、商品市场的管理和卫生水平极大改善、物价稳定等等,这些都让他相信中国共产党不仅能够取得农村土地革命的胜利,而且也善于进行经济建设和城市治理。陈嘉庚信心满满:"我们祖国正在一步一步地恢复起来,在毛主席和中国共产党领导下,海外侨胞与国内同胞一致坚信:我们的建设工作一定可以做得很好。"①

1955年8月,81岁高龄的陈嘉庚开始了人生中最后一次祖国万里行,范围涵盖东北、西北、西南、中南的16个省市。此行他切身感受到祖国的日新月异,同时继续为社会主义建设事业积极思考,共提出了15项提案建议。陈嘉庚肯定了社会主义建设所取得的丰硕成果,坚定地表示"只有社会主义才能使国家富强,使人民幸福。社会主义是完全适合中国国情的"。值得一提的是,和他老而弥坚的爱国心、进取心相一致,陈嘉庚直到晚年仍然坚守仗义执言、是非分明的诚毅品格,在为国家建设发展建言献策、鼓劲加油的同时,对一些不合理的现象同样也

---

① 朱立文编:《陈嘉庚言论新集》,厦门大学出版社2013年版,第91页。

毫不讳言、大声疾呼，以期得到及时解决和改正。1957年，陈嘉庚响应整风运动的号召，在第一届人大四次会议上作了《从治标治本两方面克服官僚主义》的专题发言，从具体的交通、教育事业项目以及行政行为入手，分析其背后的原因，进而提出整风运动的建议思路和治本之法，以此促进社会主义建设事业的健康发展。拳拳之心、凿凿之言，振聋发聩，让人不得不再一次感佩陈嘉庚的大公无私与刚毅果敢，这位老人对国家、民族的爱始终如一，矢志不移。

四、以民族复兴为目标

中华民族自1840年以后每次救亡图存的斗争都蕴含着复兴的梦想。从"师夷长技以自强"到"驱除鞑虏，恢复中华，创立民国，平均地权"，中国人民不断探索民族复兴的具体方式方法。陈嘉庚在辛亥革命之后，以教育和实业为救亡与复兴的具体路径。中日民族矛盾成为主要矛盾后，救亡图存便成为国人最迫切的任务，陈嘉庚的爱国实践因此全面转向救亡运动。这一方面说明，在推翻封建帝制之后，仅依靠经济层面的发展和制度层面的变化，还不能使中国社会摆脱危机、走上正轨。另一方面说明，资产阶级革命派仍然无法真正解决民族独立和解放的问题，更承担不起民族复兴的重任，需要社会制度更深层次的变革。

陈嘉庚深入思考民族复兴的道路，最终与中国共产党同向同心同行。陈嘉庚"延安之行"后作为中国共产党的诤友直到逝世，其间有令人警醒的"延安之问"，也有新中国成立之后对形式主义和官僚主义的痛斥和直言，更多的是为祖国发展而殚精竭虑和辛苦操劳。他的提醒和"谏言"至今仍有振聋发聩的效果，新中国成立后他参与的一系列奠基工作，已成为中国特色社会主义事业的基础性工程。同时，陈嘉庚一生兴办的教育事业,不但为民族复兴提供了精神动力和文化支撑,也为中国共产党在新时代推进马克思主义中国化时代化保存了独具民族特色和地方特色的传统文化资源。此外,出于对海外侨胞和台湾同胞的天然情感及文化认同,陈嘉庚对侨务工作和台湾问题的思考与实践,对于新时代中国共产党坚持大团结人联合、构建爱国统一战线、汇聚海内外民族复兴力量,都是有益的探索和可资借鉴的经验。

鸦片战争后,文明古国的灿烂历史和农业大国的落后现状之间的落差以及由此带来的深刻矛盾,让中国社会陷入了整体迷茫和深度思索中。随着中国被全面卷入资本主义市场,军事较量、经济冲突背后更深层次的政治博弈及文明碰撞愈发激烈。这样的历史境域,决定了中国发展和道路探索的长期性和复杂性,也注定了中国的救亡与复兴力量必须是一个更加紧密的有机整体。救亡不但蕴含复兴的元素,更是复兴的必要前提,复兴则是救亡的自然要求和必然结果。没有救亡作为基础的复兴梦想,就如同空中楼阁,无法落到实处;同样,如果没有民族复兴、国家富强的最终实现,救亡的任务很难真正完成,甚至已经取得的救亡成果都有丧失的危险。

包括陈嘉庚在内的无数仁人志士的实践探索证明了上述救亡与复兴的不可分割性。这也是中国共产党自成立之初,就在内忧外患中把"实现中华民族伟大复兴"确立为初心使命的原因之一。作为爱国华侨的杰出代表,家国同构的思维认知是陈嘉庚爱国实践的底层逻辑,救亡与复兴并举彰显出其远见卓识。爱国与爱乡,在陈嘉庚的精神中水乳交融,因其紧密而愈显真切;救亡与复兴,在陈嘉庚的实践中顺理成章,因其深邃而更显力量。陈嘉庚致力于救亡与复兴的活动,既彼此交织,又相互衔接,其救亡的具体活动包含于复兴的整体进程之中,二者有机统一于陈嘉庚与时俱进的政治抉择和矢志不渝的爱国实践中。

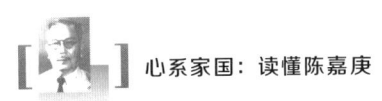
心系家国：读懂陈嘉庚

第四节　陈嘉庚民主政治观的时代启示

中华民族近代以来最伟大的梦想是实现民族复兴，中华民族伟大复兴的形象表述就是中国梦。习近平在2012年11月参观《复兴之路》展览时首次提出"中国梦"的概念，其本质是国家富强、民族振兴、人民幸福。陈嘉庚一生的爱国实践，都聚焦于实现这个梦想。这一点，习近平总书记曾给予明确的肯定，在2014年陈嘉庚140周年诞辰之际，习近平在给厦门市集美校友总会的回信中希望广大华侨华人弘扬"嘉庚精神"，深怀爱国之情，坚守报国之志，同祖国人民一道不懈奋斗，共圆民族复兴之梦。这是国家层面对陈嘉庚为民族复兴作出巨大贡献的高度肯定。

一、民主进步与民族复兴的辩证统一

以中国式现代化推进中华民族伟大复兴是我们新征程上的时代主题。在中国近现代史上，民族解放与民主政治是人们关注中国现代化进程的一对互相联系的视角，中华民族的真正解放是中国民主政治发展的重要前提，民主政治的发展和完善也是民族解放事业的巩固和延伸，二者统一于近代以来中华民族伟大复兴的历史进程中。民族解放，是时代的要求，是迫在眉睫的问题，也是走向复兴的前提；而只有真正找到一条适合具体国情的复兴之路，推动中国现代民主政治的发展，才能真正避免落后挨打的命运。

争取民族解放和推动民主政治发展是无数探索救国救民道路、致力于中华民族伟大复兴的前辈先贤们的毕生追求。在这些先驱者中间,陈嘉庚是其中的优秀代表。一方面,陈嘉庚作为爱国华侨领袖、杰出企业家、教育事业家、社会活动家,为挽救民族危亡、争取民族独立作出卓越的历史贡献,并受到社会各界及海外华侨华人的广泛认可和一致推崇。另一方面,陈嘉庚在创办教育事业、襄助民主革命、参与新中国建设过程中对中华民族复兴前景的深邃思考和远见卓识,极大地推动了中国现代民主政治的发展进程,对全面建设社会主义现代化强国、实现中华民族伟大复兴的中国梦具有重要的启示意义。

自鸦片战争以来,中华民族开启了艰辛的现代化历程。19世纪末20世纪初,资本主义社会机器化大生产规模进一步扩大,主要资本主义国家进入帝国主义时代。在资本主义全球化浪潮的裹挟下,中国被卷入全球市场,这一方面给半殖民地半封建社会的中华民族带来了空前严重的危机,另一方面也促使各种新事物蜂拥而入。面对"三千年未有之大变局",处于生死存亡危急关头的中国人前仆后继、矢志不渝,进行了洋务运动、戊戌变法、辛亥革命、新文化运动等一系列艰苦求索,开始了学习新技术、构建新制度和酝酿新思潮的漫漫征程。争取民族解放运动的历史发展和现代民主政治变革的逻辑共同构成了近代中国相互联系和促进的两条线索。中国共产党成立后,二者统一于波澜壮阔的中国革命、建设和改革的进程之中,构成了马克思主义中国化的重要理论成果和实践指向。陈嘉庚见证并深度参与了中华民族在绝境中奋起、从苦难走向辉煌的历史转折。他独创而丰富的教育实践、持久多元的报国活动、历久弥新的赤子情怀,共同支撑起他作为"华侨旗帜,民族光辉"的伟大形象,同时也彰显着其以国家为重、民族为重的品格。

心系家国：读懂陈嘉庚

二、以人民为中心发展公益事业

纵观陈嘉庚一生的爱国实践，从依靠个体办教育、办实业，到组织宗族、团体进行救亡活动，再到与中国共产党一起依靠人民群众的力量建设新中国，在依靠力量上也实现了从个体到群体的历史飞跃。人民性是马克思主义的本质属性和鲜明品格。坚持以人民为中心，是新时代坚持和发展中国特色社会主义的根本立场，是贯穿我们党治国理政全部活动的一条红线。建设现代化国家必须坚持人民至上，站稳人民立场、把握人民愿望、尊重人民创造、集中人民智慧，不断实现人民对美好生活的向往，推动人的全面发展，推动全体人民共同富裕取得更为明显的实质性进展。江山就是人民，人民就是江山。人民是历史的创造者，是真正的英雄，打江山、守江山，守的是人民的心，人民立场是中国共产党的根本政治立场。坚持人民至上，人民对美好生活的向往就是党的奋斗目标，依靠人民创造历史伟业，人民是党的工作的最高裁决者和最终评判者。全面落实以人民为中心的发展思想，坚持和贯彻党的群众路线，把为人民造福的事情真正办好办实。中国共产党来自人民、依靠人民，党的一切奋斗都是为了人民。

陈嘉庚一生轻金钱，重义务。为了国家和民族的利益，他克己奉公，不惜牺牲个人的一切。他深知金钱的重要性，"百事非财莫举"，但他不当守财奴。他常说："金钱如肥料，撒去方有用。""财由我辛苦得来，亦当由我慷慨捐出。"①他把一生所获财利，全部献给了教育和进步事业。陈嘉庚倾资兴学，不是为了沽名钓誉，他从来都反对别人为他歌功颂德，他为集美、厦大建了那么多高楼，却没有一栋大楼以自己的名

---

① 王增炳等编：《陈嘉庚教育文集》，福建教育出版社1989年版，第175页。

字命名。人的一生会经受许多诱惑,陈嘉庚的金钱观、儿女观、名利观,无不体现了他重义轻利、无私奉献的精神。从创办民众夜校为村民扫盲,到与村民立约禁止、严令取缔当时集美社民众的烟赌恶习;从结合校舍的建设对家乡的房屋、道路、医院做新的全面的规划,到改进划龙舟运动、改造严重妨害公共卫生的旧茅厕、编订《增广校正验方新编》,再到出版《战后建国首要:住屋与卫生》《民俗非论集》;从在集美兴建图书馆、科学馆、美术馆、植物园到筹建厦门华侨博物院以及作为露天博物大观的集美鳌园,可以看到他对于医药、住屋、卫生、服饰、教育、运动等民生事业的关注和持续投入,这也贯穿于陈嘉庚一生的大多数阶段,是他热心公益事业的具体体现。

唯物史观是马克思主义区别于其他社会理论的本质特征之一,而人民立场则是唯物史观的必然要求。历史证明,唤醒群众、组织群众、依靠群众、为了群众是解决近代以来中国社会所面临的问题,挽救民族危亡、实现民族复兴的最终答案。人民是历史的创造者,是真正的英雄,中国共产党是马克思列宁主义同中国工人运动紧密结合的产物,其根基在人民、血脉在人民、力量在人民,从诞生之日起,中国共产党就把为中国人民谋幸福、为中华民族谋复兴确立为自己的初心使命。这种特征感召和凝聚了一批批在民族解放和复兴道路上探索的仁人志士,陈嘉庚就是其中之一。对中国共产党宗旨、立场和方法的认同,推动着陈嘉庚心中民族救亡和复兴所依靠力量的根本转变。

陈嘉庚经历了晚清、民国和新中国三个历史时期。其间,他对救亡和复兴的主体力量的认知,也随着实践的深入而不断转变。陈嘉庚早期创办实业、兴办教育、支持孙中山革命,随后号召同乡、学生、亲友共同出资出力兴办教育事业,继而在统领南洋华侨支援祖国抗日战争的过程中逐渐凝聚起人民群众中蕴藏的磅礴力量,其影响范围不断扩大。

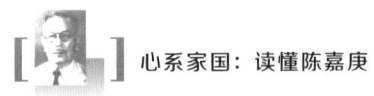

同国民党政府的决裂以及对中国共产党的衷心拥护,标志着陈嘉庚超越资产阶级的狭隘立场,全身心投入依靠人民群众的救亡和复兴运动中。陈嘉庚的爱国情、报国志与马克思主义中国化的历史进程紧密相连,为实现民族复兴而不断凝聚起海内外中华儿女的爱国力量。

三、新时代爱国统一战线

中国特色社会主义的最本质特征是中国共产党领导。这个最本质特征是在近代以来中国历史发展中形成的,是由中国最广大人民根本利益和实现中华民族伟大复兴历史任务决定的。中国特色社会主义的其他特点和特征都是由党的领导这一最本质特征决定的,都是在党的领导下形成发展、发挥作用、彰显优势的。中国共产党的领导是中国特色社会主义制度的最大优势。加强党的全面领导,为新时代党和国家事业发展提供了坚强保证,党的领导是全面的、系统的、整体的,必须维护党中央的权威和集中统一领导。党的领导制度是我国的根本领导制度,我们必须健全党中央对重大工作的领导体制,健全党的全面领导制度。

爱国统一战线是中国共产党领导的,以工农联盟为基础的,包括全体社会主义劳动者、社会主义事业建设者、拥护社会主义爱国者、拥护祖国统一和致力于中华民族伟大复兴爱国者在内的统一战线,是党的总路线总政策的重要组成部分,是中国共产党夺取革命、建设、改革事业胜利的重要法宝。在新民主主义革命时期,统一战线、武装斗争和党的领导是克敌制胜的三大法宝。陈嘉庚作为爱国华侨领袖,在千万海外华侨心中具有举足轻重的影响力,是爱国统一战线的关键力量。

陈嘉庚对中国共产党统一战线的主张早有关注,并且有基于调查研究的实际体会。1940年5月底6月初,在毛泽东、周恩来等人的争取和安排下,陈嘉庚赴延安的心愿终于得以实现。从共产党领导人至南洋归国青年、集美学校校友,从政府职员、商店店员到学校学生,陈嘉庚都同他们进行了深入交流,实地了解街道布局、风土人情、商业经营、政府行为甚至是军事活动的情况。延安与重庆社会风气的强烈反差在他心中形成了鲜明对照。陈嘉庚感到"如拨云雾而见青天",真正看到了民族复兴的希望。通过延安之行,陈嘉庚"梦寐神驰,为我大中华民族庆祝也"。他在《南侨回忆录》里记载了于延安的见闻之后就发出设问:设共产党若握着东南富庶市场,区域广大,不知能如此廉洁,兴利除弊,为人民造福如延安之精神乎？可以看出,彼时的陈嘉庚已把目光投向了民族复兴的未来。陈嘉庚对国民党内部不同派别、人员作出了实事求是的评价,这有助于团结国民党内部进步力量、维护抗日民族统一战线的存续和发展。陈嘉庚以大局为重维护统一战线,在日寇猖獗、大敌当前的局势中,其公开谈话都在不断呼吁国共继续携手抗战,共克时艰。

中国共产党人先后提出以"民主新路"跳出历史周期率、坚持"两个务必"、牢记"初心使命"、推进"自我革命"等方案,立志于中华民族千秋伟业。习近平总书记回顾新时代党和人民的奋进历程,提出"五个必由之路",其中强调"全面从严治党是党永葆生机活力、走好新的赶考之路的必由之路"。在新的历史条件下,中国共产党通过全面从严治党,进一步坚持和完善党的领导,团结带领中国人民矢志不移朝着民族复兴的伟大梦想踔厉奋发,这是用实际行动对陈嘉庚"延安之问"给予的最好时代回响。新时代大统战的格局逐步形成,统一战线呈现出团结、奋进、开拓、活跃的良好局面,在实现中华民族伟大复兴的新征程上,这是汇聚人心、凝聚力量的重要法宝。因此,陈嘉庚投身中华民族救亡与复兴的实践轨迹,即从反清到拥蒋,直至最终支持中国共产党、支持国家走社会主义道路,这一历程与中国共产党领导中国革命和社会主义事业同频共振。历史事实证明,历史和人民选择中国共产党是必然的。新时代新征程上,统一战线要继续在党的领导下,真正把不同党派、不同民族、不同阶层、不同群体、不同信仰以及生活在不同社会制度下的全体中华儿女都团结起来,促进政党关系、民族关系、宗教关系、阶层关系、海内外同胞关系和谐,共同汇聚起推动民族复兴的磅礴力量。

四、实现祖国完全统一

抗日战争的胜利是近代以来中华儿女抵御外辱的第一次彻底胜利,它挽救了民族危亡,也逐渐明确了民族复兴的方向。日本投降之后,南洋各地独立解放运动风起云涌,表面上获得独立,但帝国主义仍在背后把持。南洋一千多万华侨"或受殖民地政府苛待,或被当地民族排斥,损失惨况,不可胜计",陈嘉庚呼吁政府"早日建立外交关系,派出使领以正常外交手续,予以切实保护"[①]。新中国成立后,作为华侨首席代表,陈嘉庚为侨民利益大胆建言,鼓励1956年新加坡华侨华人争取公民权运动,声援1959年印尼华侨对当地排华暴行的反抗,号召华侨多回家乡观光考察,增进了解的同时"知无不言言无不尽""言者无罪闻者足戒",检查自己,履行监督义务,共同把事情做好,把祖国建设好。同时,持续兴办华侨华文教育,为华侨华人服务,号召华侨在家乡捐建华侨博物馆,为科学研究和广大人民服务。1959年,中华全国归国华侨联合会筹备成立,陈嘉庚当选为主席,他号召华侨回国投资、就业、接受教育,为祖国、家乡的建设贡献力量。陈嘉庚爱护侨民的态度,团结

---

① 朱立文编:《陈嘉庚言论新集》,厦门大学出版社2013年版,第4页。

侨民的做法，在今天仍然具有很强的借鉴价值，"凝侨心，聚侨力，护侨益"对于构建人类命运共同体、在新的历史起点和新的国际格局下把中国特色社会主义事业推向新的发展阶段、实现中华民族伟大复兴的梦想具有重要意义。"侨"一直也是习近平总书记高度重视并寄予高度期望的群体，习近平在纪念陈嘉庚140周年诞辰给集美校友总会的回信中，希望广大华侨华人弘扬"嘉庚精神"，深怀爱国之情，坚守报国之志，同祖国人民一道不懈奋斗，共圆民族复兴之梦。

1945年，陈嘉庚避难爪哇岛3年后安全返回新加坡，周恩来和王若飞送来"为民族解放尽最大努力，为团结抗战受无限苦辛，诽言不能伤，威武不能屈，庆安全健在，再为民请命"的祝词，赞扬他爱国刚毅的精神品质。陈嘉庚临终有三件遗愿：回集美安葬、台湾回归、集美学校继续办下去。如今，陈嘉庚长眠的集美学村已成为一个可以从幼儿园读到博士的著名文教区，"台湾必须回归祖国"也已成为海内外全体中华儿女的共同期盼，更是中华民族伟大复兴这一时代问卷上的必答之题。台湾问题一直是陈嘉庚晚年所关注的焦点，他在11年间公开发表相关谈话就有9次之多。在他看来，两岸统一不仅是国家民族的大问题，也关系到台湾和福建每一个台海两岸乡亲的内心情感，"周恩来主席提出了和平解放台湾的号召，我相信，这个号召很快就会深入到台湾同胞的心坎。800万台湾人民之中有将近600万闽南人，很多是当时追随民族英雄郑成功到台湾去的后代，他们在那里反抗过清朝统治，也抵抗过日本殖民统治者，他们还有不少人是在台湾有家，在闽南也有家的"①。

---

① 朱立文编：《陈嘉庚言论新集》，厦门大学出版社2013年版，第20页。

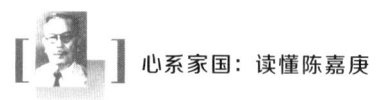 心系家国：读懂陈嘉庚

第四章　陈嘉庚的华侨团结观及其时代价值

　　陈嘉庚是我国近代史上最杰出的华侨领袖，被毛泽东誉为"华侨领袖、民族光辉"，习近平总书记称其为"侨界的一代领袖和楷模"。陈嘉庚在华侨史上的划时代意义体现为四个"第一"：第一个集政治、经济、社会、文化各方面活动于一身，第一个把东南亚各地华侨组织在一个统一团体之中，第一个勇敢站出来捍卫华侨权利，第一个把东南亚华侨利益与祖国命运紧密联系在一起。①

　　近代以来南洋地区的发展演变以及华人的身份变迁，是陈嘉庚华侨领袖社会地位形成的历史背景。陈嘉庚在商业领域的辉煌成就为他的社会影响力奠定了坚实基础。他无私捐助教育事业、广泛传播中华文化，为他赢得了崇高的社会声望。在中华民族面临生死存亡之际，他带领南洋地区广大华侨支援祖国抗战，成为一个具有强大号召力和动员力的领袖人物。陈嘉庚华侨领袖地位的形成离不开他在商业、教育和政治活动中的卓越贡献，离不开怡和轩俱乐部、新加坡福建会馆、新加坡中华总商会、"南侨总会"等华人社团的作用。在陈嘉庚华侨领袖地位的形成过程中，贯穿着陈嘉庚艰苦创业、自强不息的精神，体现了陈嘉庚关心祖国建设、倾心教育事业的赤子之心。作为华侨领袖的陈

---

①　陈碧笙：《当代华侨最杰出的领袖》，载中共厦门市委党史研究室编：《华侨领袖陈嘉庚》，中央文献出版社2001年版，第102～103页。

嘉庚,始终以国家为重、民族为重,爱国主义是陈嘉庚精神的本质和核心,同时也是支撑其成为全球性华侨领袖的精神力量和人格特质。

第一节 "华侨领袖"地位形成的历史背景和社会基础

1860年签订的《北京条约》准许英国、法国招募华工,这是清政府首次明确允许本国人民出洋务工。从清末到民国,出现了三次大规模的海外移民高潮,数以百万计的移民涌向东南亚诸国。他们在为当地输入大量华人劳动力的同时,也在海外传播中华文化,并逐渐形成了相对集中居住的华人社会。然而,南洋华人社会常常因为地缘、血缘、业缘、神缘等各种原因,各自为政、相互隔阂甚至冲突不断。

一、南洋华人社会的形成

新加坡,在我国古籍中称"单马锡"或"淡马锡"。鸦片战争后,从我国东南沿海地区乘船到东南亚的中国人与日俱增。同时,东南亚华人的人口结构也在悄然改变,不仅有文盲或半文盲的体力劳动者,还有具有一定知识的商人,并逐渐出现了能够识文断字的文化人。1911年,马来亚华人总数已超过90万。居住在新加坡和马来亚的华人,不仅在数量和比例上,而且在经济和文化上,都成为马来亚社会生活中最重要的一个组成部分。[①]

南洋地区早期华人移民主要以血缘、地缘为纽带一起到海外谋生

---

① 沈福伟:《东亚文明八千年》,上海人民出版社2023年版,第673页。

创业,并定居繁衍。华人移民群体主要来自闽粤两省,他们形成了以地缘和方言为基础的群体组织,即所谓的语系集团,俗称"帮"或"乡帮"。这些"帮"的基础是方言,方言的背后又是祖籍地的不同。例如,1889年,英国海峡殖民地政府华民护卫司下设华人参事局,第一届华人参事局的13名成员是由华人社会各个帮派构成的:闽帮5人,潮州帮4人,广府帮2人,海南帮1人。[①] 以方言为认同基础而形成的地缘性"乡帮"不但存在于新加坡,也广泛分布于东南亚甚至全球华人社会。在东南亚华人中,主要的乡帮有福建帮、广东帮、潮州帮、海南帮、客家帮五大帮群。这些乡帮内部还有各种各样的同乡会、宗亲会等组织,许多初下南洋的华侨深感"非入会不能立足"。乡帮或帮会构成了早期华人网络的社会基础,它们发挥着互帮互助、共同对外的作用。然而这些民间组织之间关系复杂,常因利益冲突相互攻讦、争斗。

　　破解"帮派林立"的局面、促成大团结是南洋地区华人社会形成中面临的一个难题。中国知识分子早就注意到南洋华侨不团结的问题。据王赓武教授的研究,从19世纪末期到20世纪中期,东南亚华人在政治态度和政治参与方面是分裂的。他指出:"在华人定居的每一个地区都可以发现三类华人:第一类华人十分关心中国的事务;第二类华人主要想维持海外华人社会组织的力量;第三类华人则埋头致力于在居住国争取自己的政治地位。"[②]华人社会的这种分裂,恰恰为英殖民地政府对华人社会"分而治之"提供了"便利"。英殖民地政府对于华人社会的各类活动持高度戒备心态,华人的政治活动是英殖民地政府"防范"

---

① 李路曲:《新加坡现代化之路:进程、模式与文化选择》,新华出版社1996年版,第61页。
② 王赓武:《东南亚华人——王赓武教授论文选集》,中国友谊出版公司1986年版,第200~201页。

的重点。陈嘉庚后来回忆道:"余因殖民地环境恶劣,爱国运动受当地政府之压迫,乃未参加任何党派。"①对于华人的文教活动,英殖民地政府也高度戒备。陈嘉庚后来对集美侨生讲话时谈到了这个问题:"帝国主义统治下的殖民政府,对中国课本限制甚严,要经审查批准。"②

面对殖民地政府的严控政策,华人社会本应团结起来,形成互帮互助的共同体。但事实上,在中国民族主义传播到南洋地区之前,南洋华人几乎没有国家和民族意识,而只有乡土和宗族意识,乡土认同远高于国家认同和民族认同。认同的差异和冲突某种程度上决定着华人社团的凝聚力严重不足,这不仅极大削弱了华人社会在南洋地区的政治、经济根基,也成为当地政府用于限制、迫害华侨华人的借口。

二、南洋华人大团结面临的难题

由语言、祖籍地等因素造成的不同帮派的对立和冲突,是当时南洋华人社会存在不团结现象的根源,而这种冲突具体体现在经济利益和政治立志两个层面。

(一)经济利益的冲突

华侨华人的商业活动受到帮派关系的制约和影响。在东南亚,华人移民往往靠语言相同的同乡引荐进入同乡从事的职业,造成某帮群多数从事某种行业的现象。如福建帮,主要经营商业、贸易、造船、运输、银行、种植、食品加工和日用化工等轻工业;客家帮主要经营杂货店、药铺,从事缝纫、制鞋、首饰加工等手工制作业;广府人除以手艺工

---

① 王增炳等编:《陈嘉庚教育文集》,福建教育出版社1989年版,第244页。
② 朱立文编:《陈嘉庚言论新集》,厦门大学出版社2013年版,第97页。

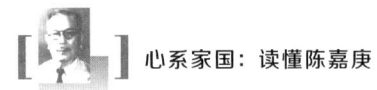

匠为主外,在旅社、剧场等服务行业占有优势;潮州帮主要从事土特产贸易和烟、酒生产;海南帮大多数经营食店、餐馆,从事捕捞、种植等体力劳动。① 同一帮派分享同个行业,并根据帮权结构占据各自地盘,彼此之间保持着一种"平衡"。一旦这种"平衡"被打破,就会产生冲突。这种行业的帮权结构是一把双刃剑:一方面,帮派关系与华侨资本的结合初期有助于华侨经营者之间的协作,帮助华商企业建立自己的商业网络,增强华侨资本的自我发展能力;另一方面,帮派组织存在着浓厚的前资本主义的各种封建关系,导致华侨资本基本上都处于"同族经营"状态,不利于企业管理的现代化和股权结构的多元化。

(二)政治立场的分歧

政治立场的分歧也是造成东南亚华人社会分裂的重要原因之一,这种分歧其实是中国国内外不同政治力量之间的角力在东南亚华人社会的一种投射。华侨华人广泛的国际影响力和雄厚的整体经济实力,使得华侨华人成为近代以来各个政治派别的争夺对象。在清末民初,东南亚华人社会政治立场的分歧主要体现在保皇派与革命派的论战上。为了在舆论上压倒对方,两派都派出骨干参加论战。双方论战的主题依然是"采取什么途径可以拯救中国"。在公开论战的带动下,东南亚华人社会对革命思想的关注度大幅提高。论战有助于澄清革命派与保皇派的一些重要观点,有助于提高华人的政治意识,增强对民族情感和国家的认同。

北洋军阀统治时期,由于中国国内政治形势复杂、政党林立,造成了东南亚华人不同政治力量的分歧和对立。1927年4月18日,南京

---

① 范如松主编:《东南亚华侨华人》,世界知识出版社1999年版,第79页。

国民政府宣告成立。对于是否承认该政府,南洋华人社会亦未能达成一致。1946年6月26日,国民党在美国的支持下,悍然撕毁"双十协定",破坏政协决议,发动了全面内战,南洋华人社会因对国共两党态度的不同再次分裂。同年9月7日,陈嘉庚以"南侨总会"主席的名义,致电美国总统杜鲁门等政要,要求其"迅速改变对华政策,撤回驻华海陆空军及一切武器,不再援助蒋政府,以使中国内战得以中止"。陈嘉庚的这封电报经路透社、合众社的电讯转发,在国内外引起了巨大震动。于是新加坡、马来亚华侨社会中的"反陈派"与"拥陈派"开始了公开论战。直至20世纪50年代中期,中国共产党人执政的新政府赢得大多数海外华侨的拥护,中国共产党与中国国民党争夺华侨的努力才告一段落。应该说,东南亚华人社会的政治分化现象是特定历史时期的产物,是国共两党路线之争延伸至海外华人社会的表征,其兴起、发展与消逝,均与中国国内政治力量的此消彼长和政治形势的演变有着直接的联系。

三、"华侨领袖"地位形成的社会基础

(一)经济基础:从米店老板到东南亚橡胶大王

在深受西方重商主义影响的新加坡,金钱和财富的多寡成为衡量一个人社会地位高低和能力强弱的重要标准之一。陈嘉庚在商业上的巨大成功,具有突出的思想引领力和广泛的社会号召力,这是他成为华侨领袖的重要原因,而其中雄厚的经济实力是物质基础。陈嘉庚从1904年春开始独立经营,到1910年已成为拥有两处橡胶园、四家菠萝罐头厂、一家米厂、一间米店、资产额达45万元的实业家,其产业超过

他父亲极盛时期。① 1910年12月,陈嘉庚被选为中华总商会第六届委员会协理(福建帮四协理之一),这是陈嘉庚跻身华侨社会上层的标志。随着实业经营上财富不断增加,陈嘉庚的社会地位也不断提高,从昔日的米店老板成长为"东南亚橡胶大王",成为南洋商界具有广泛影响力的重要人物。

陈嘉庚在南洋商界的影响力,与他在橡胶业上的开拓性贡献密不可分。1906年夏,陈嘉庚听说陈齐贤②、林文庆③试种橡胶成功,获利甚厚,就用1800元把他们剩下的18万粒种子全部买下,雇人在福山园菠萝株间挖窟套种,由此开启了他"东南亚橡胶大王"之路。到1924年,陈嘉庚拥有的橡胶园总面积已达15000英亩,获利800万元。据陈嘉庚后来回忆,1923—1925年,"为一生中登峰造极,得利最多及资产最巨之时"④。如果把谦益各胶厂机器和厂栈的价值也计算在内,陈嘉庚的资产"合共一千五百余万元"⑤,是名副其实的东南亚"橡胶巨擘"(见图4-1)。陈嘉庚在橡胶产业上的成功,不仅奠定了他在南洋华侨社会中的地位,也极大地推动了东南亚橡胶业的发展,为新马地区经济的繁荣作出了巨大的贡献。

---

① 赵力田编:《陈嘉庚》,新华出版社1990年版,第8页。
② 陈齐贤(1871—1916),祖籍福建海澄(今漳州龙海),新加坡名侨陈笃生之孙,是东南亚种植橡胶第一人。他于1898年(有说1896年)在马六甲投资28万元叻币(新加坡币),种植橡胶3000英亩(有说5000英亩),后将其中2000英亩卖给英国人,得200万元,轰动一时。后又与林文庆等合资,在新加坡杨厝港垦殖当地第一家华人橡胶园。
③ 林文庆(1869—1957),字梦琴,祖籍福建海澄(今漳州龙海),生于新加坡,属于土生华人。曾留学英国,获医科硕士学位。1893—1912年在新加坡行医并积极传播中国传统文化,致力于新加坡华侨社会和华文教育的改革。为新加坡橡胶业、银行保险业的开拓者之一。1906年参加中国同盟会。1921—1937年任厦门大学校长。
④ 陈嘉庚:《南侨回忆录》,中州古籍出版社2019年版,第571页。
⑤ 陈嘉庚:《南侨回忆录》,中州古籍出版社2019年版,第572页。

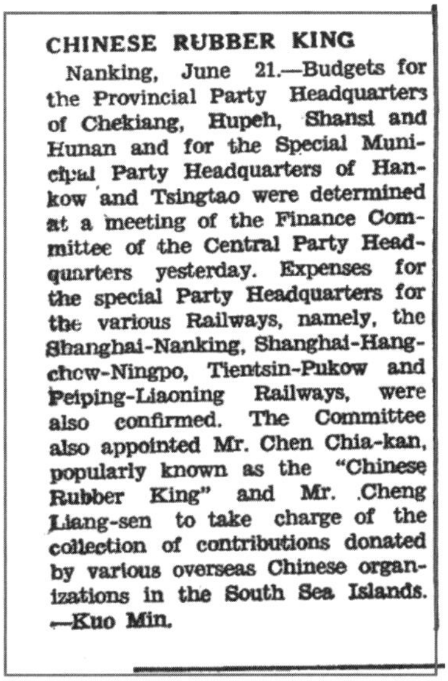

> CHINESE RUBBER KING
>
> Nanking, June 21.—Budgets for the Provincial Party Headquarters of Chekiang, Hupeh, Shansi and Hunan and for the Special Municipal Party Headquarters of Hankow and Tsingtao were determined at a meeting of the Finance Committee of the Central Party Headquarters yesterday. Expenses for the special Party Headquarters for the various Railways, namely, the Shanghai-Nanking, Shanghai-Hangchow-Ningpo, Tientsin-Pukow and Peiping-Liaoning Railways, were also confirmed. The Committee also appointed Mr. Chen Chia-kan, popularly known as the "Chinese Rubber King" and Mr. Cheng Liang-sen to take charge of the collection of contributions donated by various overseas Chinese organizations in the South Sea Islands.—Kuo Min.

图 4-1 *The China Press* 称陈嘉庚为"中国橡胶大王"

(1929 年 6 月 22 日)

(二)文化基础

1.兴办华文教育

汉语是中华文化的载体,是中华民族的母语,承载着中华民族五千年的历史。在东南亚,海峡殖民地当局对华文教育漠不关心,整个南洋华侨学校寥寥无几。当地的学校既不教授中文,也不愿意招收华侨子女,导致大量华侨子女无学可上。1881 年,中国首任驻新加坡领事左秉隆到任,他意识到华文教育的重要性并开始大力推进华文教育①,但华人社会"办学而分帮派"的问题长期无法解决。1936 年 11 月,陈嘉庚曾在题为"新加坡华校历史沿革"的演讲中指出:"办学而分帮派,本

---

① 周聿峨:《东南亚华文教育》,暨南大学出版社 1995 年版,第 44 页。

可勿须。"①陈嘉庚曾经对新加坡福建会馆教育科主任黄复康说:"你是福建会馆的教育科主任,办的并不是福建会馆的教育,而是为祖国兴办教育。福建会馆办的学校,不是只给福建人的子弟读的,而是给中国人的子弟读的。"②可见,在陈嘉庚看来,打破兴办华文教育的地域观念,是解决华侨团结问题的一个突破口。

陈嘉庚在海外捐资兴学始于1907年在新加坡参与创办道南学堂。道南学堂是新加坡福建会馆创立的第一所学校。1907年4月,陈嘉庚给道南学堂捐款1000元叻币,成为110位发起人之一,后当选为道南学堂的48名协理之一,后又成为督办学堂事务人员之一。1911年,陈嘉庚第一次当选中华总商会闽帮协理,同时被选为道南学堂总理。1917年陈嘉庚第二次担任道南学校总理,授权熊尚父主持校政。熊尚父为道南学校第一位非闽籍校长,这体现了陈嘉庚在办学中打破帮派和地域分界的思想。1919年,在陈嘉庚的倡导下,道南学校逐步废除了方言教学,实行普通话教学,这在新马华校中还是较早的。

陈嘉庚担任道南学校总理期间,作出了三大贡献。

第一,积极发动捐款。1907年,陈嘉庚曾捐款1000元叻币给道南学校。"陈嘉庚于1911~1912年,领导闽侨,发动劝捐建校运动,除了本身慨捐2000元,尚捐得3万余元。"③新校舍占地约1700平方米,奠定了道南学校的发展基础。

第二,破除地域观念。南洋华侨一般按方言、籍贯划分为闽帮、粤帮、潮帮、琼帮、客帮、三江帮等,各帮都设有自己的学校,各自分立。道南学堂设立初期,只招收闽籍学生,教师也大多为闽籍。陈嘉庚号召华

---

① 王增炳等编:《陈嘉庚教育文集》,福建教育出版社1989年版,第457页。
② 王增炳、余纲:《陈嘉庚兴学记》,福建教育出版社1981年版,第60页。
③ 杨进发:《陈嘉庚研究文集》,中国友谊出版公司1988年版,第132页。

侨摒弃地域之见。他担任学校总理后,学校中闽籍教师人数逐年下降,而且学校中非闽籍学生一度达到60%。① 详见表4-1。

第三,规范校务管理。陈嘉庚规定学校董事每日轮流到校视事;选聘校长,必须"品学兼优",而且要有管理学校的经验;选聘教师,既要有真才实学,又能"为人师表"。为了能聘到优秀教师,陈嘉庚还曾专门致函北京大学校长蔡元培,请其代为物色优秀的国文教师到道南学校任教。

表4-1 道南学堂教职员的籍贯

年份	该年到校教职员数/人	闽籍		非闽籍	
		人数/人	比例/%	人数/人	比例/%
1907	12	10	83.3	2	16.7
1911	6	5	83.3	1	16.7
1913	12	9	75	3	25
1914	1	1	100	0	0
1915	8	3	38	5	62
1916	3	0	0	3	100
1919	3	2	66.7	1	33.3
1920	3	0	0	3	100
1921	6	0	0	6	100
总计	54	30	55.6	24	44.4

资料来源:董立功,《陈嘉庚与道南学堂》,《寻根》2020年第3期。

在陈嘉庚治校期间,道南学校资金充足,学风良好,学生人数日渐增多,办学成绩日益显著。1911年,陈嘉庚被选为道南学校总理时,他在商业上发展顺利,为其捐资兴学积累了雄厚的资金。除此之外,1912年创办的爱同学校,1915年创办的崇福女校,1918年创办的南洋女校

---

① 陈嘉庚:《南侨回忆录》,中州古籍出版社2019年版,第517页。

(1930年改为中学),1919年创办的华侨中学,陈嘉庚都是创办人之一。陈嘉庚在南洋创办和资助的华文学校,在传承和弘扬中华优秀传统文化、促进海外华人的民族认同、增进中外文化交流方面发挥了重要作用。

1942年新加坡沦陷后,日本军政府开始了长达3年8个月的奴化统治与教育。1944年日本殖民政府取消所有华文教学,所有学校全都教授日文,东南亚华文教育一时陷于停顿。1945年日本战败投降后,陈嘉庚立即投入战后华文教育恢复与发展的工作中。1945年12月15日,他召集福建会馆执监委员会议,决定募捐筹款,以为兴建新校之用。按照他的设想,在两年内建筑平民式校舍一批,可以吸纳新生100班约4000人。他本人虽然在新加坡沦陷期间损失橡胶20000余担,但仍认购名誉券1万元,以为提倡。在他的大力呼吁下,这次募款共筹得37万元。在陈嘉庚的积极推动下,南洋华文教育得到迅速恢复和发展。截至1945年年底,仅新加坡一地就有66所华校复课。① 陈嘉庚在南洋地区华侨领袖的地位也在他恢复和发展华文教育的过程中日益巩固。

2.创办华文报纸

在东南亚,华文报纸和华文教育可谓相得益彰。华文教育是华文报纸的基础和依托,而华文报纸则成为华文教育的延伸。对于外语水平不高的华侨华人而言,华文报纸是他们了解移居国、祖籍国和世界其他国家及地区新闻的最重要渠道。可以说,华文报纸是海外华侨华人社会的精神纽带,创办华文报纸,"不仅体现了中华文化中注重教育这

---

① 汤云航、吴丽君:《新加坡/中国推广普通话比较研究》,辽宁民族出版社2006年版,第78页。

一传统,而且也有助于促进华人族群内部的凝聚力与认同感"①。

陈嘉庚在南洋一共创办过两份报纸。这两份报纸对于其华侨领袖地位的形成起到了舆论传播和形象宣传作用。陈嘉庚创办的第一份报纸《南洋商报》于1923年9月6日正式创刊。他创办《南洋商报》的主要目的是宣传自己的企业和产品。但《南洋商报》后来发展成为一份综合性的报纸,成为维系海外华侨与祖国互联互通的重要纽带。1932年后,李光前及其弟弟李玉荣成为《南洋商报》的主要股东,而李光前一向十分尊重和支持自己的岳父陈嘉庚,因此这家报纸的办刊理念和发展方向依然深受陈嘉庚的影响。

陈嘉庚创办的第二份报纸为《南侨日报》。1946年11月21日创办《南侨日报》时,陈嘉庚在《告读者》一文中就将创办这家报纸的宗旨说得十分清楚:"我海外华侨本爱国真诚,求和平建设,兹故与各帮侨领,创立《南侨日报》,其目的在团结华侨,促进祖国之和平民主,俾内战早日停止,政治早日修明,国民幸福早日实现,以达孙国父建国之主旨。"②陈嘉庚以《南侨日报》为舆论阵地,就国内局势发表了很多专论和演讲词。这些论文与谈话严厉批评了南京国民党政府与蒋介石的反动统治,在团结华侨、反对内战、促进祖国和平民主等方面发挥了巨大作用,对由国民党势力把持的马来亚"机关及报纸"进行了有力回击,为"打倒蒋介石、解放全中国"的人民解放战争提供了强有力的舆论支持,提振了海内外民众坚持民主、反对独裁的信心。

---

① 刘宏:《战后新加坡华人社会的嬗变:本土情怀·区域网络·全球视野》,厦门大学出版社2003年版,第130页。
② 转引自任贵祥:《华侨与中国民族民主革命》,中央编译出版社2006年版,第414页。

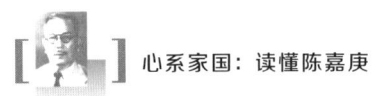

(三)政治基础:团结华侨参与抗战

陈嘉庚并非政治家,但不论是在东南亚,还是在国内,不论是民国时期,还是在中华人民共和国成立之后,他都拥有极高的政治地位和社会影响力。陈嘉庚从星马地区的华侨领袖,继而成为整个东南亚华侨社会人所共仰的领袖人物,绝非偶然。陈嘉庚长期居住在东南亚,这期间创办了许多工厂、学校和报纸,在福建会馆领导了许多公益事业,在商界、学界、新闻界和社会各界培养和团结了一批爱国的优秀分子,这使他领导的抗日救国事业得到社会广泛的支持。整个海外华侨华人群体为抗日救国作出了巨大贡献,这和华侨领袖陈嘉庚强有力的组织和领导是分不开的。

1.担任新加坡筹赈会主席

在中国的近代史上,日本入侵是中华民族走向危机的极点。在民族危亡之际,陈嘉庚担负起领导和团结华侨支持祖国抗战的重任。1937年7月7日,全面抗战爆发。陈嘉庚认为此事"关系国家民族存亡,事体极为重大"①,是祖国有史以来最严重的灾难,中华民族已到了生死存亡的最后关头,国人必须奋起抗战,华侨必须全力支援,否则祖国前途和命运堪忧。1937年8月15日,马来亚新加坡华侨筹赈祖国伤兵难民大会委员会(简称"新加坡筹赈会")宣布成立,陈嘉庚为"大会临时主席","规定委员三十二名:闽十四,潮州九,广州四,琼州客帮各二,三江一"。② 8月16日,陈嘉庚被正式推举为主席,办事处设在怡和轩俱乐部。大会决定年底前全马要募捐1000万叻币,其中"新加坡负

---

① 陈嘉庚:《南侨回忆录》,中州古籍出版社2019年版,第59页。
② 陈嘉庚:《南侨回忆录》,中州古籍出版社2019年版,第60页。

担三百万元"。① 陈嘉庚在会上宣布每月捐 200 元国币直至抗战结束。此举感动和影响了众多海外华侨。随后,各地华侨相继组织筹赈会、慈善会为国筹款纾难。

2.担任"南侨总会"主席

1938 年 10 月,抗日战争进入战略相持阶段,南洋侨领在新加坡召开南洋各地华侨代表大会,一致认为筹赈工作必须统一筹划、统一领导。来自南洋各埠的 168 名代表一致同意成立南洋华侨筹赈祖国难民总会(即"南侨总会"),推选陈嘉庚为总会主席。大会通过的《宣言》指出,现在中华民族已到了生死存亡的危急关头,南洋华侨当精诚团结,作祖国政府的后盾,出钱出力,支援抗战。"南侨总会"的成立,开创了南洋华侨团结抗日救国运动的新纪元,是华侨史上具有划时代意义的重大事件。它使南洋华侨不分地域、党派、帮派,在"抗日高于一切,一切服从抗日"的原则下,摒弃政治成见,消除帮派界线,团结一致,表现了海外华侨难能可贵的合作精神。据南京国民政府财政部统计,海外华侨自 1937 年至 1945 年八年间捐款总计 13 亿元国币,平均每年 1.6 亿多元。其中南洋华侨捐献比重最大。"南侨总会"的捐款仅 1939 年即达 11 亿元,约占当年国内抗战军费总开支 18 亿元的三分之二。②

抗战期间,陈嘉庚领导南洋华侨不仅在经济上对祖国抗战作出巨大贡献,而且在政治上进行了有力支持。1938 年 10 月,国民党副总裁汪精卫公然发表对日和平谈话,成为抗日民族统一战线中的最大危险。陈嘉庚挺身而出,向以汪精卫为首的投降卖国派开炮。陈嘉庚致电蒋介石:"汪先生谬谈和平,公必被误。万乞坚决实践庐山宣言,贯彻焦土

---

① 陈嘉庚:《南侨回忆录》,中州古籍出版社 2019 年版,第 63 页。
② 林少川、郭畅竑主编:《赤子功勋 民族忠魂:南侨机工图文录》,德宏民族出版社 2021 年版,第 435 页。

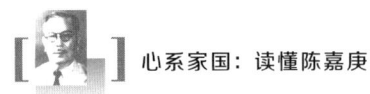

全面长期抗战三大策略,宁为玉碎不为瓦全,以搏最后胜利。国内外同胞,咸抱此旨,……若中途妥协,即等自杀。秦桧张昭无世不有,幸公明察之。"①重庆参政会即将开幕之时,陈嘉庚以参政员身份,向国民参政会提出"在敌寇未退出国土以前,公务人员任何人谈和平条件者当以汉奸国贼论"的电报提案,经大会多数通过生效。此举无疑给以汪精卫为代表的投降派当头一棒,震动了海内外。

在反对帝国主义侵略的战争中,陈嘉庚领导华侨在财力、物力、人力等方面支援抗战,创造性地实现华侨各党派大联合,为维护和巩固抗日民族统一战线作出了不可磨灭的贡献。华侨参与抗战所显示的最大优势是实现了海外华侨与国内军民的紧密配合,最充分且最有效地发挥了全世界中华儿女的智慧、力量和创造力,从而弥补了中国在经济、军事方面的不足,为取得抗日战争的最后胜利作出了巨大的贡献。

3.写作《南侨回忆录》

1941年12月,日本发动太平洋战争。1942年1月,马来亚全境陷落,新加坡危急。陈嘉庚当机立断,将华侨义捐的银行存款800多万元,悉数汇回祖国,继续支持对日抗战。英军决定对日投降后,1942年2月,陈嘉庚在陈贵贱、刘玉水、陈永义的陪同和护送下乘船离开新加坡。后他又与郭应麟、廖天赐、黄丹季等人会合,最后在印尼爪哇玛琅巴蓝街四号落脚避难。这一期间,陈嘉庚不顾个人安危,写下了一部30余万字的长篇巨著《南侨回忆录》,记录了海外华侨为支持祖国抗战作出的巨大贡献。陈嘉庚在《南侨回忆录》"弁言"中写道:"我国此次国难,为有史以来所未有,南洋千万华侨,对祖国之贡献如何,不但今时国内外多未详知,而此后必更消声灭迹矣。抗战胜利后,我国史书即有记

---

① 陈嘉庚:《南侨回忆录》,中州古籍出版社2019年版,第94页。

载,亦不过略提海外华侨曾捐助慈善救济费若干已耳。"①1946年初,《南侨回忆录》在新加坡首先发行。后经一版再版,广泛流传于海内外。

1945年8月,日本帝国主义投降。同年10月6日,陈嘉庚安全返回新加坡,受到500多个社团的联合欢迎。11月18日,重庆500多位政界、学界的知名人士举行庆祝陈嘉庚安全大会,毛泽东给大会送来了一个单条,上书"华侨旗帜,民族光辉"八个大字。② 这是中国共产党领导人对陈嘉庚的最高评价。陈嘉庚的个人安危受到海内外爱国人士的共同关注,在中外历史上也是罕见的。

第二节 "华侨领袖"地位形成的历史进程

1926年3月14日,上海《民国日报》上一篇题为《闽侨商关怀桑梓》的文章将陈嘉庚称为"华侨领袖",这可能是陈嘉庚被称为"华侨领袖"的最早记载。不过,当时"华侨领袖"这一称号还有着诸多的"分享者",如郭春秋、林义顺、叶行伯等。1938年"南侨总会"成立,陈嘉庚被选为主席。至此,"华侨领袖"成为陈嘉庚的代名词。从1910年当选中华总商会的协理到1938年当选"南侨总会"主席,陈嘉庚"华侨领袖"地位的形成经历了从商界到政界、从地域性组织到全体海外华人组织的发展过程。

---

① 陈嘉庚:《南侨回忆录》,中州古籍出版社2019年版,"弁言"第1页。
② 陈嘉庚:《南侨回忆录》,中州古籍出版社2019年版,第509页。

 心系家国：读懂陈嘉庚

一、从"福建帮"领袖到华侨领袖

（一）"一战"前后陈嘉庚经济地位和社会地位的同步提升

随着陈嘉庚实业经营的成功，其在华人社会中的经济地位和社会地位得到了更多认可。陈嘉庚在南洋地区社会地位提升有两个标志：一个是他开始担任南洋华人社团的领导职务，另一个是他开始得到英国海峡殖民地政府的认可。1910年12月，陈嘉庚被选为中华总商会第六届委员会协理（福建帮四位协理之一），这是陈嘉庚跻身华侨华人社会上层的标志。1911年武昌起义爆发后，孙中山路过新加坡，曾问陈嘉庚可否筹款支持革命。陈嘉庚"许筹五万元"，并很快筹够款项"如数汇交"，这说明他在新加坡已有一定号召力。随着陈嘉庚社会地位的提升，海峡殖民地政府也开始对陈嘉庚进行笼络。1916年11月，陈嘉庚获准加入英国国籍，从此成为具有双重国籍的华侨。[①] 1918年，英国海峡殖民政府因他常年赞助红十字会，更是授予其"太平局绅"（Justice of Peace，J.P.）头衔。"太平局绅"系英属海峡殖民地政府颁发的勋衔，颁给那些对当地经济发展、市政建设、社会治安作出贡献者。获得"太平局绅"的头衔，表明陈嘉庚在南洋地区的社会影响力获得了海峡殖民地政府的官方认可。

作为海洋型帝国的典范，英国对不同类型的殖民地进行区别治理。学者潘兴明认为，英帝国的殖民地可分为三种类型，即移民型殖民地、非移民型殖民地和二元殖民地。[②] 马来亚殖民地属非移民殖民地的代

[①] 陈国庆：《回忆我的父亲陈嘉庚》，中央文献出版社2001年版，第105页。
[②] 潘兴明：《英帝国政治治理模式评析——差异化治理模式及效应考察》，《史学集刊》2013年第5期。

表。但马来亚殖民地与一般的非移民殖民地不同,其华人族群作为移入型群体却在诸多地方占据较大比例乃至成为第一大族群,并为马来亚的开发作出了无可替代的贡献。在殖民统治逐渐强化的进程中,如何管理这一特殊群体成为一个巨大难题。为了管理华人事务,英国海峡殖民地政府于1877年设立了华民护卫司(Chinese Protectorate)。1889年,华民护卫司下设华人参事局,作为政府与华人社会之间沟通的桥梁,并按各帮人口比例委任闽、潮、广、琼、客帮侨领为各帮代表,这是海峡殖民地政府对华人社会帮权结构的一种承认。由于陈嘉庚在华人社会中经济地位和社会地位日益提高,自然也引起了海峡殖民地政府的注意。1923年,陈嘉庚成为华人参事局绅。①

(二)从怡和轩总理到福建会馆主席

怡和轩俱乐部是新马华侨富商的重要组织机构,它在新加坡华人社会发展过程中具有非常重要的历史地位。1923年,陈嘉庚当选为新任总理。他努力突破帮派界线,极力吸收各帮侨领名流加盟,把怡和轩改造成为一个推动华侨爱国和社会公益事业的中心。1924年,陈嘉庚主持修订《怡和轩章程》,确立俱乐部"为会员公余憩息,交换知识与联络感情"的场所,并"严禁十二枝、四枝、牌九、番摊、两宝赌博"②,逐步树立起新的风范。陈嘉庚还在怡和轩设立图书馆,以培养阅读风气。在陈嘉庚的带领下,怡和轩进入新的历史时期。

陈嘉庚在领导怡和轩期间,曾发起组织一些爱国救亡工作。如1928年组织救济山东水灾惨祸筹赈会,1936年组织华侨救国援蒋及购机筹赈会,1937—1941年组织星华筹赈会,1937—1938年组织星华自

---

① 杨进发:《陈嘉庚研究文集》,中国友谊出版公司1988年版,第107页。
② 杨进发:《陈嘉庚研究文集》,中国友谊出版公司1988年版,第98~100页。

由公债劝募委员会,1938年成立马华筹赈会联合通讯处,1938—1941年组织南洋华侨筹赈祖国难民总会。上述机构的办事处均设在怡和轩俱乐部。

福建会馆是陈嘉庚用以联络、团结华侨的另一个机构。新加坡福建会馆源自1828年建立的漳泉人公墓恒山亭,它负责解决当时在新加坡的福建人的丧葬问题。1839年,带有浓厚福建乡土信仰色彩的天福宫在直落亚逸街(Telok Ayer street)落成,不久恒山亭也迁至天福宫。天福宫事实上成为福建帮的总机构,成为闽籍华人聚会和议事的机构,是福建会馆的雏形。1860年新加坡福建会馆正式建立时,其名称为"天福宫福建会馆"。一直到1937年福建会馆依公司条例注册,才正式更名为"福建会馆"。①

1929年,陈嘉庚任新加坡福建会馆主席后,立即整改行政组织,改革和加强对华侨教育的领导,设立教育科,管理会馆属下的学校;接办和重新整顿道南、爱同和崇福三校;补贴闽侨创办的崇正、丹诏、兴亚、华南、彰德、振东、光洋等八校,达到了教育行政统一、统筹统办的目的。同时,他成功地推行小学统一课本教材和统一会考等制度。他强调闽侨教育应"以加强侨民之乡土观念,勿久客遗忘"②为宗旨,阐明了他热心华侨教育的根本所在。

改组后的福建会馆热心当地的社会公益事业。1934年8月8日新加坡河水山大火,灾情严重,福建会馆即刻组建救济灾区委员会,展开募捐、安排临时住宿及其他善后工作,也在大世界举行游艺会筹款救济灾民。福建会馆也和中华总商会一起与政府协调灾民的善后问题,

---

① 中共福建省委党史研究和地方志编纂办公室编:《福建省志·华侨志(1991—2005)》,福建人民出版社2020年版,第77页。
② 陈嘉庚:《陈嘉庚言论集》,南侨报社有限公司1949年版,第73页。

第四章　陈嘉庚的华侨团结观及其时代价值

建议建设平民屋分配给灾民。

(三)"南侨总会"主席

陈嘉庚的华侨领袖地位,始于1923年他担任怡和轩俱乐部的总理,在他1929年担任新加坡福建会馆主席后得到进一步巩固,最终在领导华侨参与中华民族抗日战争的伟大进程中得到确立。1928年,他担任山东惨祸筹赈会会长,第一次把华侨抗日力量团结起来。1937年"七七"卢沟桥事变发生后,他又先后被推举为"新加坡筹赈会"主席和"南侨总会"主席,领导南洋1100万华侨出钱出力,支援祖国抗战,担负起"领导华侨,抗日救亡"的重任,使华侨爱国大团结进入一个新阶段,他本人也成为南洋华侨抗日救亡的杰出领袖。1941年上海华美图书公司曾出版《陈嘉庚救国言论集》,封面醒目标写"华侨领袖"四字(见图4-2)。

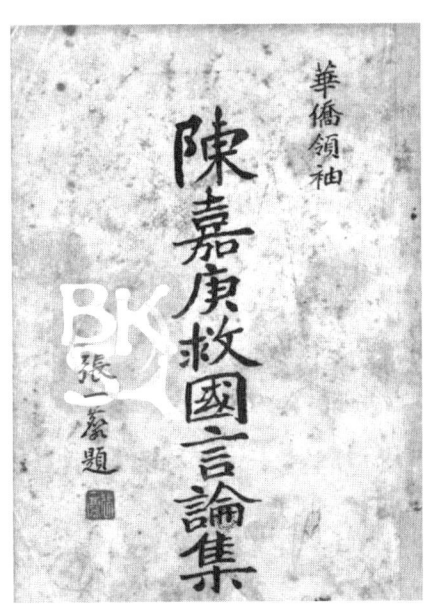

图4-2　《陈嘉庚救国言论集》

陈嘉庚领导的"南侨总会"在抗日战争中的贡献主要表现在以下四个方面。

1.募集资金、食品、药品等抗战物资

南京国民政府成立之初,全国军队总人数多达200万人,每月军费耗资以千万计。1928年6—12月,南京国民政府国库总收入为1.39亿余元,而同时期军费开支竟高达5700余万元,占总收入的41%。①1937年全面抗战爆发后,国民政府的军费开支更是捉襟见肘。国民政府也曾想通过发行国债向民间募集资金,但收效甚微。

1938年8月,陈嘉庚被推选为马来亚、新加坡华侨筹赈祖国伤兵难民大会委员会主席。大会决定年底前全马要募捐1000万新加坡币。在陈嘉庚的领导下,南洋各地华侨不分地域帮派,不分信仰和阶层,不分男女老少,都自觉地团结在支援祖国抗战的旗帜下,开展了轰轰烈烈的支持抗日救亡运动,实现了南侨史上空前的爱国大团结。

日军侵华给中国军民造成了巨大伤亡,为救助因抗战受伤的祖国将士民众,海外侨胞一边组织医疗救护队回国救护伤员,一边在侨居地为祖国捐款购药,解决战争急需的金鸡纳霜(今名"奎宁")、匹灵片(今名"阿司匹林")、人丹等各种药品。② 印尼华侨得知国内各地疟疾流行,多次捐献金鸡纳霜。1937年下半年,印尼华侨即募捐金鸡纳霜1900万粒,爪哇华侨又捐5000万粒;1940年,"巴达维亚华侨捐助祖国慈善事业委员会"捐献1300万大粒,并代印尼其他各华侨慈善会购运1900万大粒;1941年10月,该会再捐2895万粒,够130万人服用。③

---

① 复旦大学历史学系编:《近现代中国战争与社会:余子道先生九秩寿庆论文集》,上海人民出版社2021年版,第54页。
② 陈嘉庚:《南侨回忆录》,中州古籍出版社2019年版,第115页。
③ 任贵祥:《华侨与中国民族民主革命》,中央编译出版社2006年版,第339页。

2.招募机工,返回祖国运送抗战物资

1937年8月,日本宣布封锁中国沿海,阻止其他国家援华物资进入中国。如何开辟新的运输通道,打破日军的封锁,就成为抗战的当务之急,在这样的形势下,军事委员会西南进出口物资运输总经理处(简称"西南运输总处")应运而生。1938年9月,日军进攻广州,"西南运输总处"西迁云南昆明,成为抗战时期国民政府管理运输的主要机构。1938年10月武汉、广州沦陷以后,西南国际交通线变得更加重要,滇越铁路和滇缅公路成了当时重要的交通运输线。

时任"南侨总会"主席的陈嘉庚认为此事事关抗日大业,义不容辞,立即召开"南侨总会"专门会议,决定采取以下措施:一是在各地华侨报纸上发布第六号通告,招募前线志愿者;二是直接发函各地属会,要求"从速进行办理",为祖国抗日前线输送最优秀的志愿者。经过严格筛选,第一批志愿人员80人(其中新加坡华侨32人,马来西亚华侨48人)于新加坡登上一艘法国邮轮经越南抵达昆明,这支队伍被命名为"南侨机工八十先锋队"。此后,半年内有十余批机工相继回到祖国参加抗战。这些南侨机工夜以继日地工作,完成了一项又一项艰巨的任务。

3.反对投降,向南洋华侨介绍国内抗战真相

陈嘉庚关心祖国的难胞,关心民族的兴亡。"南侨总会"成立不久,他就向重庆国民党中的妥协派发起最猛烈的抨击。当时广州、武汉相继沦陷,人心动荡,国民党副总裁汪精卫公然发表对日和平谈话,抗日民族统一战线面临着最大的危险。陈嘉庚当即以参政员的身份向正在开会的国民参政会提出"敌未出国土前言和即汉奸"的电报提案。这个提案被会议热烈通过。邹韬奋称这寥寥十一个大字是"古今中外最伟大的一个提案"。汪精卫叛国后,陈嘉庚致电蒋介石,要求"宣布其罪,通缉归案"。这种大义凛然、顽强斗争的民族气节非常可贵!

访问延安是陈嘉庚政治生活中最重要的一个转折点。在这以前,他把民族的命运寄希望于国民党政府。1940年3月,他率领"南洋华侨回国慰劳视察团"抵达重庆,亲眼见到国民党统治集团消极抗日、积极反共的丑恶行径,"国共摩擦似有剑拔弩张之势",遂不顾国民党当局的阻拦,在侯西反、李铁民的陪同下毅然访问延安。在延安,他会见了毛泽东主席、朱德总司令和其他中共领导人,参观了抗日根据地的学校、工厂、机关,考察了陕北人民生活,"断定国民党蒋政府必败,延安共产党必胜"。

4.协助机工复员,督促政府解决机工待遇

抗日战争胜利后,安排南侨机工南返居留地成为一个迫在眉睫的问题,同时华侨机工复员问题也牵动着陈嘉庚的心。自华侨机工回国后,陈嘉庚曾先后5次派员前往滇缅公路调查,了解机工们的生活、工作与待遇情况。陈嘉庚委派庄明理和潘国渠或呈文或走访,向国民政府行政院、侨务委员会、海外部、交通部、公路总局、军事委员会、善后救济总署等有关部门提出解决华侨机工的困难补助及组织他们复员南返的问题。国民党各政府机关没有人敢否认这一问题的重要性与急迫性,但始终没有回音。陈嘉庚为此3次发布《南侨总会通告》,及时公布情况,寻求解决办法。

1946年6月16日,陈嘉庚在吉隆坡主持召开马来亚筹赈会援助华侨机工复员代表大会,讨论资助机工南返事宜。他在一则通告中写道:"诸机工为爱国而前往服务,也因各筹赈会的鼓励而成行。现在战事已结束,目的已达到,他们的父母妻子忍苦期盼,整整等待了七年,政府却不出资帮助他们回来,我侨胞如何能放弃责任而不管?"①陈嘉庚

---

① 刘国辉主编:《中华民族魂》,贵州大学出版社2010年版,第154页。

提出若由昆明经香港回新加坡每人路费需 280 元,因此计划筹措 30 万元。会后,陈嘉庚两次呈函中国驻新加坡总领事伍伯胜,批驳政府"没有交通工具、没有经费"等推诿责任的无稽之谈,要求总领事切实向政府力争,以取信于侨众。

陈嘉庚对国民党当局在南侨机工复员问题上久拖不决表示愤慨。他说,仅昆明一处政府的货车、客车就有数千辆,却不能安排 10 余辆,将在昆明的机工免费送至缅甸,政府做不到谁信?由政府帮助遣返旅缅华侨回缅者数千人,政府人员免费往印度、南洋者也超过千人,遣返机工却做不到谁信?陈嘉庚在同年 11 月 25 日的一封信中写道:"国家不幸,遭抗战之损失,战事告终后,不能奋志自立,反而依靠外国救济。政府如是,社会如是,华侨机工复员亦如是,甚至机关亦如是,其可耻可悲,可羞可痛,为何如是耶!"①陈嘉庚通过这封信表达了对国民党当局在处理南侨机工复员问题上的强烈不满。

在陈嘉庚的积极推动下,1946 年秋,国民政府侨务委员会终于发出通告,根据机工登记名册,行政院核准发给每位机工 200 美元奖金和一张奖状。至此,南侨机工复员问题得到解决,1000 多名南侨机工相继回到南洋侨居地。陈嘉庚还要求各地筹赈会帮助解决机工及其家属回侨居地后所遇到的就业及生活困难等问题。

二、推动成立中华全国归国华侨联合会

(一)呼吁加强华侨与祖国的密切联系

新中国成立前后,对于如何引导侨资建设新中国一事,陈嘉庚给予

---

① 纪念陈嘉庚先生创办集美学校七十周年筹备委员会校史编写组编:《集美学校七十年(1913—1983)》,福建人民出版社 1983 年版,第 108 页。

了极大的关注。1949年9月30日,在全国政协第一届全体会议上,爱国侨领陈嘉庚、司徒美堂、戴子良、蚁厚美、庄明理、费振东当选为委员,陈嘉庚同时当选为常务委员。① 会议期间,陈嘉庚在提案"引导华侨回国投资"中提议,由国家经济部门制定投资方向,设立大众的股份有限公司,向华侨广泛招股。为坚定华侨信心,政府保证投资若干年内,如经营状况不好,负责保本收回(此为权宜办法,在若干年后,如有成效,便可取消)。陈嘉庚认为,华侨投资主要分为两种:一是资本家私人个别投资;一是创立各种事业,成立股份有限公司,招侨众投资。

为了更好地号召华侨华人回国投资,陈嘉庚甚至自己带头引资。1950年8月,陈嘉庚参加全国政协一届二次会议之后途经上海时向其好友、上海集友银行经理邱方坤说:"号召华侨多寄侨汇是我应该做的,也是我能够尽力做到的。但要别人多寄侨汇,先要从自己做起。我正好打算修复集美学校的校舍和扩建厦门大学的规模,需要很多资金,这主要靠向海外亲友筹集。"②

在他的建议下,福建、广东、广西、云南、上海等地都设立了许多国营华侨投资公司,且都采纳陈嘉庚建议的第二种方式:固定利率8厘,20年还本。对于第一种方式,即华侨个人直接投资,则是在华侨自愿的基础上在各自家乡投资于经济、文化、教育、卫生事业及乡镇建设。据统计,从新中国成立到1955年,华侨回国投资的总金额为1200亿元(旧币)左右。③ 华侨投资起到了加快国家建设、促进地方经济和文化的发展、繁荣侨乡等作用。

---

① 陈碧笙、陈毅明编:《陈嘉庚年谱》,福建人民出版社1986年版,第211页。
② 黄金陵、王建立主编:《陈嘉庚精神文献选编》,福建人民出版社1996年版,第247页。
③ 高远戎、张树新:《20世纪五六十年代国家鼓励华侨回国投资的政策》,《中共党史资料》2008年第4期。

第四章 陈嘉庚的华侨团结观及其时代价值

1949年10月,中央人民政府成立了华侨事务委员会,这是中央人民政府团结、联系归侨、侨眷和海外侨胞,处理侨务工作的政府机构。何香凝当选为主任委员,陈嘉庚等25人当选为委员。同时全国政协设立了华侨事务组(后改为华侨组),负责研讨和审议华侨问题,并进行日常统一战线活动,其任务是:宣传解释国家有关华侨工作的方针、政策;商讨政府交付讨论的有关华侨工作问题;搜集华侨意见及有关材料进行研究,必要时向政府提出建议。

(二)做好归国华侨的接待和安置工作

1956年6月,陈嘉庚应邀参加中央人民政府华侨事务委员会会议。会议一致通过决议,成立中华全国归国华侨联合会筹备委员会,陈嘉庚被推选为主任委员。同年10月,中华全国归国华侨联合会正式成立,陈嘉庚当选为主席,方方、彭泽民等14人当选为副主席。

1959年,印尼掀起排华浪潮,陈嘉庚对此事非常关注。同年12月,国务院副总理兼外交部部长陈毅在致印尼外长的信中提出全盘解决在印尼华侨问题的建议,准备接待安置愿意回国的印尼华侨。1960年2月2日,国务院颁布《关于接待和安置归国华侨的指示》,决定成立"中华人民共和国接待和安置归国华侨委员会",由廖承志担任主任委员,陶铸、陈嘉庚等人担任副主任委员。指示要求,各地根据国家的需要和个人的志愿,妥善安排归国华侨的工作。对归国华侨带回的一切行李物品一律免收关税,其带回的一切财产,永远归个人所有。在陈嘉庚等人的积极推动下,归国华侨的权益得到了切实保障。

1960年2月2日,国务院出台《关于做好接待和安置归国华侨的指示》,批准成立"中华人民共和国接待和安置归国华侨委员会"来负责统筹归国华侨的接待和安置工作,要求各省"认真做好对归国华侨和归

侨学生的安置和接待工作。这是一项严肃的政治任务"。在指示中,根据当时的国情与侨情,制定了"以集中安置为主,分散安置为辅"的工作方针。我国政府先后在广东、福建、广西等沿海地区建设了8个国营华侨农场,随后大大小小的华侨农场如同雨后春笋般冒了出来,为归来的难侨们提供了生活的场地。至1962年底,华侨农场的数量达到了32个,安置了6万多名印尼归侨和近2000名印度归国难侨。①

(三)拥护解决华侨双重国籍问题

新中国成立初期,我们尚未来得及处理华侨中普遍存在的双重国籍问题。1955年4月,中国与印尼签订的《中华人民共和国和印尼共和国关于双重国籍问题的条约》规定,凡同时具有中国和印尼国籍的人,应根据本人自愿的原则选择其中一国国籍,选择一国国籍后即丧失另一国国籍。中国政府对华侨选择印尼国籍者表示赞同,对选择中国国籍者表示欢迎。1955年4月万隆会议召开期间,周恩来总理曾向参加会议的各国代表公开表态并强调不承认双重国籍是中国政府的国策,从而消除了华侨所在国的疑虑,进而乐于接纳华侨加入他们的国籍。按照此原则,中国政府相继同东南亚其他国家妥善地解决了华侨的双重国籍问题,为帮助海外侨胞融入住在国,更好地生存和发展,起到了积极作用。

陈嘉庚对国家解决华侨双重国籍问题的政策表示支持。1955年5月5日,陈嘉庚专门在《厦门日报》上发表《庆贺关于双重国籍问题的条约的签订》一文,他写道:"我国政府和印度尼西亚共和国政府签订的关于双重国籍问题的条约,完全符合海外广大华侨的愿望,也符合我国人

---

① 戴嘉树等:《独特的文化乡村形态:竹坝农场》,武汉大学出版社2021年版,第45页。

民和印度尼西亚人民的共同利益。"①

为了表示对国家这一政策的支持,陈嘉庚还于1957年写信给侨居新加坡的儿子陈国庆,要儿子帮他办理放弃英国国籍事宜。陈嘉庚还在给儿子的信中夹了一份《声明》。他在《声明》中写道:"我现在中国政府任职……在这种情况下,我认为不宜再保留英国国籍。借此声明,我宣布从今以后放弃我的英国国籍。"②

(四)当选全国侨联主席

中华全国归国华侨联合会(简称"全国侨联"),是在中国共产党领导下,团结、联系归侨、侨眷和华侨的人民团体。陈嘉庚对于全国侨联的成立起到了积极的推动作用。1956年6月17日,陈嘉庚参加在北京举行的中央人民政府华侨事务委员会会议。会议一致通过决议,成立中华全国归国华侨联合会筹备委员会,陈嘉庚被推选为该委员会主任委员。③ 同年10月5日上午9时,中华全国归国华侨联合会成立大会在北京中南海怀仁堂举行,正式代表共345人。陈嘉庚主持大会并致开幕词,庄希泉作关于《中华全国归国华侨联合会的工作方阵和基本任务》的报告。10月12日,中华全国归国华侨联合会闭幕,陈嘉庚当选为中华全国归国华侨联合会第一届委员会主席。④ 全国侨联成立后,对深入贯彻国家侨务政策、团结广大侨胞起着积极作用。

---

① 朱立文编:《陈嘉庚言论新集》,厦门大学出版社2013年版,第73页。
② 陈国庆:《回忆我的父亲陈嘉庚》,中央文献出版社2001年版,第105~106页。
③ 苏东海、方孔木主编:《中华人民共和国风云实录(上)》,河北人民出版社1994年版,第413页。
④ 陈碧笙、陈毅明编:《陈嘉庚年谱》,福建人民出版社1986年版,第252页。

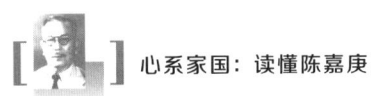心系家国：读懂陈嘉庚

第三节　陈嘉庚华侨团结观的内容与启示

　　团结本应成为华人社会的主流价值观，但在陈嘉庚经商、办学的过程中，他发现南洋华人社会不够团结，彼此之间互帮互助精神也较欠缺。陈嘉庚于1921年创办厦门大学，当时他本想号召南洋富商募集资金共同支持办学，结果先后三次募捐均告失败。与此同时，当时关于华侨不团结的报道频频见诸报端。这些现象促使陈嘉庚较早思考影响华侨团结问题的诸多因素，并逐渐形成了自己的华侨团结观（参见图4-3）。

图4-3　陈嘉庚所作《我之华侨团结观》

第四章 陈嘉庚的华侨团结观及其时代价值

一、陈嘉庚华侨团结观的内容

陈嘉庚深知团结对于华侨社会发展的重要性。1945年12月,陈嘉庚曾发表过一篇题为《我之华侨团结观》的文章,内容如下。①

余由爪哇回星之日,顾爱诸君出示印就简章,言为促进华侨团结起见,拟组织马来亚华侨总公会,经小组筹备会议,尚未完满,适闻余平安至吧城,乃暂搁置,待余取决云云。余以兹事体大,自度才力不能办到,谨辞不敢参加。其后本坡外坡屡次函促,咸认团结为战后华侨最重要任务。然余再三考虑,仍无把握,故不敢造次。近日各报屡有专论,又蒙顾爱诸君惠临见教,无非促余领导团结,关心之切,错爱之深,可敬可感,余非木石,敢置度外。惟念把握毫无,故尔再四踌躇。然而长此缄默,亦恐不知者误以余为消极独善,置侨胞公益于不顾,故亦略抒鄙见。夫团结二字岂易言哉。姑无论南洋及全马之广,只就本坡而言,能否团结,未敢肯定。盖所谓团结,空言无补,必当有事实之表现。先语其最明显最易行者,如各帮学校应统一办理,各帮大小会馆及无数同宗会,亦须减少合并。此两事如能解决,方可进及其他。兹略举此两事之具体办法如下:

(一)教育统一

设星洲华侨教育会,总办全坡华侨教育,统筹全坡华侨教育费(各帮公举若干董事参加管理),设立师范学校,高中初中若干校,高小学校若干所,国民学校若干所,均分配于适当地点。各帮所有校舍概归教育会管理,其他产业基金不在此内。各帮学校基金,丰

---

① 陈嘉庚:《南侨回忆录》,中州古籍出版社2019年版,第519~520页。

音悬殊,以后应一律公平办理。按每学期每一学生须补助校费若干,由该帮会馆负责,按该帮学生额筹补。每学期招考男女学生,以程度高下依序收纳,多设贫生免费名额,依一定规则公平办理。

(二)裁并会馆及同宗会

每帮各留存会馆一所,如福建会馆,广州会馆,潮州会馆,琼州会馆,客属会馆,三江会馆。至于一府一县之会馆,可合并于以上之大会馆。同宗会取消,所取消各会馆及同宗会等之屋业,概归教育会管理。除作校舍外,余可收租,以补校费。其他产业不在其内,亦可自动捐于教育会。按本坡各会馆及同宗会,至少有七八十所,如以三分之一作校舍,每校按收学生百余人,计可容四千余人,余者每所收月租按七八十元,每月可收租金三四千元。我华侨各会馆及同宗会之多,系由于昔时封建时代之陋习,以前提倡者每美其名曰联络感情,促进团结,究实每多相反。若言办事,则终日无事可办,徒花无谓用费,空置堂皇会所。我侨果能觉悟团结,必先合小群为大群,化无用为有用,否则未免徒托空言耳。

以上两事,不过我侨团结之第一步而已。然只就福帮而言,无论谁人开口,必遭碰壁。唯此系余个人之蠡测,或者广潮琼客三江等帮,其学校会馆及同宗会,不似福帮之杂,且较有团结之热诚,亦未可知。希望提倡团结诸君,请向各帮诸机关试探如何。若能一致,则福帮或不至于自处。果能如是,余敢不附骥于诸君之后也。

陈嘉庚一方面在文中指出"团结为战后华侨最重要任务",另一方面又说"夫'团结'二字岂易言哉?"可见在陈嘉庚看来,团结华侨当然非常重要,但要把华侨社会团结起来并非易事。陈嘉庚曾毫不客气地指出:"兹就团结二字言,华侨所有组织大都形式上而已,若言内容实际之价值可称。"①陈嘉庚认为,"盖所谓团结,空言无补,必当有事实之表现",团结华侨同样要遵守先易后难的原则。陈嘉庚认为,当时最容易做到的有两件事:一是各帮创办的学校应统一办理,为做到这一点,他倡议成立一个"新加坡华侨教育协会";二是各帮大小会馆及同宗会,应该尽量减少或合并。早在1929年,陈嘉庚就发出了倡设中华会馆、改造中华总商会的倡议。战后陈嘉庚又倡设星洲华侨教育基金会,通盘经营新加坡的华侨教育。他建议裁并会馆及同宗会,每帮只留一所会馆,如福建会馆、广州会馆、潮州会馆、琼州会馆、客属会馆、三江会馆,其他一府一县的会馆分别合并于以上大会馆,同宗会一律取消,所取消的各会馆与同宗会的屋业,捐给教育会。这些举措极大地提高了新加坡华侨社会的凝聚力,其积极意义是长远的。② 陈嘉庚以对各华人社团创办的华文学校进行统一管理为着力点,以教育和文化促进华侨团结,这是他的华侨团结观的重要特点。同时,他倡议各帮只留存一所会馆,取消同宗会并将其场所用于教育,以教育统一减少帮派分立,进而实现不同祖籍地的华人大统一,这是陈嘉庚华侨团结观的实现路径。

二、陈嘉庚华侨团结观的特点

习近平总书记曾经长期在福建工作,对陈嘉庚为祖国特别是家乡福建作出的贡献十分钦佩。2014年10月,习近平总书记在给集美校友总会的回信中指出:"他爱国兴学,投身救亡斗争,推动华侨团结,争取民族解放,是侨界的一代领袖和楷模。"可见,习近平总书记特别看重陈嘉庚在"推动华侨团结"方面的贡献。

---

① 陈嘉庚:《南侨回忆录》,中州古籍出版社2019年版,第47页。
② 王日根:《中国会馆史》,东方出版中心2018年版,第167页。

 心系家国：读懂陈嘉庚

2013年9月和10月，习近平总书记分别提出建设"丝绸之路经济带"和"21世纪海上丝绸之路"的合作倡议。作为中国高水平对外开放的顶层设计，"一带一路"倡议自提出以来，坚持共商共建共享原则，扎实推进国际合作，推动实现合作共赢目标，取得了举世瞩目的成绩。在东南亚有着巨大影响力的陈嘉庚精神，则体现了海内外炎黄子孙内心深藏的最朴素的民族情感，它是广泛联系海内外侨胞的情感纽带，是推动民心相通的"源头活水"。

（一）坚持以人民为中心

陈嘉庚自幼便养成热爱劳动、刻苦耐劳、不畏艰险的性格，对家乡、对人民充满深挚感情。陈嘉庚在领导和团结华侨、维护华侨权益的过程中，始终坚持以人民为中心。作为南洋华侨领袖，陈嘉庚把维护华侨华人的合法权益作为自己处理相关问题的出发点，赢得了海外侨众的支持和追随。陈嘉庚认为："世界任其如何变动，我国固有文化精神，万不能残缺。"[①]因此，他在东南亚积极倡办华文学校，推动华文教育事业。从1894年创办惕斋学塾起步，陈嘉庚一生创办和资助的学校达到了118所，其中位于新加坡的有10所（道南学校、爱同学校、崇福女校、南洋华侨中学、南洋华侨女中、水产航海学校、南洋华侨师范学校、光华学校、英文中学、星洲大学），这些学校对于东南亚华文教育的普及起到了巨大作用。他倡办的教育事业，都是以增加人民福祉为目的的公益事业、民生工程，所以不管是家乡人民还是海外侨民，都尊敬他、纪念他、学习他。他将个人的理想和事业，与国家和人民的利益紧密相连，这是以行动践行以人民为中心的思想。

---

① 陈嘉庚：《陈嘉庚言论集》，星洲南侨印刷社1949年版，第48页。

教育是重要的民生工程,教育发展为了人民,教育发展依靠人民,教育发展成果由人民共享。在共建"一带一路"过程中,中国积极加强与共建国家教育领域的互融互通,逐渐形成了全方位、多层次、宽领域的教育对外开放新格局。陈嘉庚当年在东南亚倡办各类华文教育,弘扬、传播中华文化,为今天中国积极加强与东南亚国家教育领域的互融互通留下了宝贵的财富。弘扬陈嘉庚精神,坚持教育惠民生、利天下的理念,有助于增进中国与共建国家的友好感情,形成全方位、多层次、宽领域的教育对外开放新格局,推动教育对外开放步入可持续高质量发展的新阶段。

(二)以传承民族精神为己任

陈嘉庚一生心系国家前途和民族安危。中华优秀传统文化讲究"天下兴亡,匹夫有责",强调的是国民对国家的责任,这是中国人的文化基因,是爱国主义的根基,是民族精神的重要内容。陈嘉庚深受中华优秀传统文化的浸润,继承和发扬了儒家"天下兴亡,匹夫有责"的精神,用他的实际行动传承着民族精神,并影响着周围的人。陈嘉庚时时处处以国民一份子之天职报效祖国。他投身实业,创办橡胶熟品制造厂,目的是"不特可以利益侨众,尤可以为祖国未来工业之引导。如化学、工程技术、机师、人才等等"[①]。他办教育,"盖发自民国成立后,念欲尽国民一份子之天职,以一平凡侨商,自审除多少资财外,绝无何项才能可以牺牲,而捐资一道,窃谓莫善于教育"[②]。他认为"国家富强全在于国民,国民发展全在于教育","倘其人不解国家社会为何物,人群

---

① 王增炳等编:《陈嘉庚教育文集》,福建教育出版社1989年版,第216页。
② 王增炳等编:《陈嘉庚教育文集》,福建教育出版社1989年版,第214页。

天职为何事,拔一毛亦难,况巨大捐款乎?"① 为此,他先后在家乡建立起了涵盖基础教育、师范教育、职业教育、社会教育、华文教育,从幼稚园到高等教育的完整教育体系,为国家建设培养各类专业人才。1934 年企业收盘后,他仍然为厦门大学、集美学校两校发展募捐资金,提供支持,直至生命最后一刻还谆谆嘱咐把他在国内的全部存款用于办学等公益事业。著名爱国侨领黄奕欢评价说:"南洋华人博得热心办教育的美誉,而这是起因于有了陈嘉庚先生;换言之,即起因于陈嘉庚先生所造成的兴学风气,嘉庚先生以前没有陈嘉庚,嘉庚先生以后不止一个继起的陈嘉庚。"②

在新征程上,弘扬陈嘉庚精神,要引导广大归侨侨眷和海外侨胞以陈嘉庚为榜样,将个人事业发展同祖(籍)国发展紧密结合起来,聚焦维护祖国统一和推动中华民族伟大复兴,坚定支持"一带一路"倡议。弘扬陈嘉庚精神,要激发全世界中华儿女的爱国情、报国志,坚决反对分裂国家的行径和图谋,厚植祖国和平统一的情感基础和思想认同,凝聚起共同维护国家主权安全和发展利益的磅礴力量。同时,要搭建引侨资、引侨智平台,发挥海外侨胞在资金实力、营商网络、海外人脉、连通中外等方面的独特优势,引导他们回馈祖国、造福桑梓,参与家乡建设发展和社会公益事业。

(三)充分发挥领袖人物的组织力和领导力

陈嘉庚之所以能成为华侨领袖,是因为他在南洋地区具有广泛的社会影响力,而这种影响力既基于他独特的人格魅力,更离不开他全方

---

① 王增炳等编:《陈嘉庚教育文集》,福建教育出版社 1989 年版,第 215 页。
② 黄奕欢:《我所知道的陈嘉庚先生的生平》,载张焕萍编:《陈嘉庚纪念文集》,中国华侨出版社 2021 年版,第 93 页。

位的组织和领导能力。首先,他有强大的经营能力。作为企业家,他将公司办成了集原材料生产、加工制造、销售于一体的跨国企业。在鼎盛时期,陈嘉庚共拥有橡胶园和菠萝园15000英亩,雇用职工32000多人,开办了橡胶制品厂,生产橡胶鞋、轮胎和日用品。他先后在国内各城市、南洋和世界各国大埠设立分销店100多处。他还经营米厂、木材厂、冰糖厂、饼干厂、皮鞋厂等,厂房达30多处;营业范围遍及五大洲48个国家和地区,是名副其实的"东南亚橡胶大王"。

其次,陈嘉庚具有非凡的调查研究能力。在独自经营菠萝罐头之初,陈嘉庚在市场调研中发现,当时西方人对菠萝罐头的需求各式各样,有五六十种。当地出口的普通装产品每年约180万箱,占总出口量的八九成;杂色装几十种,只占出口量的一二成。杂色装罐头虽然销量少,但价格高,每箱可多赚2角到8角钱,于是他和副手每天分头到各洋行争取订单,其中杂色装订单的大半被他揽去。[1] 陈嘉庚非凡的调查研究能力为他后来在商业上的成功奠定了坚实基础。

再次,陈嘉庚具有卓著的改革能力。在振兴教育之余,陈嘉庚也以社会改革为己任,多方改革东南亚华人社会的组织与陋习。怡和轩原是新加坡华侨富商的休闲俱乐部。1923年,陈嘉庚当选为怡和轩总理,他将怡和轩改革为一个华侨关心祖国热爱公益事业的活动中心和议事机构,成为华侨社会的决策中心。1928年担任福建会馆主席后,陈嘉庚改组福建会馆,成立委员会,责成各区负责人改良华侨丧仪,禁止丧事铺张,"从此以后,颇生效力,全马来亚皆随而改良矣"[2]。1929年,陈嘉庚又主张废除新加坡中华总商会分帮选举制度,指出分帮选举

---

[1] 陈毅明编:《华侨旗帜 民族光辉:陈嘉庚纪念胜地》,中国大百科全书出版社1998年版,第26页。
[2] 陈嘉庚:《南侨回忆录》,中州古籍出版社2019年版,第12页。

"不惟选不择材,且地方主义,封建色彩,浓厚至极"[1]。他的这些改革理念和举措,革除了旧有陋习,确立了现代行事方式,有力地推动了华人社会的进步和内部的团结。

最后,陈嘉庚具有优秀的领导能力。陈嘉庚的优秀领导力,来源于其强大的人格魅力和深厚的家国情怀。他怀着"抗战断无不胜、建国断无不成"[2]的坚定信念,奔走呼号,激励广大海外侨胞的爱国热忱,组织成立并领导"南侨总会"发动抵制日货运动,动员广大华侨回国参加抗战,倡导南洋各地华侨募捐支援祖国,号召海外华侨组织南侨机工回国服务队支援抗战,有力援助了祖国的抗战大业,最终成为华侨界的一面旗帜。

陈嘉庚精神是历史造就的,同时也因应了时代呼唤。实现中华民族伟大复兴是海内外中华儿女的共同心愿,也是陈嘉庚等前辈先人的毕生追求。当前,国际环境更趋复杂严峻,各种突发因素超出预期,经济发展面临新的风险和挑战,这对我国发展目标和战略带来前所未有的冲击。面对新形势新任务,实现中华民族伟大复兴,不仅需要全体中国人民的团结拼搏,还需要团结广大海外华侨华人,凝聚起与党同心同德同向同行的磅礴力量,发挥他们的独特优势和积极作用。陈嘉庚精神在国际上的影响力是独一无二的、不可代替的。弘扬嘉庚精神的时代价值,对于增强中华民族自信心和自豪感,迸发出万众一心、奋力向前的民族向心力和凝聚力具有重要的意义。

---

[1] 杨进发:《战前的陈嘉庚言论史料与分析》,新加坡南洋学会1980年版,第77页。
[2] 黄金陵、王建立主编:《陈嘉庚精神文献选编》,福建人民出版社1996年版,第109页。

第五章　陈嘉庚的传统文化观及其实践

陈嘉庚是中华传统文化的继承者和践行者,更是在南洋地区传播、推广中华传统文化的先行者。陈嘉庚对传统文化的继承和弘扬,体现在他办学过程中将中华优秀传统文化融入校训、校歌、建筑等校园文化建设中,体现在他对黄帝陵、延平故垒等文化遗迹的保护中,体现在他对博物馆、文化大观园等社会教育的大力提倡中。陈嘉庚精神是对中华优秀传统文化和闽南优秀文化的继承和弘扬,其爱国主义精神源自忠孝爱国、克己利群的价值取向,诚信品质源自以德为先、求善求美的行为准则,开拓创新品格继承了自强不息、革故鼎新的精神气质,开放包容的胸怀受益于博集东西、兼容并包的文化观念。

陈嘉庚对传统文化的继承和弘扬与他创办教育体系、培养有用之才直接相关。教育的重要使命之一就是传播文化,陈嘉庚的经营理念和企业文化也充分体现着传统文化的价值观。他能够成为南洋地区华侨领袖,与兴办教育、传播中华文化、强化民族认同密切相关。传承中华文化贯穿于他创办教育、兴办实业和参加社会活动的过程中。他强烈的民族意识和文化观念体现着以祖国为重、民族为重的品格,体现着自强不息、勇毅前行的奋斗精神。由此,中华传统文化意识和观念构成了陈嘉庚精神的深层底色。

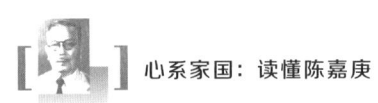
心系家国：读懂陈嘉庚

第一节　继承与发扬中华优秀传统文化

陈嘉庚具有较丰富的历史知识和深厚的中华优秀传统文化功底，善于以史为鉴、知人论世。陈嘉庚对中华优秀传统文化的继承与弘扬贯穿于他的倾资办学实践和民主政治活动中，他在校园育人体系中通过校训、校歌等方式融入传统文化，兴建了各类具有中西方文化底蕴的"嘉庚建筑"，倡导通过文化展览、博物馆等方式传播优秀传统文化。

一、发挥传统文化的育人功能

陈嘉庚少年时读过四书、五经、古文精粹等，他能够去芜存菁，吸收、消化传统文化的精神实质从而有机融入教育理念中。陈嘉庚认为弘扬传统文化是"救国保种之道"，因而对传统文化高度自信、竭力弘扬，以增强民族的自尊心和凝聚力。他将中华优秀传统文化的思想精华融入校园文化培育中，这一理念在校名、校训、校歌、建筑名称等方面都有体现。

（一）校名、楼名等蕴含的传统文化

1894年陈嘉庚出资2000元在家乡集美创办"惕斋学塾"，这是陈嘉庚捐资兴学的开端。何谓"惕斋"？陈嘉庚为学塾拟就了两副对联：第一幅是"惕厉其躬谦冲其度，斋庄有敬宽裕有容"；第二幅是"春发其华秋结其实，行先乎孝艺裕乎文"。"惕厉"语出《周易·乾》中的"君子终日乾乾，夕惕若厉"，意即君子不仅要自强不息、发奋有为，而且要时刻心存警惕、小心谨慎。"谦冲"语出《易经·谦卦》中的"谦谦君子，卑

以自牧也",意即道德高尚的人,总是以谦逊的态度修养自身、自我约束,不能因为地位卑微而在品德修养上降低要求。"春发其华秋结其实"出自范晔的《后汉书》,原意为春天开花、秋天结果,后来被用于隐喻人生像草木一样,有开始有结束。"行先乎孝艺裕乎文"出自李遐叔的《赠礼部尚书清河孝公崔沔集序》,意为行为以孝道为前提准则,个人才能必须通过品德修养得以提升。

惕斋学塾是陈嘉庚捐资兴学的肇始。从"惕厉""谦冲"始,陈嘉庚毕生致力于教育事业,创办了一系列规模宏大、设备完善的学校。对于20岁创办私塾的动机,陈嘉庚写道:"自廿岁时,对乡党祠堂私塾及社会义务诸事,颇具热心,出乎生性之自然,绝非被动勉强者。"[①]创办学校的最初动机源自他热心公益,天性使然。

陈嘉庚给集美学村的校舍命名包含着许多典故古训,浸透着中华文化的传统美德。古人云"人有三不朽,太上有立德,其次有立功,其次有立言",集美学村便有立德、立功、立言三座楼。《论语》中有"夫子温、良、恭、俭、让以得之",意为君子要具有温和、善良、恭敬、节俭、谦让的美德,集美大学航海学院就有即温、明良、允恭、崇俭、克让五幢建筑。此外,集美学村还有尚忠、尚勇、居仁、团结、养正、葆真、敦书、诵诗、文学诸楼。这些经典文雅的名字,使优秀传统文化以实体建筑呈现出来,历久弥新、代代相传。

(二)校训

每一所学校的校训都承载着育人思想、办学理念和文化传承,这是学校治学精神和创办人教育理念的体现。陈嘉庚为其创办学校确立的

[①] 陈嘉庚:《南侨回忆录》,中州古籍出版社2019年版,"弁言"第1页。

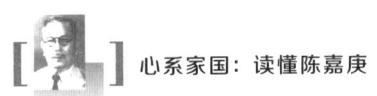

校训凝练着中华优秀传统文化的精髓,同时也展现了其兴学办学的目标和追求。

1."诚毅"校训

"诚毅"是集美学村各校的校训,是陈嘉庚精神的核心本质。1918年3月10日,陈嘉庚在创办集美学校师范部、中学部的开学典礼会上,宣布"诚毅"两字为校训。他着意于倡导自尊自重的人格力量,培养青年一代处世之道、行己之方。他期望学生能够以诚待人、以毅处世,内诚外毅、择善固执。校训确立后,他曾嘱咐师生:"希望诸位要抱着大公无私的精神,凭着'诚毅'二字的校训,努力苦干。我们集美学校创办的动机和目的跟普通学校不同,希望诸位深深来体会。"①

从字面上考究,"诚毅"二字包涵着中华文化的思想精髓,承载着诸子百家思想努力塑造的理想人格,体现为中华传统美德的"言必信,行必果"。《礼记》云:"诚之者主,择善而固执之者也。""诚"即真心实意、心志专一,也就是现代汉语语境中的真诚相待、坦白无私。《礼记》还有言:"所谓诚其意者,毋自欺也,如恶恶臭,如好好色。此之谓自谦。""富润屋,德润身,心广体胖。故君子必诚其意。"这表明君子必备的美德包括正直忠贞,无自藏隐瞒,不自欺欺人,是非好恶必分明。陈嘉庚自己曾对"诚"字作过解释,认为诚字拆开为言与成,意谓所言必成行方谓之诚;又信字拆开,即人与言,谓人言必信是也。② 对于普通民众而言,如果失去诚信,也就不能称之为"人"。他将诚信作为人的基本底线,认为人无信不立,业无信不兴。

"毅"是刚强果决,坚韧不拔。《论语·泰伯篇》有云:"士不可以不弘毅,任重而道远。仁以为己任,不亦重乎?死而后已,不亦远乎?"即

---

① 黄金陵、王建立主编:《陈嘉庚精神文献选编》,福建人民出版社1996年版,第67页。
② 陈嘉庚:《陈嘉庚言论集》,(新加坡)星洲南侨印刷社1949年版,第47页。

读书人任重道远，应该具备宽广的胸怀和刚强的意志，为人生理想而终身奋斗。"仁"是孔子学说的理想境界和至高追求，其内蕴意义即为"博爱"。毅力源自个体内在的顽强意志，体现为坚强不屈，不受役于物质，且卓然有立。

"毅"还体现为面对挫折和困境时奋发图强，永不言弃。《孟子》描写道："故天将降大任于斯人也，必先苦其心志，劳其筋骨，饿其体肤，空乏其身，行拂乱其所为，所以动心忍性，增益其所不能。"越是面对困难和危机，越需要人们具备不屈逆境、坚韧不拔、奋发图强的意志，具有当仁不让、舍我其谁、以天下为己任的责任和担当。陈嘉庚前半生为民兴学，后半生为国纾难，以自身经历生动地诠释了"诚毅"精神。

2."自强不息、止于至善"校训

"自强不息"为陈嘉庚所提出，"止于至善"为林文庆到校后确定，1994年被正式确定为厦门大学校训。

1921年4月6日，厦门大学在集美学村即温楼举行开校式，演讲台中间悬挂着陈嘉庚指定的四个大字——"自强不息"，后被引为校训。这四个字出自《周易·乾》的"天行健，君子以自强不息"。厦门大学创办之时，正值中华民族内忧外患之际，正如陈嘉庚所言，国家处于"风雨飘摇之际"，"国势岌岌可危"。1919年在倡办厦门大学附设高等师范学校的演讲中，陈嘉庚提及"救亡图存，匹夫有责"。1948年陈嘉庚为缅甸《新仰光日报》创刊三周年题词，提及"天下兴亡，匹夫有责；身家可以牺牲，是非不可不明"。当中华民族处于危难之际，每一个有抱负有责任的中国人都在思考如何从危难中实现自强救国，或践行实业救国，或力主教育救国，或倡导科学开启民智以寻求科技强国之路。此时，陈嘉庚希望青年学生树立宏大的人生志向，积极向上、奋发图强、永不懈怠。"自强不息"也是那个时代的主流话语，蕴含着中华民族欲重新崛

起、屹立于世界民族之林的胆魄与气概。

"止于至善"源自《礼记·大学》。《礼记·大学》开篇言:"大学之道,在明明德,在亲民,在止于至善。"朱熹在《四书章句集注》中是这样解释的:"亲民"即"新民",意为启迪提升民之智性与道德,去旧习恶染,明进步事理;"止者,必至于是而不迁之意;至善,则事理当然之极也。言明明德、新民,皆当至于至善"。"止于至善"意在表明,大学应该心无旁骛、永不懈怠地追求"事理之极致",探索科学真理和人格精神的最高境界,在智力与道德上达到完美至善。林文庆认为研究高深学术、养成专门人才、阐扬世界文化是厦门大学的三大宗旨。他在《厦门大学校旨》中强调:厦大的教学要"养成各种高等专门人才,使本校之学生虽足不出国外,而其所受之教育,能与世界各大学相颉颃",学生"能与世界各国大学学生受同等之教育"。"止于至善"作为一种朝向最高境界而永不止步的奋斗姿态和精神状态,是建设"与世界各大学相颉颃"之大学的内在动力。

陈嘉庚在集美学校除制订校训内容外,也将校训训育方法体现在学校管理中。校训的训育方法有三种形式。一是把校训写在校园景观处,成为校园文化的一种标识。1918年春,陈嘉庚的胞弟陈敬贤以兄弟俩的名义题写了"诚毅"二字,榜之校内,训守诸生。当时不但集美学校如此,连陈嘉庚资助过的闽南百余所学校也将校训立在学校醒目之处,如晋江公学,把"真诚勇毅"四个大字书写在校门之上。二是学校的德育工作队伍将校训作为教育的重要内容。当时各校都设立了训育委员会,下设训育主任和指导员。他们根据训育原则,开展日常性的教育和督学。三是在各个重要场合和节庆日庆典中,反复宣传校训内容,让诚毅和自强不息精神成为学生的自觉行动。1923年集美学校举行10周年校庆时"诚毅"二字被谱进校歌:"'诚毅'二字中心藏,大家勿忘,大家勿忘!"陈嘉庚在许多场合亲自宣传"诚毅"精神,并且以自己的实际行动,为人们树立了"诚毅"的榜样。

二、重视文化遗迹的保护

(一)保护厦门大学校内文化遗址

厦门大学"国姓井"距映雪楼后墙不足一米远。因郑成功被明朝皇帝赐姓"朱",当地百姓将郑军所凿之井称为"国姓井"。此井距今已有300余年的历史。

1921年5月9日,厦门大学校舍奠基后,演武场的校舍日夜赶工。初期建筑施工中,映雪楼工地内有一口被人遗忘的"国姓井"。按原建筑设计,应该给予填平。陈嘉庚了解情况后,认为这是郑成功时代练兵遗留下来的古迹,一再交代施工人员必须完好无损地保存,不准填掉。因之,这口"国姓井"得以存在至今,成为厦门大学校园内重要的历史古迹,为从事郑成功时期的历史研究提供了文物依据。

(二)修复集美学村内"延平故垒"

"延平故垒"位于集美的南面,因郑成功曾被明朝皇帝封为"延平郡王"而得名。集美寨遗址亦即国姓寨,又称浔尾寨,后雅化成集美寨。陈嘉庚在寨内选址建设集美小学,并立碑纪其事。《集美小学碑记》里记载:"相地于寨内社,明季郑成功筑垒以抗清师者也。今城圮而南门完好如故,颇足表示我汉族独立之精神,敬保存之,以示后生纪念。"

陈嘉庚在门旁大石上镌刻"延平故垒"以示纪念。后又将附近的学生泳池命名为"延平池",后面的一座高楼命名为"延平楼"。抗日期间,延平楼毁于日军炮火之下。1953年,陈嘉庚重建延平楼,并因地就势,利用山丘坡地,用花岗岩砌成三大层24阶,作为"延平池"的看台。"延平故垒"尚存石构寨门和一门铁锈斑驳的古炮,与对岸的高崎寨、东面的金门岛,构成三足鼎立,是当年郑成功抗击清军的军事要塞。

(三)建议保护和整修黄帝陵

1940年3月,陈嘉庚带领南洋华侨回国慰劳视察团回国考察国内抗战情况。为了解共产党领导人民群众抗战的真实情况和精神面貌,陈嘉庚于1940年5月30日从西安出发,到达中部县(今黄陵县)谒祭黄帝陵。他事先电告县长并预备祭陵物品,还雇照相馆摄影。在县长陪同下,他登山到达黄帝陵。他后来回忆道:"该陵原称桥陵,亦系土堆,略作圆形,面积不过二千方尺,高约二十尺,陵前建一亭约二丈方,高一丈余,标'轩辕桥陵'。"①

向来不讲究排场的陈嘉庚,祭扫黄帝陵时破例对县长组织学生百余人来参加祭祀感到高兴。陵前香案上排列果品等物,陈嘉庚焚香行敬礼,同时摄影留念。他应邀在亭阶上发表演说,表示此行"代表南洋千万华侨,回国慰劳考察,鼓励抗战民气,收取国内军民社会好印象,回洋作宣传材料,冀得增加金钱外汇之助力"②。

1955年8月,已经82岁高龄、时任全国政协副主席的陈嘉庚,开始了第三次全国性考察参访。当年9月,陈嘉庚再次拜祭了黄帝陵。当看到黄帝陵无人管护、一副破败的景象,他十分震惊和心痛。同年10月9日,他给毛主席写信反映情况:"庙宇木料多腐坏,势将倾塌,庭中草地,多为农民耕种,陵山多数私坟如鳞。"毛泽东接信后即批示:"我

---

① 陈嘉庚:《南侨回忆录》,中州古籍出版社2019年版,第202～203页。
② 陈嘉庚:《南侨回忆录》,中州古籍出版社2019年版,第203页。

看陈先生的提议是有道理的。"①根据毛泽东的意见,周恩来总理指示:"黄陵应明令保护和整修。"陕西省人民政府很快落实了这一指示。1962年,国务院把黄帝陵列为古墓第一号,并确定为全国重点文物保护单位。

黄帝陵祭祀已经有上千年的历史。现在每年清明公祭典礼,都由党和国家领导人、海内外炎黄子孙代表上万人参加。长期以来,一批批中华儿女、港澳台同胞、海外侨胞,不远万里,奔赴桥山,共祭黄帝陵。人们通过祭拜黄帝陵,宣示复兴民族文化的决心,因此黄帝陵祭祀活动成为具有广泛影响和强烈感召力的民族盛典。陈嘉庚先后两次拜谒黄帝陵,表达了他对中华传统文化和中华民族的高度认同。尤其是在抗战期间拜谒黄帝陵,更表达了陈嘉庚对中华民族一致抗日的呼声,寄托着他对中华民族独立自主和伟大复兴的热切期望。

三、嘉庚建筑彰显文化底蕴

陈嘉庚创办了门类完备的教育体系,在他对建筑的命名中,蕴藏着丰富的中华优秀文化。这些楼名有的源于经典著作,有的出自典故,有的则与历史人物有关。穿行于集美学村或厦门大学,如同置身于中华古典文化的丛林之中。

以建造时间为序,厦门大学的嘉庚建筑包括映雪楼、囊萤楼、群贤楼、博学楼、笃行楼、兼爱楼、勤业楼等。集美学村的建筑有尚勇楼、居仁楼、立功楼、立德楼、立言楼、约礼楼、即温楼、尚忠楼、诵诗楼、明良楼、延平楼、允恭楼、文学楼、敦书楼、务本楼、崇俭楼、瀹智楼、葆真楼、养正楼、熙春楼、群乐楼、敦业楼、集贤楼、博文楼、肃雍楼、三才楼、八音

---

① 任贵祥:《毛泽东与陈嘉庚交往论略》,《党的文献》2010年第2期。

楼、克让楼、南侨楼(共16栋)、太古楼、南楼、道南楼。这些建筑名称蕴含着深刻的传统文化精髓,也是校园文化建设、涵育学生修养的重要资源。"从集美学村林立黉舍命名中诸如居仁、瀹智、尚勇、立德、立言、立功、诵诗、敦书、博文、葆真、明良、即温、八音等等迷人的古色古香中,可以吟味出校主陈嘉庚先生那旨在让学生们在耳濡目染中受到中华民族优秀文化的熏陶,从而培养成为社会栋梁、民族精英的深切用心。"[①]

嘉庚建筑的风格最早模仿欧式建筑,如采用多层外廊、拱券、柱式、线脚装饰,西式直坡屋顶,实木结构,橙色瓦片。后来慢慢融合中式建筑风格与闽南元素,出现中式屋顶与西式屋身相结合,在角楼、柱体上采用白花岗岩和红砖作为装饰材料。嘉庚建筑的典型风貌是"穿西装,戴斗笠",即以闽南式的大屋顶与西洋式屋身组合成为基本特征,屋身以砖石为主要材料,建筑主体采用西式设计,如柱廊、拱门和圆顶,具有独特的视觉冲击力,俗称"嘉庚瓦、燕尾脊、红砖墙、坡屋顶"。

从整体风格来看,嘉庚建筑具体构件的主要特征表现在以下几个方面。

屋顶部分,(1)翘脊:主要部分屋顶的中梁呈月弯形,对称朝上,匀称翘起,这是典型闽台风格加以创新而成。(2)飞檐:屋顶上的屋檐四个角,向上翘起,轴线以龙的形象构筑,有单层的、双层的,更多的是多层叠起。这也是闽南建筑的特点。(3)红瓦琉璃:屋顶的突出部位,既有中式琉璃装饰,也有西式红瓦,是中西风格和谐结合的产物。

房屋主体部分,(1)高柱立亭:如高楼上的立亭,其柱子多为朱红色,现为灰白色石柱,这是中式宫殿立柱的传承。(2)走廊:建筑多有立柱的外走廊通道,具有闽南骑楼风格,走廊既可以当通道,又是避雨、休

[①] 陈水扬:《陈嘉庚精神的内涵及其文化底蕴》,载曾讲来主编:《陈嘉庚研究文选》(第1卷),厦门大学出版社2007年版,第238页。

息之处。(3)拱形：窗户大，且有窗台、窗眉，富有立体感且功能多样。外廊柱子间或窗门上橼，采用弧形拱门，既增强承载强度，又具美感，这是中外古典建筑精华的结合。(4)栏杆：外廊的栏杆为传统高级琉璃，单体呈葫芦形。(5)外墙：白石红砖叠架，建筑物墙壁多采用白石红砖间隔砌成锯齿状的线条向上叠起。白石红砖叠架增强了建筑物的稳定性和美感，具有典型的欧洲风格。

嘉庚建筑一般采用四坡顶，加上红墙绿瓦、飞檐翘脊，外表古色古香、巍然挺拔。同时，在总体上注重对称，布局多为"一主四从"，即一座主楼居中，四座辅楼各居两侧。如厦门大学的群贤楼群，位于厦门大学西门进校左侧，包括映雪楼、同安楼、群贤楼、集美楼、囊萤楼，均为两层或三层建筑。群贤楼居中，五座建筑呈"一"字形并排。该楼群于1922年建成，是厦门大学首批校舍。再如20世纪50年代建成的建南楼群，是目前厦门大学最具标志性、最具特色的楼群。主楼为建南大礼堂，两侧各两座分别是南光楼、成智楼、南安楼、成义楼，"一主四从"依山面海，呈半月弧形排列。集美学村内较为典型的"一主四从"是允恭楼群，位于集美大学航海学院校内，包括即温楼、明良楼、允恭楼、崇俭楼和克让楼，允恭楼居中为主楼。五座楼在1924年统一命名，从"温良恭俭让"中各取一字组词命名。

嘉庚建筑体现了中西方文化的结合，形成了具有西方风格的民族特色建筑。以集美学村为例，按中西方建筑文化分类，以闽南风格为主体的包括南薰楼、道南楼、黎明楼、延平楼、归来堂等，这是嘉庚建筑的典型，也是厦门乃至闽南地区人文景观的地标性建筑。以西方风格为主的建筑有哥特式（如科学馆）、南洋式（如侨校、福南堂、尚忠楼等）、美式（航海学院主楼）、古典西班牙式（幼儿园）等等。这些建筑集自然和人工之美于一身，既美观、大气，整体效果优雅端庄，又功能齐全、美观怡人,是中外融合、中西合璧的完美杰作。1984年,同济大学建筑系陈从周教授在参观集美学村后,对嘉庚建筑给予高度评价,认为它是具有厦门地方特色的陈嘉庚风格建筑,在近代建筑史上有着不可磨灭的地位,今后要定为宝贵文物来保护;陈嘉庚先生的思想与艺术境界的主导思想是乡与国,乡情国思跃然于其建筑物之上;对他的建筑风格与建筑思想有开展研究的必要,尤其要肯定他在我国建筑史上与文化史上的卓越贡献。[1] 嘉庚建筑是中华传统建筑文化与西方现代建筑风格的完美结合,它不仅作为建筑实物的物质财富,更体现陈嘉庚爱国主义精神和文化自信的精神财富。嘉庚建筑不仅在建筑史上具有重要的标识性意义,而且在人类文明的交流史上也具有开创性的意义。

四、倡办文化博览园

1949年10月底,陈嘉庚赴南方参观,对济南广智院印象深刻。院内的陈列品既有文物书画、动物标本,又有河流水利、植树造林、城市建筑、环境卫生等模型,教育人民养成文明进步观念、卫生健康习惯等。这使重教兴学的陈嘉庚极感兴趣,深受启发。他决心在家乡集美建一座规模更大、内容更广博、艺术水平更高的建筑,寓教于游、寓教于乐。1950年9月回到故乡集美定居后,他开始在家乡集美兴建博物大观园——鳌园。

鳌园整体包括三部分,即游廊、集美解放纪念碑和陈嘉庚陵墓。1951年9月8日动工兴建,1957年基本完工。游廊长50米,两边石壁上书对联"功成唯三杰,至诚道前知"。左边"至诚道前知"下面的石刻

---

[1] 姚安泽、郑阿栗:《"嘉庚式"的建筑艺术是厦门人民的宝贵财富》,载曾讲来主编:《陈嘉庚研究文选》(第2卷),厦门大学出版社2007年版,第196页。

有三部分。其中,中间部分是"诸葛亮马前课"24 幅石刻。这是左边雕廊的核心部分,也是陈嘉庚在鳌园文化博览园中对于传统文化的集中展示,从中可以理解和把握他对于传统文化的充分汲取和鲜活运用。1955 年 2 月 21 日,陈嘉庚在对集美学校师生员工作题为"英美叫嚣冷战之原因"的演讲时,顺便进行了讲解。他对"诸葛亮马前课"中的预言所作的解释和深信不疑的态度,充分表现了他对中国共产党及其伟大领袖毛泽东的尊崇与信赖。

"马前课"是诸葛孔明的预言,从占卦得之。陈嘉庚用其解读自三国起至共和国成立的历史发展脉络,每个朝代四句。演进到中华民国时期,尤其是抗战胜利之后,陈嘉庚将"拯患救难,是唯圣人,阳复而治,晦极生明",理解为毛泽东把人民从民族危难和专制统治中解放出来,阶级的时代过去,人民翻身做主人。接下来四句"贤不遗野,天下一家,无名无德,光耀中华",陈嘉庚解释为共产党邀集天下贤达,召开由各党派、人民团体和社会各界代表参加的政治协商筹备会,共同缔造人民共和国,中华各民族亲如一家。最后四句"占得此课,易数乃终,前古后今,其道无穷"乃结语,意为占卦至此已尽,前后古今,不复战争,即可实现永久和平,世界大同。"'马前课'浮雕的内容充分体现了陈嘉庚关注祖国命运,热爱革命领袖,期盼国家富强,向往世界大同的思想感情。"①

纪念碑的南面展现了影雕艺术,它相当于一座微型博物馆,是整园的缩影,也是教育理念的生动表现。陈嘉庚在"博物观"影雕上把它分为十大类,即:一、中央人民政府成立典礼;二、文教卫生体育题词及联语;三、重工业轻工业与矿山厂矿;四、谷物蔬菜木料药材花卉牲畜;五、交通机电舟车农具武器;六、国内外战争及外国侵略历史;七、世界奇禽

---

① 张培春:《儒家文化对陈嘉庚的影响管窥》,《集美大学学报》》(哲学社会科学版)2003 年第 4 期。

异兽及海产动物;八、国内名胜风景及名贵古物;九、世界中国福建台湾同安地图;十、世界各民族习俗与娱乐。

浮雕部分内容非常丰富。如建筑景观类,展现的工业建筑有国内著名的西安煤矿、阜新露天煤矿等;桥梁如扬州五亭桥、甘肃兰州卧桥、四川万县万年桥等;国内名山如苏州虎丘、南京紫金山、奉化雪窦山、江西井冈山、武夷山鹰嘴岩等,还有长城、天安门、故宫、台岛海滨公园、漓江、太湖、岳阳楼等名胜古迹。个人的行为规范类,从坐立行走、读书写字,到睡眠洗澡、咳嗽便溺等,内容十分详细,每幅画面都配有文字说明。如"咳嗽"一幅的文字说明是"咳嗽喷涕须掩口鼻,勿在人前喷溅唾涕";"洗澡"一幅的说明是"要免疾病,时常洗澡";"写字"一幅的说明是"指腕用力,右臂略开,端坐写字,脊背勿歪";"读书"一幅的说明为"端坐读书,距离相当,远看近视,易伤目光"。

鳌园展现的地图部分,最上方的世界地图两边配有"拥护世界和平,推行社会主义"的短联,下面排列着四幅地图:从右到左依次为全国地图、福建省地图、台湾省地图、同安县地图。在台湾省地图旁边,还刻有陈嘉庚撰写的《台湾史略》,文中说,自唐宋间闽粤人民逐渐移植构成该岛大部分之居民;明际被荷侵占,后郑成功起兵逐之,自此人民移殖者益众。这一碑文有力地宣示了台湾自古以来就是祖国领土不可分割的一部分。

鳌园是一部材料丰富的教科书,也是一座具有科学性和艺术性的文化博览园。它"反映陈嘉庚非常重视精神文明建设,希望青少年既要有丰富的科学文化知识,又要有健康的体魄,还应有高尚的思想情操,文明的道德规范"①。

---

① 王毅林:《留得光辉照人间》,中共厦门市委党史研究室:《回忆陈嘉庚文选》,中央文献出版社2001年版,第37页。

第二节 中华传统文化是陈嘉庚精神的鲜明底色

中华民族在历史长河中形成的一系列优良传统和精神品质,对于每位华夏子孙的精神塑造和影响都是深远的。中华优秀传统文化是涵养陈嘉庚精神的根本源泉。陈嘉庚的祖先由中原入闽,世代深受中原文化教育与熏陶。陈嘉庚8岁时入南轩私塾读书,开始学习四书五经等儒家典籍,诵读朱熹《四书章句集注》,从小就接受了中华优秀文化和传统道德的教育,他的言行举止、思想观念、道德规范、人格品质等归根到底都是中华优秀文化的直接体现和鲜活印证。

陈嘉庚生活在闽南地区,融合了中原文化、闽越文化、海洋文化、华乡文化为一体的闽南优秀传统文化也深刻影响了陈嘉庚的成长过程、生活方式和价值观念。他幼时接受传统教育,"私塾外的农村生活,父老们的举止言谈,也就是世代形成的中国农村社会景观,却使传统中国文化——生活方式、乡情民俗、思想意识等等,潜移默化地扎根在他心里"[①]。他热爱祖国、回馈乡梓、爱拼敢赢、坚韧不拔的品质突出体现着闽南文化精神。因此,中华优秀传统文化包括地方优秀传统文化是陈嘉庚品质和思想的深层内核,也是陈嘉庚精神内涵和核心理念的根本支撑。陈嘉庚精神是在继承和发扬优秀传统文化的基础上,对优秀传统文化和民族精神进行创新性转化。

---

① 杨国桢:《陈嘉庚》,人民出版社1987年版,第4页。

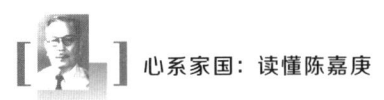

心系家国：读懂陈嘉庚

一、忠孝爱国、克己利群的价值取向与爱国主义精神

陈嘉庚是一位伟大的爱国主义者，爱国是贯穿陈嘉庚一生的主线。他一生公而忘私、为国为民、无私奉献，离不开传统爱国主义、集体主义价值观的浸润和内化。中华民族自古主张家国一体、忠孝两全，爱国主义作为中华民族优良传统世代相袭。从范仲淹的"先天下之忧而忧，后天下之乐而乐"，到顾炎武的"天下兴亡，匹夫有责"，到鲁迅的"我以我血荐轩辕"，这些都是传统爱国主义价值观的深刻写照。爱国主义渗透到每个中国人民的血脉中，并焕发出强大的民族凝聚力。就如费孝通在《乡土中国》中所说的："从己到家，由家到国，由国到天下，是一条通路。"[①]中华民族历来倡导克己利群，儒家推崇"己欲立而立人，己欲达而达人""修己以安人"等，提倡集体主义价值观，主张注重群体利益，超越"小我"趋向"大我"，铸就了崇尚集体主义精神和民族精神的思维模式。陈嘉庚出生于内忧外患、动荡不安的中国，沉痛的国耻国殇在陈嘉庚心灵深处打下了深刻的烙印。他深感国家之弱、人民之苦。当时，许多知识分子和仁人志士都强烈意识到国家的命运和国民的疾苦，爱国主义情感在整个国家和国民中传播和强化，陈嘉庚的爱国意识也不断觉醒，国家和社会责任感不断深化。

闽南文化注重追溯祖先、继承家族传承的观念也无形中强化了陈嘉庚的爱国主义精神。中华传统文化的家族本位和乡土色彩，在闽南文化中表现得最为明显。闽南文化中的恋祖重本作为一种潜在的心理意识，渗透到闽南社会的方方面面。闽南社会流行通过修族谱、建祠堂、注"堂号"来追忆祖地，回溯历史，凝聚家族血缘关系。在海外，闽南

---

① 费孝通：《乡土中国》，青岛出版社2019年版，第45页。

人也十分强调认宗认谱、结社建馆以表达对家乡的情感依恋。不间断的家族教化无疑给闽南人打下了深刻烙印,"离乡不离土""家本位""宗族本位"等思想观念根深蒂固。"达则兼济天下,归则反哺家乡",闽南人把对家乡的热爱转化为建设家乡的实际行动,恋祖爱乡、造福桑梓成为闽商、闽籍华侨华人的优良传统。他们在异地他邦发迹后,纷纷回乡捐资兴学、修筑桥梁道路、兴建祠堂、投资建厂,支持家乡发展。乐善好施、回馈桑梓可以说是闽南传统文化中最具感染力的精神追求和价值取向,体现了闽南人乐于奉献的宽广胸襟。

陈嘉庚从小喜欢听村里老人和私塾先生说书讲故事,英雄故事坚定了他为国家、民族作奉献的信念。陈嘉庚的家庭重视教育,母亲严家风、重家训,也注重子女关于孝道、忠诚的教育。陈嘉庚后来随父亲下南洋艰苦打拼,终成南洋富商,但他饮水思源不忘本,化爱国情为报国行,回乡倾资办学,并支援国家建设。

陈嘉庚身上的爱国主义精神不仅受闽南文化回报桑梓的浸润,同时也体现在与旧观念作斗争,以实际行动变革旧习俗。闽南有"将财产尽数留给子孙",努力创造财富以光宗耀祖或为子孙积累家产的传统。许多华侨要么不愿回国,要么回国后"拥巨资作安逸之富家翁,专从事种种奢华"[①]。陈嘉庚对此不以为然。他认为,儿孙自有儿孙福,如果年轻一代贤能勤勉,过多的财富则有可能坠其志;如果年轻一代游荡无为,过多的财富则可能令其好逸恶劳、碌碌无为。

他奉劝同乡华侨改变旧观念,子孙后代应该靠个人奋斗立足社会,财富应该用于公益事业,让更多人受益。"财既由我辛苦得来,亦由我慷慨输出。公益义务,能输吾财,令子孙贤,何须吾富。同侨君子乎,须

---

① 王增炳等:《陈嘉庚教育文集》,福建教育出版社1989年版,第182页。

知贤而多财则损志,愚多财则益过。儿孙自有儿孙福,勿为儿孙作马牛。"①他以身示范、挽救颓风,将所有家财捐出,兴办教育。他平时严格要求子女,促其独立自强,弥留之际仍不忘留下遗嘱将遗产献给社会公益事业。陈嘉庚克己利群,将财富用于教育事业而未留给子孙后代,以实际行动改变闽南文化中的财富传袭观念,以倾资兴学示范引领更多的华侨富商以教育报国。

陈嘉庚经商不在于发财,而在于热心公益、教育报国,是闽南文化中厚德好义传统风尚的传承者和践行者。在时代大背景、优秀传统文化教育和家庭传统教育等多重因素的综合影响下,陈嘉庚深谙忠孝爱国、克己利群的传统观念,"而生平志趣,自廿岁时,对乡党祠堂私塾及社会义务诸事,颇具热心"②。他把这些传统观念与忠于祖国、拥护中国共产党、热爱社会主义统一起来,对祖国充满了忠诚和热爱,对人民永葆赤诚之心,从而造就了富有时代特色的陈嘉庚爱国主义精神。这是陈嘉庚精神的核心和灵魂,它能够凝聚起推动国家和社会发展的强大动力。

二、以德为先、求善求美的价值准则与信义品质

陈嘉庚从小接受传统道德教育,他一生坚守信义、人格伟大、道德高尚,他的伟大道德情操根植于中华传统道德基础上。中国传统伦理道德是中国传统文化的核心,是规范社会生活和个人生活的普遍标准。"仁、义、礼、智、信"是中华传统道德的五大核心价值理念和基本要求。"仁",仁者爱人,关怀他人福祉;"义",讲求公平正义,秉持道义准则;

---

① 王增炳等:《陈嘉庚教育文集》,福建教育出版社1989年版,第165页。
② 陈嘉庚:《南侨回忆录》,中州古籍出版社2019年版,"弁言"第1页。

"礼",注重礼节,维护社会和谐;"智",追求知识和智慧,推动社会进步;"信",言行一致,重视诚实和信任。这五大传统核心价值理念对中国人的思想方式和行为方式影响深远,是个人行为和社会伦理的重要规范。中国历史上还有"天行健,君子以自强不息;地势坤,君子以厚德载物""为人谋而不忠乎?与朋友交而不信乎""玩人丧德,玩物丧志"等名言警句,还有"四维八德""真、善、美""温、良、恭、俭、让"等传统道德规范启迪后人,这些构成了中国传统美德的价值准则,为中国社会和谐稳定提供了坚实的道德规范和思想支撑。

陈嘉庚的父亲常年在南洋经商,培育儿子的重任落在母亲孙氏肩上。孙氏十分重视子女道德品格的培养,常以娘家祖训教育陈嘉庚。她请人镌刻了一副楹联:"教子读书无致临时搁笔,治家勤俭勿使开口告人。"陈氏家训教育子孙从小要刻苦读书,努力而不偷懒,学识要精通广博以有备无患,还要勤俭节约、精打细算,自力更生,不轻易开口求人。陈父虽在外经商,但为人正直,也热心社会公益活动,曾捐款修建宗祠和庙宇,还捐款建设医院。良好的家风和家庭教育潜移默化地影响陈嘉庚的品德形成。孙氏节衣缩食,送陈嘉庚到私塾习文认字,接受传统道德教育。苏颂文化、朱熹文化等传统文化影响深远,陈令闻主持陈氏家塾时,"改授南宋理学家朱熹编注的《四书章句集注》,在课堂上详加讲解"[①]。这是蕴涵丰富社会伦理和道德修养的传统经典著作,陈嘉庚研习背诵,德行规范入耳入心。总之,传统的道德教育使陈嘉庚恪守以德为先、求善求美的传统价值准则,逐渐形成了诚信尚俭、嫉恶好善的重德精神。

陈嘉庚一生秉持诚信原则,无论是在商业活动中还是在社会公益

---

① 贺春旎:《陈嘉庚:华侨旗帜 民族光辉》,福建人民出版社2016年版,第5页。

事业中,他都以诚信为本,其诚实守信的个人品格深深地影响着后世。他坚持做老实人、干老实事、说老实话,成为一名"诚实公正的人"。他曾说:"就普通平民言,若无诚信,已失其作人之资格。"①他认为,凡是历史上能成就大事业的伟大领袖,也都不能离开"诚、信"二字。陈嘉庚在企业振兴、资本积累的过程中凭借的也是其诚信笃厚的为人品格,他之所以能在家业衰败后艰苦创业10年取得巨大商业成就,与他的诚信商誉有着密不可分的关系。他明确提出诚信经营的原则:"中国人要取信于世界,决不能把脸子丢在外国人面前!我们中国人一向讲究言必信,行必果!"诚信无疑是他事业成功的根基。

三、自强不息、革故鼎新的个人品格与开拓创新精神

陈嘉庚向世人诠释了"生命不息,奋斗不止"的真切含义。他一生艰苦创业,刚健果毅,且能打破固有思维定势开拓进取,勇于创新,这深受中华民族自强不息、革故鼎新的传统观念的影响。古训曰:"胜人者有力,自胜者强""天行健,君子以自强不息""困而不失其所亨,其惟君子乎""路漫漫其修远兮,吾将上下而求索"。中国人自古就认为天道酬勤,练就了自立自强、百折不挠的坚韧品格。从《周易》的"日新之谓盛德,生生之谓易",到《礼记·大学》里的"苟日新,日日新,又日新",再到王夫之的"天地之德不易,而天地之化日新",中华文化始终传承着革故鼎新的精神气质。中华民族在漫长的历史长河中能生生不息、薪火相传,久经挫折而不屈,甚至傲立于世界民族之林,离不开自强不息、革故鼎新的伟大精神和气节风范。历代中国人将这种精神品质内化于心、外化于行,凝聚成战胜一切艰难险阻、推进民族和社会发展的

---

① 陈嘉庚:《陈嘉庚言论集》,(新加坡)星洲南侨印刷社1949年版,第47页。

精神力量。

闽南人不服天命、勇于搏斗、爱拼会赢的精神也滋养着陈嘉庚开拓创新、自强不息的精神品质。从古代闽越人在恶劣环境下的抗争，到汉人"衣冠南渡"来闽后的勤恳开发，再到不惮危险下南洋寻找出路，闽南祖先逐步形成了爱拼敢赢、勤劳智慧的精神特质。"爱拼敢赢"不仅凸显了闽南人的冒险与拼搏精神，更展现了闽南人的探索与创新。闽南民谚"少年呣打拼，老来无名声""输人毋输阵，输阵就歹看面"，淋漓尽致地刻画了闽南人"要拼"与"要赢"的斗争精神。直到今天，闽南社会仍然广泛流行着"爱拼才会赢""三分天注定，七分靠打拼"的人生信条，闽商富有"敢为天下先、爱拼才会赢"的闯劲，著名的"晋江经验"和"泉州模式"就是闽南人拼搏精神的生动写照。闽南人用勤劳和智慧去创造去抗争，"一勤生百巧，一懒生百病""全家勤，厝前厝后出金银"，闽南祖先用这样朴素易懂又深含智慧的言语教育一代代子孙。闽南人的勤劳智慧闻名海内外，闽商侨商也敢拼善拼，用敏锐的洞察力和非凡的智略把握趋势、赢得先机。

陈嘉庚从小在闽南地区长大，深受爱拼敢赢、勤劳智慧的闽南文化的影响。母亲孙氏是典型的闽南女性，她勤劳勇敢、智慧识大体，父亲是闽南侨商，其敢于冒险和拼搏开拓的品德，都涵养了陈嘉庚独特的性格与品格，对其养成自强不息、坚强果毅、奋斗创新等精神起到了不可估量的作用。在中华优秀传统文化和家庭传统美德的浸润和熏陶下，陈嘉庚自小就坚韧不拔、勤奋好学，逐渐显露出自强不息、刚健果毅、勇于开拓的坚强品格。

陈嘉庚的开拓创新精神在教育领域、商业领域和社会改造领域表现得尤为突出。在兴学育才方面，陈嘉庚善于学习借鉴中外文明成果，适应时代需要，改革旧式教育，形成了一套理念先进、富有特色的教育体系。陈嘉庚竭力打破宗派观念,反对"办学而分帮派",他劝说集美村民把陈氏各族私塾联合起来,创办了集美小学。他创办厦门大学,规定"大学生不分省界"。他反对"女子无才便是德"的陈腐观念,在闽南首开女禁,设立女子小学、女子中学、女子师范。他反对旧式教育的教学内容和方法,提倡德智体美全面发展的教育方针。他出资新建教学实践基地,在学村范围内兴建图书馆、科学馆、体育馆、美术馆等公共配套设施,设立教育推广部,既服务于学校又成为向周边民众展示和宣传现代文明、科学技术的窗口。这些与时俱进的教育理念和实践,在新时代,仍闪烁着深邃的智慧光芒。

在商业领域,陈嘉庚善于审时度势、未雨绸缪。应对激烈的市场竞争,他善于把握商机,大胆创新,敢为人先,在经营决策上经常胜人一筹,如他的橡胶企业包括种植、加工、销售等环节,是融农、工、商为一体的全链条企业,其经营模式在东南亚尚属首创,成为众多企业仿效的对象。

在社会改革领域,陈嘉庚崇尚科学,反对愚昧和封建陋习,提倡移风易俗,提出了一系列社会改革的主张。如避难爪哇期间,陈嘉庚写了《住屋与卫生》这篇专论,寄赠国内各省市,提醒国内民众:"国民体格之健全,要在平时有素养得来,非短少时间之训练所能速成。故对卫生根本问题,必须彻底改革,不但体力可以增强,而长寿当然亦可期矣。"[①]在《民俗非论集》一文中,他从社会教育的角度出发,认为改革落后的风俗习惯乃"事关祖国兴替的大事",不可等闲视之。他尖锐批评封建社会遗留下来的种种恶习陋俗,主张彻底改革,树立良好社会风气。总之,陈嘉庚一生紧跟时代步伐,具有矢志追求进步的品格,这些无不折射出陈嘉庚开拓创新、与时偕行的精神。

---

① 王增炳等编:《陈嘉庚教育文集》,福建教育出版社1989年版,第123页。

四、博集东西、兼容并包的文化观念与开放包容的胸怀

陈嘉庚在《厦门大学校旨》中,开宗明义指出:"本大学之主要目的,在博集东西各国之学术及其精神,以研究一切现象之底蕴与功用,同时并阐发中国固有学艺之美质,使融会贯通,成为一种最新最完善之文化。"博集东西、兼容并包是陈嘉庚鲜明的文化品格,这种文化品格的形成一定程度上深受天人合一、和谐共生的中国传统价值观的影响。天人合一思想是中华民族五千年来的思想核心与精华,体现为"天地与我并生,万物与我为一"的崇高境界。如《淮南子·精神训》曰"天地运而相通,万物总而为一",司马迁言"究天人之际,通古今之变"。传统观念教育人们天地万物皆有则,都是人类学习的榜样,要尊重自然万物的规律。"天人合一"思想最终目的就是追求人与自然万物的和谐共生,追求社会的安定有序。

《中庸》言"和也者,天下之达道也",和谐共生富有包容性、开放性,它鼓励求同存异、和而不同,鼓励文化交融、多元发展。正如钱穆所说的:"一部中国文化史,正如听一场歌唱,不外一和字。"[①]历史上汉唐文化的多民族融合、宋元明清时期的儒释道三教合一、古代丝绸之路上的中西文化交流、汉族和少数民族的文化融合,都是中华文化兼容并包的具体体现。因此,中国传统价值观和文化传承为陈嘉庚博集东西、兼容并包、海纳百川的精神特质奠定了思想基础。

闽南文化是一种典型的海洋文化,它包含着自由开放、胸怀开阔,有着海纳百川的博大胸襟。地理环境能够塑造人,也催生文化特色。闽南地区背山临海,面海为生、向海图强,这不仅造就了闽南人不安现

---

① 钱穆:《现代中国学术论衡》,岳麓书店1987年版,第267页。

状的打拼精神,还造就了闽南人搏击海浪、山海交融的开拓意识。中原文化、闽越文化、海洋文化和异域文化等多元文化的碰撞和交融,铸就了闽南文化异乎寻常的融合力和生命力。开放性、包容性是闽南文化的主要特征。一方面,经历古代海丝文化交流和近代航海业的发展,闽南人吸纳了世界各国尤其是欧洲国家的民俗、风情、信仰等因素,为闽南文化的发展注入了新的血液。另一方面,闽南人通过移民海外和开展海外贸易,也把自身的文化特性传播到东南亚乃至世界各地,展现了东西方交汇的多样性和交融性。闽南人在长期的多元而复杂文化氛围的熏陶下,逐渐形成了包容、多样、流动的价值观,也孕育着胸怀广阔、兼容开放的品格。

传统文化的汲取和家乡环境因素的影响,塑造了陈嘉庚开放、包容和多样性的精神气质。陈嘉庚祖先为躲避中原战乱,迁徙至闽南,因此他深受中原文化和闽越文化的熏陶。在古代,集美原属同安县,同安县又隶属于泉州府,而泉州是古代海上丝绸之路的起点,是宋元时期海洋商贸中心,其繁荣的海商贸易和兴盛的海丝文化决定了闽南文化的开放性、多元性、世界性。陈嘉庚在闽南文化的熏陶下,养成了兼容并蓄、开放包容的气度。他博集东西、贯通中外,将南洋地区丰富的异国文化和风俗带回家乡,进一步推动了闽南文化的国际化。

陈嘉庚回国兴资办学初期正值五四运动前后。这一时期,国内宣传民主和科学,宣扬新思想、新知识,新文化运动掀起思想解放潮流。人们不仅重视中国传统文化对于理想人格的塑造,还重视西方现代文明对于自由、民主、平等、人权的追求。当时北大校长蔡元培提出了"兼容并包"的学术思想,指出"无论为何种学派,苟其言之成理,持之有故"[①],

---

① 左玉河:《五四那批人》,万卷出版公司2019年版,第86页。

并鼓励师生学术争鸣。这一思想对教育事业和社会进步起到巨大的推动作用。陈嘉庚对新文化运动的主导思想十分推崇,鼓励师生进行各个领域的学术研究。他与蔡元培也因教育而结交,两人在办学理念和文化思想上有共鸣。总之,受传统文化和社会思潮等因素的影响,陈嘉庚早就向往"天下为公"的理想社会,后来又常年经商海外,面对社会现实问题和挑战时,他不仅能立足传统文化基础思考解决之道,也愿意在中西思想碰撞与整合之中,吸收和包容西方现代理念和方法,在兴办教育、文化保护传承及社会公益领域等都做到了博集东西、兼容并包。

第三节　陈嘉庚的传统文化观及其当代启示

陈嘉庚深受中华传统文化的熏陶,早年深受私塾教育、传统家庭教育的影响,承袭了诸多典型的中华传统文化思想特质,对传统文化有着深厚的认知与认同。陈嘉庚在对中华传统文化的继承和运用中,强调文化对民族认同的塑造作用,提倡批判与继承、取其精华去其糟粕的辩证思维,强调东西方文化、传统与现代文化的相互交流、互鉴,融合共生而成为新的文化主体。

一、传承文化以强化民族认同

民族身份描述了民族共同体成员所认知的、感受到的独特品质,这些品质使其与其他民族区分开来,并且能够表达自身的文化内涵。因此,安东尼·史密斯对民族身份的定义是:"由民族共同体成员们对构成诸民族独特遗产的象征、价值、神话、记忆和传统等模式的持续复制和重新阐释,以及带有这些传统和文化因素的该共同体诸个体成员的可变的个人身份辨识"。[1] 民族认同不局限于地理和种族的共同体,它同样是一种语言、习俗、信仰等文化因素的想象和建构。民族认同是一种现代社会"文化的人造物",它是一种与历史和文化的变迁紧密相关,并且根植于人类深层意识的心理建构。

近代以来的全球化进程促使民族国家日益打破隔阂而走向一体化,民族认同的相对化和流动化也打破了它原来的封闭性和独立性,各种身份属性之间的冲突在不同层次地显现出来。在过去,民族认同一直是大多数国家民众的主要标识,它具有地域性和排他性,而在全球化的背景下,民族身份受到了严重的冲击。在20世纪的东南亚地区,英国统治者对东南亚殖民地各族群实行"分而治之"的种族隔离政策,侨居于此的华侨华人面临不同族群、不同文化、国籍与民族之间的冲突。

(一)兴办海外华文教育以免侨生"外化"

在当时,英国统治者对新加坡各族群实行"分而治之"的种族隔离政策。政府不重视华文教育,当地的学校既不教授中文,也不愿意招收华侨子女,导致大量华侨子女无学可上。南洋地区只有各帮华侨自设学堂,招收本省侨生。陈嘉庚忧心忡忡:"况侨生受祖国文化,比较国内尤为重要,在国内之国民,虽终身不学,到老还是中国人,若侨生失学,则难免外化。"[2]他将教育的重要性提高到传播文化、保持民族身份的高度,一旦教育不兴、文化传承断代,则侨生难免从根本上融入侨居地,

---

[1] [英]安东尼·史密斯:《民族主义:理论、意识形态、历史》,叶江译,上海人民出版社2011年版,第20页。
[2] 王增炳等编:《陈嘉庚教育文集》,福建教育出版社1989年版,第252页。

彻底变成了"外国人"。

为了传承中华传统文化,维持侨生文化认同,他力倡华文教育,成为20世纪初海外华侨教育事业的重要开创者。他积极参与资助道南学堂,支持新加坡福建会馆先后兴办了爱同学校和崇福女子学校。当时,美国教会拟设英华大学校而向陈嘉庚募捐。陈嘉庚认为西方现代化教育体系健全、理念先进,他愿意捐输10万元。他提出的唯一要求就是要在该校兼设华文一科,希望华侨中学生毕业后可以进入大学深造。1919年3月,由他倡办的南洋华侨中学正式开学。曾经的南洋华侨中学即今天的华侨中学,已成为新加坡最顶尖的中学之一。2009年,学生进出校园必经的"礼门义路"被重新命名为"陈嘉庚通道"。2015年,当地将学校旁新建的地铁站命名为"陈嘉庚站"。此后,他在新加坡倡办水产航海学校等学校。此外,陈嘉庚还领导新加坡福建会馆坚守推广教育、保存与弘扬中华文化的宗旨。福建会馆目前管理6所属校,都坚守共同的校训——"诚毅",致力于保存和推广中华语言和中华文化。

在《南侨日报》创办两周年之时,陈嘉庚指出:"关于报馆任务,无论抱何目的,多谓为领导社会,开通民智。"[1]他经常说,民智不开,则民心不齐。启迪民智,有助于革命,有助于救国。报业与教育的共同作用就在于传播先进的科学知识和优秀的文化传统,在海外创办中文报纸也是传播中华文化的重要方式。开通民智即开通文化或开化民众,其内涵有三:(1)树立海外华侨群众的爱国心;(2)提高广大侨胞的民族意识;(3)提高广大侨胞的文化素质。[2]

---

[1] 陈嘉庚:《陈嘉庚言论集》,(新加坡)星洲南侨印刷社1949年版,第47页。
[2] 沈继生:《陈嘉庚办报思想初探》,载曾讲来主编:《陈嘉庚研究文选》(第2卷),厦门大学出版社2007年版,第34页。

（二）文化是民族独立的血脉和根基

1840年鸦片战争以来，中华民族在西方列强的坚船利炮下，逐渐丧失了拥有完整主权和独立国的地位，沦为半殖民地半封建国家。国运衰微，民族存亡危机日益严峻，陈嘉庚认为保护文化血脉、赓续民族精神乃是民族振兴的重要基础。他指出："吾国国运危如累卵，存亡未可预卜。然吾民族赖以维系于不堕者，统一之文化耳。今日一人之文化，则他日可传千人万人之文化。"①陈嘉庚在讨论文化传承的作用时具有宏大的历史思维，他经常引用历史事例来说明文化对于立国的基础作用。一个民族只有始终维系民族文化，才能为民族独立和复兴奠定文化根基，"而固有文化尚未灭亡，终以文化之力量，而得恢复祖国也"。② 文化是民族之魂，是建国立国之精神血脉。

在中华民族发展的历史进程中，汉民族与其他少数民族也相互交流而整合成一体。中华民族在历史变迁中对自身群体产生了共同的集体记忆、集体认同和集体价值，也形成了中华民族文化认同，建构了"龙的传人""中华儿女"等特定概念和名称作为中华民族共同的身份标识和文化符号。近代以来面对帝国主义的侵略和半殖民统治，面对民族存亡危机，陈嘉庚呼吁"将来世界如何变动，祖国当局，无论走哪条路，亦须保留我国文化，乃能维持民族精神，盖今日一人能保存文化，即他日千万人之文化，赖以保存，而传播于无穷也"③，而要保留文化传统、维系民族精神，全依赖于教育。从中，我们可以看到陈嘉庚教育立国动机的实现路径，即教育既要开启民智、学习先进的科学技术，同时也要

---

① 陈嘉庚：《陈嘉庚言论集》，(新加坡)星洲南侨印刷社1949年版，第59页。
② 王增炳等编：《陈嘉庚教育文集》，福建教育出版社1989年版，第205页。
③ 王增炳等编：《陈嘉庚教育文集》，福建教育出版社1989年版，第206页。

传承文化,保持民族认同,进而形成推动民族振兴的强大精神动力。

陈嘉庚充分认识到中华传统文化在社会历史发展中的地位和作用,他将文化传承与企业经营和兴学办学紧密地结合起来,因此传承文化也是贯穿于他毕生事业的内在主线,也是其以国家为重、民族为重之品格的深层底色。在20世纪30年代撰写的《福建闽南十年计划》一文中,他就指出:"窃念份子天职,欲实行报效工作,尤以乡梓需要为急务,故不计成败,痛下决心,实事求是,以文化为基础,热忱勇往,有进尺无退寸,抱定破釜沉舟之志也。盖深信国体改革,纷乱政争,乃必经之程序,至多二三十年,自有光明安泰之来临。若不乘时即下种子,以备十多年后之收获,来免临渴掘井。"①他决心以文化为基础,在民族危难之时播下希望的种子,以待胜利之后结出硕果,也相信必有国家光明安泰之时。

文化是民族的精神血脉。文化兴则国家兴,文化强则国家强。习近平总书记深刻指出:"优秀传统文化是一个国家、一个民族传承和发展的根本,如果丢掉了,就割断了精神命脉。"②文化强国建设为国家和民族兴旺发达提供重要支撑和精神动力。一方面,中华民族伟大复兴需要以中华文化发展繁荣为基础。文化繁荣必须不断推动中华优秀传统文化创造性转化和创新性发展,依靠云计算、大数据、物联网等先进科技成果,推进文化产品与新技术、新业态有机融合,不断增强文化产品的影响力及核心竞争力,不断增强文化产业对经济发展、社会进步和增强综合竞争力的重要作用,使文化产业日益成为国民经济支柱性产业。另一方面,中华优秀传统文化要为民族伟大复兴提供精神动力。文化具有强大的生命力和感召力,是构建精神家园、增进思想认同的

---

① 王增炳等编:《陈嘉庚教育文集》,福建教育出版社1989年版,第413页。
② 《习近平谈治国理政》(第二卷),外文出版社2017年版,第313页。

"最大公约数"。增强文化自信,就能统一思想、凝聚共识、形成合力,汇聚实现伟大复兴中国梦的强大力量。诚如陈嘉庚所指出的,民族兴亡"全赖文化之重力",必须"维持民族精神"。只有用文化来凝聚共识、消除分歧,才能在全社会形成坚强的向心力和强烈的认同感。充分发挥文化的熏陶、教化、激励功能,做到以文聚力、凝聚共识、激荡人心,才能凝聚起中华民族的奋斗意志和团结力量,为全面推进民族复兴伟业提供强大的价值引领力、文化凝聚力和精神推动力。

二、批判与继承相结合

近代以来,我国先进知识分子对待传统文化存在两种截然不同的态度:一种是完全否定本民族文化的"全盘西化"论,另一种是固守传统的文化保守主义。中国共产党人对传统文化持辩证否定观,其精髓是继承与批判的辩证统一,继承是批判中的继承,批判是继承中的批判,二者相互统一。毛泽东在对待传统文化问题上确立了"剔除其糟粕,吸取其精华"的科学态度。习近平总书记指出:"要坚持古为今用、以古鉴今,坚持有鉴别的对待、有扬弃的继承,而不能搞厚古薄今、以古非今,努力实现传统文化的创造性转化、创新性发展,使之与现实文化相融相通,共同服务以文化人的时代任务。"[①]推动中华优秀传统文化的创造性转化和创新性发展,必须坚持古为今用、推陈出新,不断增强中华优秀传统文化的影响力和感召力。

在经营企业、兴学实践、倡导社会风气等方面,陈嘉庚既汲取传统文化的精华,又对其中的糟粕、陋习等进行批判和纠正,主要表现在以下两个方面。

[①] 《习近平著作选读》(第一卷),人民出版社2023年版,第281页。

（一）移风易俗

陈嘉庚认为："工业需要革命，文化也需要革命，还有更重要的一项，就是心理的革命和人格的革命。"①他提出了一系列改革社会习俗的主张，反对封建陋习，提倡移风易俗，倡导健康文明的生活方式。1940年，在回国慰劳期间，他对衣着长衣马褂、幼女仍有缠足提出严厉批评："唯清代制服之长衣马褂，尚仍保留，失革命维新精神，涂唇染指，忘新生活条件，与及十左右岁女童，犹守缠足陋习，无兴利除弊决心，此为海外华侨认为奇特，而想不到也。"②

陈嘉庚对传统文化和习俗并非一味批判、否定，而是具有辩证的思维，坚持"古为今用"，对优秀传统文化予以吸收、继承和运用。早在1896年，他就积极印刷《验方新编》广为介绍中华医学，还积极在全国各地收集中医药方，经过整理和汇编，印刷后无偿捐赠给普通民众和海外华侨。

陈嘉庚呼吁并身体力行健康生活，著有《战后建国首要：住屋与卫生》和《民俗非论集》并广为印发宣传。在房屋建造中，他参照英美国家和南洋地区的城市规划和房屋建造经验，指出我国城乡旧式房屋存在各种弊端，如屋宅都为小窗户，空气不流通、日照不足；厕所设计不合理、沟渠不清、垃圾堆滞；等等。他对此提出了诸多改进的建议。在建设校园校舍时，他将传统文化融入建筑设计中，打造中西合璧的嘉庚建筑，充分体现出对闽南文化的独特运用和创新发展。

在传统习惯上，中国人对打扫房屋男女有别，陈嘉庚对此不以为然："然清扫屋舍之事我国人常专责妇女，男子多不闻问，欧美人则不

---

① 王增炳等编：《陈嘉庚教育文集》，福建教育出版社1989年版，第227～228页。
② 陈嘉庚：《南侨回忆录》，中州古籍出版社2019年版，第280页。

然,屋内外男子亦共负责指导或帮助之。我国人对改善卫生事,果欲提倡实行,男子更不可不努力也。"①陈嘉庚强调男女平等不仅体现在家庭事务方面,更集中体现在他办学中倡导男女平等:"且居今时世,非但男儿当受教育,女子亦当受教育。在浅识之人,多云女子受教育,乃为他姓造福,而不知未嫁之前,能教其弟侄,既嫁之后更能顾爱父母家以及造成女子自身之幸福也。"②他最早在闽南地区兴办女子学校,这也是开闽南教育风气之先河。

在倡导健康生活和娱乐方式上,陈嘉庚首先在自己领导的社团组织中开展移风易俗。他严禁抽鸦片、赌博等活动,也比较反感跳舞等西式娱乐。他在学校教学中推崇中华国粹武术,力图"专心致志、提倡国术",认为"国术不惟关系体育,而且关系卫身"。他认为国术与国文、体育与智育都是教学的必修课,而且必须以中国传统武术为主:"国术和国文一样重要,国有文武,文是国文,武即国术。国文不可废,故今日以本国文学为主,外国文学为辅。国术也不可废,国术亦当取本国武术为主,外国体育为辅。"③不仅如果,他还致力于龙舟文化的革新,将中国传统节日的龙舟习俗作为增强国民素养、振兴中华的重要途径。他曾说:"扒龙船比赛,不但是锻炼身体,而且可以培养齐心协力的集体主义精神和勇往直前的奋斗精神。"④

(二)闽南文化

闽南文化是历代闽南人民智慧与经验的积累和凝聚。作为土生土

---

① 王增炳等编:《陈嘉庚教育文集》,福建教育出版社1989年版,第122页。
② 陈嘉庚:《南侨回忆录》,中州古籍出版社2019年版,第343页。
③ 郑晔:《弘扬嘉庚体育思想落实全民健身战略》,载曾讲来主编:《陈嘉庚研究文选》(第1卷),厦门大学出版社2007年版,第82页。
④ 余朝光:《浅谈陈嘉庚的体育思想与实践》,载中共厦门市委党史研究室编:《科教兴国的先行者陈嘉庚》,中央文献出版社2001年版,第354页。

长的闽南人,陈嘉庚深受闽南习俗和文化的浸染。陈嘉庚早年生活在集美陈氏宗族的聚居地,他个人完婚以及为先慈择地葬灵柩等仪式,都按社里传统民俗进行。但随着受科学文化的影响和视野的开拓,他逐渐感悟到闽南乡土文化中掺杂着封建、迷信诸因素,且教育和文化水平相对落后,同村"屡次械斗,死伤数十人,意见甚深"。在某种意义上说,陈嘉庚兴办教育从根本也是为了改变乡民思想落后、陈规陋习横行的现状。他自己也身体力行,倡导移风易俗、改变颓风陋俗。他甚至认为对于一些落后习俗的摒弃,乃"事关祖国兴替的大事,不可等闲视之"。

1923年,他被推选为新加坡怡和轩俱乐部总理(1930年改称为主席)。怡和轩当时被称为"百万富翁俱乐部",原来多为华侨富商"嫖赌饮吸的场所"。陈嘉庚上任后极力推动改革,整顿会风,严明纪律,禁抽鸦片、禁止赌博,规定周六宴会必须准时出席,筵席或吃便饭均用公匙公筷,在三楼设立图书馆,开展读书活动等等。这些措施改变了怡和轩俱乐部的风气,使之成为组织南洋华侨进行经济社会活动的重要机构,树立了福建华侨在南洋地区的良好形象。

1928年,陈嘉庚担任星马福建会馆主席后,大力改革华侨社会中的陋俗。他在福建会馆组织一个丧仪改良委员会,制订了闽侨公约,决定改革"丧事铺张""宴饮赌博"等陋俗,并规定人死后"不得留棺过七天"。为切实推行新风俗,他责成各区负责人"每逢丧事亲往劝诚","并登报劝告侨众,颁发规则于丧宅"等等。在陈嘉庚担任主席后,福建会馆摒弃旧习俗、倡导新风尚,是当时组织最完善、功能最强、最能回应闽人需求的团体。

在《民俗非论集》一书中,陈嘉庚对闽南传统社会的落后风俗习惯提出尖锐的批评,建议政府要坚决取缔或加以制止。这些陋俗包括"嫁娶丧葬,浪费铺张;演戏酬神,昼夜聚赌;无谓应酬,酒食征逐;迷信风水,停柩不葬;少年早婚,蓄重养媳"。具体表现为嫁娶中的礼金贵重、随嫁食物多余浪费、筵宴浪费奢华等;葬礼耗费大量人力物力,"哀乐不分,奢侈无度";等等。这些民间习俗常常"未见其福,先见其祸"。陈嘉庚反对传统文化中的迷信愚妄、奢华无度,主张破旧立新、舍弃糟粕,破除陈旧观念与陋俗。

陈嘉庚对于闽南文化的陈旧观念、颓风陋俗进行批判、摒弃和改造,同时又恪守传统宗族观念,遵守风俗习惯和乡规民约。在某种意义上可以说,陈嘉庚是一个具有海外经历和开阔视野的传统闽南人。他传宗接代、延续香火的观念根深蒂固。他重视光宗耀祖,事业稍成后即返乡兴建新屋,捐资修建集美陈氏大祠堂。他重视编修族谱、重修祖坟。其子陈国庆回忆道:"在社会习俗方面,父亲的态度应该说是恪守传统的,他的举止言谈都严格地遵照道德观念。"①

在对待闽南文化、中西方生活方式等问题上,陈嘉庚所秉持的批判与继承、摒弃与吸收相结合的辩证观,既是对待传统文化的科学态度,也是推动中华优秀传统文化创造性转化、创新性发展的科学之道。推动中华优秀传统文化创造性转化、创新性发展,必须坚持继承与批判辩证统一的原则,正确认识与处理文化传承与创新的辩证关系,才能引领新时代文化发展的正确方向。中华优秀传统文化的创造性转化与创新性发展是新时代文化强国建设的重要使命。创造性转化就是要按照时代特点和要求,对那些至今仍有借鉴价值的内涵和过时的表现形式加以创新再造,赋予其新的时代内涵和现代表达形式,激活其生命力;创新性发展就是要紧扣时代韵律,通过对中华优秀传统文化内涵的深入挖掘和提炼,为时代带来新的内容,赋予其新的活力和生命力。创造性

---

① 陈国庆:《回忆我的父亲陈嘉庚》,中央文献出版社2001年版,第120页。

转化与创新性发展要求我们辩证地看待传统文化与当今时代的关系，取其精华、去其糟粕、转化创新，"以古人之规矩，开自己之生面"，既从中华优秀传统文化中寻找源头活水，又以时代精神激活中华优秀传统文化的生命力，让中华文明绽放出更加夺目的时代光彩。

三、秉持文化交流借鉴

文明因多样而交流，因交流而互鉴，因互鉴而发展。习近平总书记指出："文明交流互鉴，是推动人类文明进步和世界和平发展的重要动力。"[①]在人类的历史长河中，不同时期、不同地域的人们，创造了各具特色的文化形态。随着人口迁徙、商贸往来、文化传播等交往的扩大深化，不同文明愈益进行广泛深入的联系交流，由此构成了世界文明波澜壮阔的历史长河和异彩纷呈的发展图景。联合国教科文组织《世界文化多样性宣言》指出，文化多样性对人类来讲就像生物多样性对维持生物平衡那样必不可少。中华文化在五千多年的历史中，不断与其他民族文化进行对话与交流，跨越山海、绵亘古今。在中西方文化交流和整合中，中华文化不断吸收域外文化的合理因素，显示了其开放性；同时深刻影响域外文化，体现了其先进性。

陈嘉庚出生于清朝末年，其成长和生活经历横跨晚清、民国和新中国三个时期，其思想形成同时受到传统中华文明和西方文明的影响。陈嘉庚用一种平等、开放、包容的心态观察和比较中西文化，权衡利弊，乐于接纳。陈嘉庚长期在南洋地区和故乡闽南奔波。而当时的南洋是东西方文化的交汇点，也是西方文化进入中国的重要中转站。这种经历使他既坚持中华传统文化的民族性，但并不排斥西方先进文化。他

---

① 《习近平著作选读》（第一卷），人民出版社2023年版，第228页。

提倡"洋为中用"和文化交流互鉴,汲取并整合中华优秀文化和世界各国先进文化。陈嘉庚以教育开启民智,传播科技和文化,提高国民素质进而实现国家富强的教育报国理念,是在学习西方先进技术和文化中逐渐形成的,"陈嘉庚正是在汲取中华传统文化精华和对西方先进科技知识的学习、接受并在此基础上的比较、分析、总结中逐渐形成了要发展实业必须依靠科技、要振兴科技必须教育为先的科学教育思想"[1]。

在实业经营中,陈嘉庚接受西方市场规则和经营观念,树立法制观念,遵纪守法,认同诚信原则和职业精神,适应自由贸易理念与政策。在生活方式和观念上,他提倡男女平等、尊重妇女,树立现代的医药卫生观念。在建筑风格上,"穿西装、戴斗笠"就是中西合璧的典型范例。这些西方观念与他根深蒂固的传统思维和闽南习俗相互包容、借鉴,共通共融成为一个整体。

陈嘉庚创办的各类学校是中西方教育思想和文化形态相互交流互鉴的产物。陈嘉庚借鉴吸纳西方的办学理念和模式,在集美学村各类学校和厦门大学创办之时就引入了西方先进的学科设置和教学方法,如设立文、理、法、商、医、农、水产、航海等多类专业和学科,实行学分制和选修制,鼓励学生自主学习和跨学科交流。这些学科设置和教学方法在当时的中国教育界具有开创性的意义,为近代以来的中国教育改革和创新提供了宝贵的经验。

在教育模式上,陈嘉庚非常注重引进当时西方先进的教学设施和仪器。为了给学生提供良好的实验环境,他于1922年在集美兴建了科学馆,馆内拥有物理、化学、生物三科的实验室,仪器、设备和标本都是从南洋地区购进的。当时的集美图书馆,中文图书四万余册,而外文图

---

[1] 施若谷:《试论陈嘉庚的科学教育思想》,载中共厦门市委党史研究室编:《科教兴国的先行者陈嘉庚》,中央文献出版社2001年版,第237页。

书也有五千余册。这些教学资料和实验设备在当时国内中学中堪称一流。在师资引进上,他聘请了一批具有西方教育背景的教师来校任教,带来了先进的教学理念和教学方法。在学习内容上,陈嘉庚鼓励学生既要学习西方的科学知识,也要传承和弘扬中华文化的优秀传统。这种兼收并蓄、开放包容的教育理念,培养了大量具有国际视野、多元文化背景的优秀人才,为人才培养的国际化和教育现代化奠定了坚实基础。

在服装衣着上,陈嘉庚认为"衣服为文化最显著之代表物",事关国家和民族之形象,是以改革推进民族复兴的一个重要侧面。他认为必须改变传统的长衣马褂服饰,学习西方服饰的实用性,但同时承袭中式服装的美感和庄重。他提出服装改革的标准,包括维新、经济、美观、大同、有恒等。他建议男子改穿中山装或西服,女子则穿短衣长裤或仿效西服。"故吾人以为欲谋民族之复兴,一切改革必须力求其彻底。大而一国之政体,小而一身之衣服。"[1]

在建筑风格上,嘉庚建筑汲取古今中外的建筑文化精华,以中华民族风格和闽南特色为主线,集古今中外建筑精华而形成独具一格的风格。"嘉庚建筑的特点与风格是鲜明的,是闽南当地文化与西方建筑文明的结合,主要体现在:因地制宜布局,合理创新结构,经济实用建造,取用地产物料,闽南匠心工艺和中西合璧风貌。嘉庚建筑的中西元素,冲突和矛盾对撞占据多数,而由此生出的融合和共生,最终产生中西文化的'和谐美'。这也正是嘉庚建筑的独特之所在。"[2]

当然,西方文化有精华也有糟粕,必须批判地进行吸收。对于毒害社会风气、损害身心健康的生活方式和文化习俗,陈嘉庚坚持拒斥、反

---

[1] 王增炳等编:《陈嘉庚教育文集》,福建教育出版社1989年版,第238页。
[2] 陈俊林:《陈嘉庚精神的文化思想源流》,中国华侨出版社2021年版,第201页。

对。陈嘉庚切身体会到鸦片的流毒和危害,亲友中皆有因吸食鸦片而萎靡不振者。他认为这是英殖民由鸦片获利,"概系我华侨之脂膏"。他在厦门反对种植鸦片树,又在集美立村约禁止鸦片。同时,陈嘉庚也对西方传入我国的娱乐方式如开售彩票等,持否定态度。不管是融合、吸收,还是反对、排斥,都是不同文化在相互交流中的一种正常现象,也是人类不同文明之间求同存异、相互借鉴、共通互融的历史必然。

推动不同文明交流互鉴是新时代建设文化强国的重要使命之一。党的十八大以来,中国共产党坚持胸怀天下,拓展世界眼光,洞察历史趋势,提出了推动构建人类命运共同体、弘扬全人类共同价值、践行全球文明倡议等理念,促进不同文明相互尊重、和谐共处,推动中华文化更好走向世界。面对少数国家炮制的"文明冲突论""文明优越论"等论调,中国强调尊重文明多样性,倡导平等、互鉴、对话、包容的文明观,推动各方以文明交流超越文明隔阂,以文明互鉴超越文明冲突,以文明包容超越文明优越。在全面建设社会主义现代化国家的新征程上,我们必须以海纳百川的开放胸襟,学习和借鉴人类一切优秀文明成果,始终致力于推动中华文明与全球各国文明平等交流、和合共生,努力让文明交流互鉴成为增进各国人民友谊的桥梁,为推进中国式现代化提供充沛养分,为繁荣世界文明百花园作出更大贡献。

第六章　陈嘉庚的医药卫生观及其实践

陈嘉庚一生在经营实业、兴办教育、参政议政等活动之外,对医药、卫生事业的发展也发挥了重要影响,并形成了独特的医药卫生观念。陈嘉庚的医药卫生观形成于侨居海外时期,通过对英属海峡殖民地(今分属新加坡、马来西亚)及西方国家公共卫生政策的了解,对故乡福建的卫生设施、防疫办法的认识,以及作为华侨领袖后对祖国各地卫生状况的考察,他认为卫生健康事业对于国家和社会发展具有重要的影响,甚至将卫生与中国能否繁荣发展联系起来。陈嘉庚不仅有强烈的医疗卫生健康观念,而且重视其实践推广。他创办学校,发展医学教育,为我国培养医药卫生人才;捐资并倡导设置现代医院,提高群众医疗卫生水平;向国家和地方领导人建言献策,为改良中国的卫生事业贡献智慧。他的卫生健康观既包含对个人养生的深入思考,又包含在延年益寿、维持身心健康方面的独特理念,形成了健康养生的实践路径。

陈嘉庚医药卫生观有着丰富内涵和历史实践,将医药卫生事业与国家建设、民族振兴紧密联系在一起,体现了以国家为重、民族为重的爱国主义精神;他的医药卫生实践与兴办教育、传播文化同步推进,体现了他倾心教育事业、维护民族文化的诚心。陈嘉庚的医药卫生实践及其观念,是研究和弘扬陈嘉庚精神的重要维度和路径。在中国特色

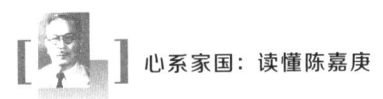

社会主义新时代,通过讲好嘉庚故事、用好嘉庚精神,可以为实现"健康中国"宏伟目标提供经验借鉴和精神动力。

第一节 推动医药卫生事业的发展

卫生事业不仅关乎人的生命健康,更事关国家发展和民族形象。陈嘉庚热心乡梓,关爱祖国的发展,对于近代以来中国卫生落后状况十分痛心。在投身公益和报效国家的诸多活动中,医药、卫生事业是他非常关注的对象,形成了丰富的实践活动。此时的陈嘉庚认为,改善卫生的关键在于治疗疾病,改善国人的健康状况。从20世纪20年代开始,他就通过赠阅医学书籍、创办医院、资助卫生运动等方式,着手改善家乡的医疗卫生状况。在全民族抗战中,他积极组织东南亚华侨支援祖国,为前线输送大量药品,为抗战胜利作出巨大贡献。抗战胜利,特别是新中国成立后,他不断建言献策,希望利用战后重建的机会,在国家建设中进一步注重卫生,为未来中国的发展奠定基础。这些推动医药卫生事业发展的具体行动,是他医药卫生观念形成的实践基础。陈嘉庚医药卫生观的思想本质,与其爱国爱乡、公而忘私的精神是一脉相承的。

一、传播科学的卫生知识

近代以来,由于国家落后,人民贫困,温饱尚且成问题,更无法奢谈卫生。美国传教士罗斯留下了这样的描述,"几千年来,生活在华南和中原的人们,密集地聚居在乡村或围墙内的城市中,他们一直饮用着运河或稻田间排水沟内的肮脏的水,吃着变了质的猪肉以及那些以污池中的废物为肥料的蔬菜。他们拥挤在肮脏小巷内的低矮而污浊的房屋中,睡在简陋、污秽、令人窒息的窄小房间内。由于人口高度密集,许多有毒的东西随即产生,无数的人因此而丧命。"①类似的记载还有很多,共同构成了西方人"种族优越"和对华人的种族歧视。这种偏见深深刺激了中国人的自尊心,激发了中华民族的民族意识,越来越多的先进知识分子开始关注卫生问题。从此,转变卫生状况就成为中国改善民族形象、实现民族强盛的目标之一。

近代中国由于公共卫生政策不完善以及现代医学技术的缺乏,天花、鼠疫等传染疾病此起彼伏,导致人口大量死亡。除1910年的东北鼠疫外,1917年至1918年,山西省和中国北方其他地区再次爆发肺鼠疫,估计造成16000人死亡;1919年,在河南、安徽、湖北和湖南等地又爆发霍乱;1920年至1921年,中国东北再次爆发肺鼠疫疫情,造成9300多人死亡。即使是当时中国最为先进的大城市上海,同样饱受传染性疾病的困扰,以霍乱为例,1925年夏天至少发现3000起病例,造成1000多人死亡。1926年报告发现16000例病例,死亡率高达30%。②

当时不少先进知识分子也注意到中国卫生存在的问题,如梁启超、容闳等人已经有意识地向国内介绍欧美的城市卫生、个人卫生和防疫等内容,以求改善旧中国落后原始的社会状态。③ 陈嘉庚同样受到影

---

① [美]E.A.罗斯:《变化中的中国人》,公茂虹、张皓译,时事出版社1998年版,第44~45页。
② John R. Watt, *Saving Lives in Wartime China: How Medical Reformers Built Modern Healthcare Systems Amid War and Epidemics*, 1928—1945, Leiden Boston: Brill, 2014, p.23.
③ 范铁权:《近代科学社团与中国的公共卫生事业》,人民出版社2013年版,第33~46页。

响,在侨居英属海峡殖民地期间,他通过对西方先进的医疗设施和卫生政策的观察,逐步意识到卫生事业的重要性。

陈嘉庚深知祖国和家乡医疗卫生的落后,于是将改善卫生条件作为改变家乡面貌和民族形象的重要事务。陈嘉庚认为,改善卫生状况必须要有医学知识。恰好他在新加坡友人处发现一本中医经典书籍《验方新编》,欣喜万分:"窃念吾闽乡村常乏医生,若每村有此书一本,裨益不少。"① 为此,陈嘉庚长期在《南洋商报》等媒体的显著位置刊登广告,并在广告中体现出对中华医学的信心,认为"吾中国不乏确凿灵验之良方,无论内外诸科,一经试用,莫不克奏奇功","敢以至诚挚至恳切之意志,郑重征求我同胞,如果平时确有经验之良方,务祈明白开示"。② 此后,他立刻联系印刷厂,自费印刷6000多本,封面写"同安集美陈家奉送",寄送回乡,赠送给当地的父老乡亲阅读。遗憾的是,最后一批印刷的5000册在寄送中遗失。

中华传统医学是中国古代哲学思想和医学实践相互结合而形成,孕育出以"阴阳调和""五行学说"为特点的中医药体系和文化,尤其是中医药中的针灸、拔罐、推拿等疗法至今对世界医疗有着重大影响力。陈嘉庚非常注重中华传统医学,他想尽办法收集各地的中医药方,"不惜报费,在天津、北平、汉口、郑州、南昌、长沙、济南、安庆、南京、杭州、上海、福州、厦门、香港、广州、梧州、汕头,及南洋各大埠,登日报广求云:凡存有经验良方,乞勿居奇守秘,请惠示济众"。③ 收集的药方经过整理和汇编后,陈嘉庚将其书稿交付上海世界书局,印刷两万多本,多数都无偿捐赠给福建省内和海外各地的华侨。

---

① 陈嘉庚:《南侨回忆录》,中州古籍出版社2019年第,第1页。
② 《广征确著灵验秘方重增验方新编通告》,《南洋商报》1925年8月25日。
③ 陈嘉庚:《南侨回忆录》,中州古籍出版社2019年第,第1~2页。

除了赠送书籍,陈嘉庚还注重向集美乡亲宣传现代卫生知识,开展公共卫生教育。中华民国成立后,社会上要求卫生改良的呼声日益增多,民间出现了不少科学社团,如中国科学社、中华学艺社和中华自然科学社等,他们注重对医疗卫生知识的宣传。① 当时的北洋政府加强卫生管理,推行卫生教育,开展大范围的卫生运动。1916 年,中华卫生教育会在南京成功举办卫生展览,很快吸引上万名观众前来参观,这种卫生宣传的方式盛行一时,并得到北洋政府的资助。

陈嘉庚深感家乡卫生观念的落后和卫生演讲的教育意义,于 1917 年邀请卫生演讲会来到集美,连续两日开展活动。演讲内容包括乡村卫生、家庭卫生、婴孩卫生、学校卫生,演讲会成员不仅口述,还携带各种仪器、图书和电影。活动吸引了集美及其周边群众 2000 多人,收到良好的效果。在演讲会离开前,陈嘉庚还专门请教饮食起居卫生,以及改良沟渠、厕所的详细办法,希望乡亲可以躬耕实践。②

二、创办医疗机构

陈嘉庚童年的成长过程始终伴随着瘟疫的不利影响。1884 年,鼠疫由香港传入厦门梧村,先在厦门、漳州一带流行,尔后逐年向北蔓延,波及全省 68 个县市中的 56 个县市的 29558 个乡村,尤其是在 1896—1903 年,鼠疫达到感染高峰,每年发病数量高达 2 万~5 万例,死亡率高达 86.51%~91.89%。③ 1919 年—1926 年,厦门又爆发大规模霍乱,

---

① 范铁权:《近代科学社团与中国的公共卫生事业》,人民出版社 2013 年版,第 72 页。
② 胡宣明:《厦门卫生演讲会开会记》,《中华医学杂志》1926 年第 1 期。
③ 林星:《近代福建传染病的流行及其防治机制探析》,《中共福建省委党校学报》,2003 年第 9 期。

大量患者死亡,以至于留下"患者每无法救治,死者无算"的沉痛记载。① 在陈嘉庚的家乡集美,同样经常暴发各种流行病,他的母亲和妹妹也因为感染而撒手人寰。仅仅十余年的时间,因为疾病流行和其他原因而导致人口大量死亡。陈嘉庚的族亲原有三十多户、男女百余人,最后只剩半数而已。感慨于家乡的衰落和乡亲的减少,时年二十岁的陈嘉庚开始于"对乡党祠堂私塾及社会义务诸事,颇具热心"。②

南洋华侨对卫生事业的贡献是促使陈嘉庚创办医疗机构的重要因素。1844年,陈笃生捐款创办了供平民就诊的陈笃生医院,其子陈金钟也继承父亲的志愿,于1852年出资扩建陈笃生医院。来自福建永春的陈金声与陈明水父子也为陈笃生医院的运行贡献了自己的力量,此外他们还在1857年捐助13000元修建蓄水池,为新加坡岛民供应自来水。陈嘉庚的父亲陈杞柏在1891年捐赠数百元给同济医院,并于1905年出任该医院的总理一职。③ 陈杞柏对医院建设的长期支持也是促使陈嘉庚创办医院的原因之一。

而促成陈嘉庚创办医院的直接动机源于集美学生患病而产生的就医需求。在创办集美学校的过程中,陈嘉庚发现学生常因感染脚气病、流感和痢疾等疾病而影响学习,学校也常因各种"疫"情而影响教学。据陈延庭手稿《集美学校的前三十年史》记载,在学校初创时期的1918年至1922年间,集美学校曾三次因"疫"提前放假。

首次发生在1918年6月间,从福建各县来的学生,多数因水土关系,抑或新开辟场地建筑校舍之故,患脚气病蔓延十分之六七数目,不

---

① 苏子卿:《厦门市卫生调查》,《中华医学杂志》,1934年第10期。
② 陈碧笙、陈毅明:《陈嘉庚年谱》,福建人民出版社1986年版,第4页。
③ [新加坡]陈鸿能:《华人与新加坡中西医学——从开埠1819年到建国1965年》,新加坡中华医学会,2007年,第32~33页。

得不提前放假。第二次发生在1918年11月间,大量学生感染西班牙流感,甚至有一班学生60人中就有56人卧床,可见其严重性。甚至集美小学洪显民校长患此症发高烧而在职逝世,学生四散回家,学校只得放假。第三次发生于1922年6月初,因新来的师范学生在外吃零食染上痢疾,在晚间不敢临厕所,向宿舍前的排水沟拉痢多次,而校方注意不够,一时蔓延至百余人,最终造成第三次提前停课。

有鉴于此,陈嘉庚开始谋划在集美创办医院。1919年8月,陈嘉庚首先在集美学校设置校医室。随着教学规模的不断扩大,后于1920年2月改为医务处。同年9月正式成立医院,使用新建的集贤楼(见图6-1),共计2层18个房间。医院初期设有内外科、药房、注射室、产房等科室,并提供6张病床。此后,集美医院经过多次扩大,功能也逐渐增多,除治疗疾病之外,还开展卫生防疫工作。

图6-1 集美医院集贤楼

仅1932年,集美医院诊治病患约2.5万人次,接生234人,收治住院病人129例,全年接种牛痘513人,鼠疫预防注射1200多人,霍乱预

防注射 200 余人。① 集美医院不仅填补了集美的医疗空白,也改善了集美周边地区民众的医疗条件,泉州、南安、安溪、厦门等地前来就诊的患者络绎不绝。值得强调的是,陈嘉庚并没有用集美医院进行盈利,在创设初期不收费用,免费为民众服务。后由于就诊者众多,也仅仅收取极低的医疗费,以平衡开支。在公共卫生宣传上,集美医院利用集合时间和卫生课,讲授防疫知识,并且利用民众夜校,向群众宣讲卫生知识,劝导群众开展包括预防接种、消灭蚊虫、清扫环境等公共卫生运动。②

除集美外,陈嘉庚还积极倡办同民医院,希望能够造福乡梓。1946年5月26日,陈嘉庚在新加坡同安会馆第七届职员就职典礼监誓会上,呼吁乡亲创办医院、救济贫病,此举得到了同安会馆成员的积极响应。③ 陈嘉庚不仅带头捐款,还在医院开诊前,通过筹建家乡委员会赠送一批阿的平(即半帕林)、奎宁等药品,委托同安县政府配发给各乡村民。④ 集美医院和同民医院今日分别为厦门医学院附属第二医院和厦门大学附属第一医院翔安院区。

三、筹办医学教育

在创办厦门大学之初,陈嘉庚聘请了著名华侨医学专家林文庆为首任校长。当时的厦门缺乏医院,鼓浪屿以外国教会医院为主,没有一所公共医院,服务于群众的医疗资源严重不足。林文庆认为,"厦门为

---

① 陈仁宗、严小蒂:《陈嘉庚先生创办的集美医院》,载中国人民政治协商会议厦门市集美区委员会文史委员会:《集美文史资料第一辑》,1990年版(内部资料),第62页。
② 陈仁宗、严小蒂:《陈嘉庚先生创办的集美医院》,载中国人民政治协商会议厦门市集美区委员会文史委员会:《集美文史资料第一辑》,1990年版(内部资料),第62页。
③ 《同安会馆响应陈嘉庚建议 创设医院救济贫病 允借会所为被检家属办事处》,《南洋商报》,1946年5月28日。
④ 李健平、洪朝喜:《陈嘉庚倡办的同民医院今昔》,《集美校友》2015年第2期。

闽南最大通商口岸,人口众多,而无一公立免费医院,故居住厦门之贫民及往来于厦门与南洋间之同胞,若不幸身体染病,无处求助,其苦痛实甚。常见有等同胞,在航海中染病,一抵厦门时,客栈见其有病,而拒绝其住宿。又有等同胞,由厦门搭船欲往南洋,在轮船出发前,经检查为有病,即不肯容允寄寓。如斯种种悲惨情形,皆因无一慈善免费的公立医院所致"①,因此他希望依托厦门大学,建设一所公共医院,拟订名为"厦门大学公医院"。

陈嘉庚对此极为支持,慨然捐助18万元,其弟陈敬贤也慨捐2万元。在他们的感召下,厦门大学公医院很快得到40万元的捐款。② 筹备过程中,陈嘉庚和林文庆已经预感到将来的医院还需要大量的医护人才。早在1919年,陈嘉庚就提出一个完整的大学应该包括医学教育,指出"查例称大学者,应具文、医、工三科以上,若农、商并设尤称完备,如仅一科或两科则称为某科专门学校,非大学校也。"③1922年,厦门大学计划增设医学部,招收医学本科生。1926年5月,厦门大学的招生广告上已列出医科,同年聘请了医学博士徐雨阶担任教授。遗憾的是,由于经费所限,厦门大学医科当时未能正式兴办。

尽管如此,厦门大学仍然为医学教学创造了诸多有利条件,特别是化学、生物学、植物学等在海内外声名鹊起。这些学科的发展虽不能直接转化为医学,但却是现代医学所不可获缺的基础性学科。在厦门大学成立十周年之际,林文庆充满自豪地表示,"本大学因为理学院的设备,已有相当基础,兼办医学院,是许多地方可以利用,是很可以收事半

---

① 《厦大公医院会议再志》,《南洋商报》1928年3月29日。
② 《厦门大学公医院之进行》,《厦大周刊》1926年第143期。
③ 王增炳等:《陈嘉庚教育文集》,福建教育出版社1989年版,第172页。

功倍之效。"①

新中国成立后,陈嘉庚希望在厦门大学设置医学教育,在1950年给时任校长王亚南的信中指出,"世界各国从未有拥有人口千余万而无一规模完备之医科大学,如吾闽者也。自有史以来,人类屡演战争惨剧,无非为生存竞争之故。至于卫生乃生存之根本问题,反多而不论,医学教育又为讲求卫生之基础,过去反动政府事事舍本逐末,医校寥寥,不足深责。今新政府一反其道行之,对于设置医科,谅可重视。校舍既无问题,如极力陈请,当获邀准,不致空此一行也。"②。

四、援助抗战所需药品

1937年,卢沟桥的枪声宣告了日本帝国主义全面侵华的开始,中华民族陷入了前所未有的危机,海外华侨也迅速投入支援祖国抗战的事业中。在抗战期间,陈嘉庚怀着对祖国的满腔热忱,联合南洋各地华侨团体,组织建立了"南侨总会"。陈嘉庚本人凭借在南洋地区华侨中的影响力,成为该总会的主席。"南侨总会"除捐助财物、组织南侨机工回国抗战外,特别重视对战时急缺医疗用品的捐赠。

由于长期以来卫生事业的落后,导致了抗战期间前线缺少药品,使得大量伤员无法及时得到治疗。国民政府迫于无奈只能求助于南洋华侨。南侨总会收到政府对药品的需求后,立刻着手在东南亚各处采购绷带、人丹、奎宁、匹灵片等药品。但是,由于战时各国政府的药品出口管制以及药品本身的价格高昂,致使药品采购出现了诸多困难。为解决国内药品短缺的问题,陈嘉庚领导"南侨总会"设置医药委员会,邀请

---

① 林文庆:《厦大十周年纪念的意义》,《厦门大学十周年纪念刊》,第5~11页。
② 林间选编:《霜叶红于二月花》,厦门大学出版社2020年版,第303页。

包括林文庆在内的医药专业人士,在新加坡建设药厂生产祖国抗战所需药品。

在国家危难之际,陈嘉庚认为中国所急需的帮助有三项,其一是资财、其二是人才、其三是药品。其中最重要也最难办理的就是药品,新设置的药厂要生产人丹、外疗之药油、伤口消毒膏、退热止痛药和绷带等常用药物。① 战时药品需求量大,常常一药难求,但是陈嘉庚和"南侨总会"开设药厂绝非要"发国难财",而是真诚地支援祖国抗战,陈嘉庚强调药厂所生产的一切药品为抗战使用,"与贩卖图利者,性质绝对不同"②。

东南沿海地区沦陷后,中国与外界的交通运输日益艰难,依靠东南亚输入药品已经不能满足前线的需求。陈嘉庚了解到新情况后,希望能在国内直接建立制药厂,后在重庆创办制药厂,"资本国币百万,制造各类药品,供给祖国伤病难民需要……还准备在国内开设大药厂药库,以免运输上的困难"③。在国内建设药厂不仅可以在战时起到救助伤员的作用,也能在战后产生经济效益。经过深思熟虑,陈嘉庚认为由"南侨总会"自行设厂"既需建筑费,复要筹备费经常费种种支出"④,不如与当时重庆较为成熟的中国药产提炼股份有限公司合作,通过投资股份形式参与到药品生产中。至1941年,该药厂已可生产十滴水、普利咳露、安琪灵、钾皂、复方大黄散、豆蔻酊、桂皮酊、番椒酊、桔梗酊、姜流浸膏、麻黄流浸膏、杏仁水、远志糖浆等多种中成药以及部分化学药品。⑤

---

① 《南侨总会医药委员会昨正式宣告成立》,《南洋商报》1939年12月28日。
② 《南侨总会创设救伤药厂 厂址已经择定》,《南洋商报》1939年12月15日。
③ 潘朗:《陈嘉庚、侯西反及南洋侨胞救国运动》,《国讯旬报》1940年第234期。
④ 《南侨总会制药厂 数月后即可出品》,《大公报(香港)》1940年5月23日。
⑤ 《中国药产提炼股份有限公司概况》,《工商调查通讯》1941年第3期。

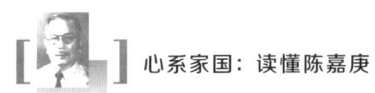

在回国慰劳期间,陈嘉庚也重点关注中国的救护工作,曾专程前往中国红十字会总会救护总队所在地贵阳东南郊的图云关考察。在这里,陈嘉庚向总队长林可胜仔细询问了救护总队拥有的医院数量、前线受伤士兵救护是否及时等问题。当得知救护总队当时已拥有前线临时医院600多所、后方医院200多所,受伤士兵送到医院可以立即得到医治时,陈嘉庚"甚为喜慰"。当得知救护总队下设的战时卫生人员训练总所经费不足,"逐月尚需加一万多元"时,立即表示,自1940年9月至12月"逐月由'南侨总会'捐助一万元"。1941年1月之后的赞助费,则等他回新加坡之后筹寄。1940年年底,陈嘉庚结束了他的回国慰劳之旅,返回新加坡。稍事安顿之后,陈嘉庚"即汇国币二十一万元,交林君为补助医校之资"。①

第二节 卫生观念与健康养生

陈嘉庚的医药卫生观,不仅包含着社会层面的公共卫生,更蕴含着丰富的个人健康养生理念。在我国传统文化语境中,"卫生"既指个人生活习惯,也包括健康养生观念。陈嘉庚的卫生与健康观念是独到的、全面的,富有一定的思想高度。

一、卫生观念

陈嘉庚在实践中不断丰富对医药卫生与国家发展关系的认识,从单纯的捐资办医到形成具备丰富内涵的卫生观。他的卫生观念既包括

---

① 董立功:《陈嘉庚的图云关之行》,《寻根》2023年第3期。

城市规划建设中的公共卫生,也包括百姓生活中衣食住行如何讲究卫生,他不仅身体力行,也积极通过宣传教育方式向群众传播卫生常识。

(一)住屋与环境卫生

陈嘉庚认为卫生的根本有三项:空气、日光、清洁。他认为:"空气少到,养气自减,屋内无日光,则细菌及害虫发生益盛。水不但有关饮食,于洗澡及清洁亦甚重要。"① 他相信水、空气、阳光三项是对生命最为重要的。在多次考察中,他都关注这三个要素与卫生的关系。

——1940年陈嘉庚率团回祖国慰劳考察,途经十余省,看到城市与村庄房屋普遍存在不卫生现象,以乡村最为严重,表现在:乡村屋宅房屋缺少窗户,人们习惯怕风,窗户即使有也是很小,且窗户经常关闭,有等于无;厕池到处多有,沟渠不清,垃圾积滞;水井无栏,或距离厕所仅数十步,有许多弊端。②

——陈嘉庚在1940年回国期间,到福建省参观了一处所谓"模范村",没有起码的卫生规划和整顿改善:水沟未造好,屋宅无窗户,水井无围墙,公厕没遮蔽。③ 这简单四项都未能符合卫生要求,其他方面就可想而知了。对这样的模范村,他对当时带队参观的人不客气地提出批评。

——陈嘉庚于1949年回国参加开国大典,在此前后考察了祖国各地。他到华中地区某个有名的市镇时,参观了一所有数百个学生的高中学校的厕所,觉得非常惊讶:"用砖块筑两行墙,……露天无屋瓦,不但无门户,其中亦无间隔遮掩,似马槽一样,入厕下便,显露下体。此种现

---

① 陈嘉庚:《南侨回忆录》,中州古籍出版社2019年版,第532页。
② 陈嘉庚:《南侨回忆录》,中州古籍出版社2019年版,第534页。
③ 陈嘉庚:《南侨回忆录》,中州古籍出版社2019年版,第317页。

象,若小学初中生,尚形不雅,况年纪大半近成人,或将升入大学之高中生与及校内教师?……竟有如是陋俗。"①陈嘉庚观察得仔细,写得具体,认为这在高中学校是难以想象的,有必要改变这种不健康的风俗。

针对国内的住房环境、房屋结构、水井、沟渠、厕所等长期存在的种种不卫生现象,陈嘉庚分别从民众和政府角度,提出了许多有针对性的、切实可行的改善措施。一是,就简便易行而言,民众自己动手做。陈嘉庚认为"可多开窗户,使空气日光能通达,厕池尽量缩减,并改良筑造,令蚊虫不生,沟渠垃圾,委工人负责按日清毁;水井筑栏,且须距离厕池有百步之远;他如泾地池塘,蚊虫易生,或填塞,或开沟以通流水。"②这样做花钱不用多,穷乡僻壤的贫穷人家也能办到。二是,从长远考虑,应注重规划安排。陈嘉庚有长远眼光,重视城市规划布局。比如他最早就延安城的规划问题,提出过一些意见,特别注重卫生环境与市政规划的关系,指出延安城重新改建要通盘计划,注意卫生。又如陈嘉庚到东北各地参观考察,对战后的重建任务极为关注,提醒政府城市建设要有长远打算,具体措施如:城市应多留空地,建设公园和运动场,马路要宽,路旁种花植树以便净化空气、美化环境等。他强调民众应创造优美的环境,才有利于身心健康,有了健康长寿才能增加幸福感。

(二)卫生事关健康与寿命

陈嘉庚在抗日战争期间避难印尼爪哇时,写了一篇专论《战后建国首要:住屋与卫生》,阐述其卫生建国的理念,于1945年12月出版,首印3000本,分寄国内各省市用于宣传。

---

① 王增炳等编:《陈嘉庚教育文集》,福建教育出版社1989年版,第104页。
② 陈嘉庚:《南侨回忆录》,中州古籍出版社2019年版,第534页。

第六章 陈嘉庚的医药卫生观及其实践

1.卫生问题与国家兴衰有密切关系

如前所述,陈嘉庚在 1940 年回祖国考察期间,对全国的卫生状况有了直观的感受,认为解决国家落后的出路与方法"莫重于卫生"。在书中,他明确提出卫生应该是政府百端维新"首要之列","人民身体之强弱,寿命之长短,与国家之兴衰,极有密切之关系也"①,反映出他对改善祖国卫生状况的迫切期盼。

在陈嘉庚看来,人的寿命越长,为国家社会做事的时间就越长,做贡献的机会就越多。所以他重视身体健康长寿,而饮食卫生、生活习惯就是影响寿命的重要因素。陈嘉庚在书中多次提到,要把衣食住行问题作为建设新中国、改善人民生活的重要内容。他还对欧洲、中国、印度等进行比较,认为中国、印度民众寿命短,与衣、食、住等方面不卫生有密切联系。

陈嘉庚认为"食"不仅是吃饱而已,还要注意清洁,防止蝇虫感染。当时我国能饮用自来水的地区极少,所饮用的井水、河水,常带有细菌及其他不清洁物,这样日积月累,就难免妨碍身体健康。

2.同席共食没有用公勺筷子不卫生

我国人民群众历来有同饮共餐的习惯,以示亲热和睦,其实这样做很不符合卫生要求。陈嘉庚在 1948 年出版的《民俗非论集》一书中,专门讨论饮食卫生。他认为,这种以为眼睛看不见细菌、就不害怕得病的大众心理,反映出民众还不通晓"病从口入"的道理。

陈嘉庚提出:"我国人同席共食,如一碗汤一盘菜或鱼肉,共取饮食,各执匙箸,沾染口涎,复取汤菜,至筵终必经多次,该汤菜受多人匙箸之共染,已成混合口涎质,若共食之人,未有疾病,自无妨碍。倘有疾

---

① 陈嘉庚:《南侨回忆录》,中州古籍出版社 2019 年版,第 531 页。

病,或甫染未剧发,常能互相传染,速者如疫症时气,较易发觉,其他或绝细微,日积月累……亦必阻碍健康。"① 他以通俗例子加以说明,认为只要提供数件公用汤匙箸子使用,既省钱方便又有益卫生健康,希望有关部门积极提倡。

3.住屋结构及早婚影响寿命健康

我国乡村大部分是泥瓦屋,有户无窗,空气、日光不能达到宜居标准。江南地区虽有较大砖瓦屋,但窗户亦小,光线、空气缺乏。陈嘉庚推断,这是建房屋时根本就没有考虑卫生问题,即使是城市楼房也是如此。所以他期待社会经济发达之后,必须重新建造适合卫生要求的高楼大厦。

陈嘉庚是较早提出避免早婚的人。他认为早婚损害身体健康,必然影响长寿,应当反对。他认为富家子女早婚不利健康,因此建议政府规定结婚年龄。② 陈嘉庚的这些呼吁得到了政府的重视,对于今天我国的人口政策仍有重要的现实意义。

(三)住屋与卫生是建国首要

抗日战争胜利后,全国军民欢欣鼓舞,但由于战争的严重破坏,也使得部分国人对战后生活充满悲观。然而陈嘉庚却发现了改善国家卫生的良机。他认为虽然战后全国多数城镇毁于战火,但是如果能在重建住房与城市时注重卫生规划,则可以"转祸为福"。他建议参照当时国际的卫生经验,建设必要的卫生设施,提升中国的卫生水平并最终实现国家的富强。

《战后建国首要:住屋与卫生》一书的书名"战后建国首要",直接说

---

① 王增炳等编:《陈嘉庚教育文集》,福建教育出版社1989年版,第144页。
② 陈嘉庚:《南侨回忆录》,中州古籍出版社2019年版,第539页。

明了他的卫生强国理念,也反映了他对改善中国卫生的热切期盼。他在书中详细介绍了新加坡的城市卫生管理制度,用新加坡改善卫生状况后收到的良好效果来说明卫生对于国家强盛的重要意义。他建议政府重视卫生工作,进行统一部署:"凡全国各城市不论被炸与否,均应预为全盘计划。至于乡村亦当从易于办到者着手改善。"①

陈嘉庚将这本书免费寄送给当时国民党政府的各省官员,希望他们"分发该省内各县市政府,并请其督促各县市政府就地计划市区及建筑之改良,并立即公布实行……政府若不及早宣布市区及建筑改良条例,将来不易改建矣"②。遗憾的是,由于抗日战争后不久中国就陷入内战,蒋介石政府将主要的人力物力投入了战场,重建工作大多虎头蛇尾,更无法奢谈全国范围的卫生建设,陈嘉庚对国家卫生建设的规划也只能等待新中国成立后才得以实现。

早在抗战期间回国考察之际,陈嘉庚就对中国共产党有了较为深入的了解,并坚定了对共产党的信心。1949年,他对即将诞生的新政府充满信心。3月,他在新加坡福建会馆年会上做了主题为"新中国必能兴利除弊"的演讲,在演讲中他提出了使中国在"二三十年内和欧美国家并驾齐驱"的六点看法,其中第二点就是"注重卫生"。③ 当年5月,陈嘉庚决定再次回国。临行之前,他阐述了自己此番归国的三大目标,其中第三点就是要建言新政府加强卫生建设,他表示"近二十年来新加坡公共卫生大有进步,死亡率不断下降,我国同胞素来不讲卫生,死亡率一定很高",因此"准备将《住屋与卫生》一书摘成三千字左右的

---

① 陈嘉庚:《南侨回忆录》,中州古籍出版社2019年版,第531页。
② 《陈嘉庚为改良城市建设致福建省政府主席函》,福建省档案馆编:《福建华侨档案史料》(上),档案出版社1990年版,第463页。
③ 陈碧笙、杨国桢:《陈嘉庚传》,福建人民出版社1981年版,第151页。

短文,在国内各报广告栏刊登,以广宣传"。① 他这次回国,走访了全国许多解放区,利用各种机会向所到之处的地方政府倡导发展卫生事业。1949年8月,在东北参观时,他认为沈阳、长春、四平、哈尔滨、齐齐哈尔等城市一定能发展成大城市,建议上述地区的政府能够以更长远的眼光,提前做好对未来城市的规划,在规划中要保留空地、拓宽马路、改造房屋,以便符合现代卫生要求。他希望东北地区可以参考《战后建国首要:住屋与卫生》一书中介绍的南洋经验,在学习苏联城市卫生建设经验的基础上,建设符合现代精神的大城市。

新中国成立后,陈嘉庚作为华侨代表参加了第一届全国政协会议,在大会上他拟写了七项提案,其中建议"今后人民新建住宅,应注重卫生之设计"。② 在这项提案中,他再次阐述了新加坡的城市卫生对于国民健康的重要作用,详细说明了新加坡当局关于卫生的规定。最后,他提出了我国城市卫生的改善办法是"由卫生部或内务部详拟建屋规例,以空气流通,光线充足为原则,颁布各省市通行"③。

对于家乡的建设,陈嘉庚更是格外关注。1951年,他向时任福建省人民政府主席的张鼎丞发电报,陈述自己对福建卫生建设的建议,他认为"建国纲要有四:剿匪、土改、卫生、建设,现下剿匪已告肃清,土改工作进行顺利,不惟贫民生活安定,而除暴安良,民情改善,前途诚有无限之乐观。兹剿匪、土改既无问题,此后就是卫生与建设,然建设千绪万端,无可止境,而卫生虽较简,窃亦可无止境,人民身体之强弱与国家有密切关系,世未有肮脏不洁而能健康长寿,亦未有人民孱弱而能富国

---

① 陈碧笙、杨国桢:《陈嘉庚传》,福建人民出版社1981年版,第154~155页。
② 王增炳等编:《陈嘉庚教育文集》,福建教育出版社1989年版,第115页。
③ 王增炳等编:《陈嘉庚教育文集》,福建教育出版社1989年版,第115页。

强兵,若然则卫生之紧要不亚于事业之建设"①。他建议政府在建设公共厕所、实行污水处理和清理垃圾等方面下工夫,切实加强卫生管理,除去疾病来源。

(四)坚决反对种烟吸烟

陈嘉庚一贯反对吸烟,他提出的限制种烟吸烟的理由及措施是多样的。早在1922年10月,陈嘉庚在抗议福建种烟苗的演讲中就指出,"为国家民种计","宣布烟苗宜禁之种种理由,众赞成者通过"。在1936年1月的一次演讲中,他认为提倡国术必先打倒鸦片,还认为国术与国文一样重要,不仅关系体育,而且"关系卫生"。1950年,陈嘉庚在《新中国观感集》中有一则"烟枝问题提案"。他提出了限制烟枝的三种办法:限制种烟;增加烟枝税;禁止未成年者吸烟,劝成年者自动节制。

在全国政协一届一次会议上,陈嘉庚提出七项议案,其中第三项是"增加纸烟税率并停止公务人员之配给案"。他提出的理由是:"纸烟一物,无益身体,有害健康。"他说这次回国"所经各地,纸烟极度流行,政府公务人员且予配给,如论其害,实宜禁止,唯人民习惯,原难戒除,应采逐渐减吸"②。他拟出两点对策:第一是增加纸烟税率,"寓禁于征",迫使吸烟者逐渐减吸至戒除;第二是立即停止为公务人员配给香烟。

在1953年9月召开的全国人大一届一次会议上,陈嘉庚提出了几项重要议案,第三项重提纸烟税:"我国对纸烟征税甚轻,似于烟之危害,尚乏注意……如加重烟税,则吸者减少,让出烟田改种粮食,于国计民生,大有裨益。"

总之,陈嘉庚有关限制种烟面积、提高纸烟税、禁止未成年人吸烟、

---

① 陈嘉庚:《有关卫生事业的建设》,福建省档案馆馆藏(档案号:172—1—127)。
② 王增炳等编:《陈嘉庚教育文集》,福建教育出版社1989年版,第115页。

禁止用纸烟作为应酬品等措施,对于提倡健康生活具有重要意义和借鉴价值。

(五)宣传普及卫生健康知识

1949年11月,陈嘉庚在山东济南市广智院(博物馆)参观,认为展览馆的表现方式能收到良好的教育效果。因而1950年回国定居后,他在家乡集美,亲自规划主持建造了鳌园,其中有许多涉及卫生健康方面的知识。

集美鳌园由门廊、纪念碑、陈嘉庚墓组成。在集美解放纪念碑的南面,有一座照壁,高7米、宽30米,正中央刻着"博物观"三字,四周都是石雕。在其背面也都是石雕,在正中间有22块,左右各有12块浮雕,以"地图诗词、文教体育、医疗卫生"之类的宣传图案为主,其中宣传清洁卫生、医疗健康常识的图案数量多、图文并茂、栩栩如生(见图6-2)。

图6-2 浮雕:清洁卫生常识

在鳌园门廊外的围墙四周,有各种石雕291幅,有"谷物蔬菜、药材花卉、木料牲畜"等类图案。其中有可列入中药材的,有植物花草的。所有这些图案及其文字,都提醒来参观的游客要讲究卫生,重视健康保健,从而提高身体素质,为建设国家服务社会多作贡献。

二、健康养生

"养生"是指通过食物、药物、锻炼、静心、养性、节欲等方式来预防疾病、维护健康,达到延长寿命的目的。在当时的社会条件下,陈嘉庚能活到87岁,这既与他具有乐观向上的态度、宽以待人的胸怀密切相关,也与他有强烈的健康观念、重视锻炼、讲究卫生等因素分不开。他的健康养生理念对新时代健康中国战略具有重要的启示。

现代健康最主要的三大理念是生理健康、心理健康、道德健康,具体体现为四维实践路径,即饮食养生、运动养生、心理养生和道德养生。陈嘉庚的健康养生实践主要包括生理养生、心理养生、道德养生三大方面,从中我们可以感悟到他长寿的基本秘诀。

(一)饮食养生:粗饭淡菜起居守规律

饮食养生可简称"食养",是以食养器(官),是我国中医一个重要的传统理论。陈嘉庚在这方面学有所用、具有特色。

1.作息时间有规律,伙食清淡长坚持

陈嘉庚的作息时间是:5:30起床,做甩手运动;6:00洗澡;6:30吃早餐,然后就去工厂;17:00下班,每周有两三天直接到新加坡怡和轩俱乐部吃晚餐,处理事务,至夜间12点才返家休息;另外四五天下班后

回家吃晚餐,饭后又去怡和轩俱乐部处理事务,也是到晚上 12 点回家休息。①

陈嘉庚的三餐力求简单节约,他的日常伙食安排为:早餐一杯牛奶、两个鸡蛋,午餐爱吃番薯粥(即地瓜稀饭),晚餐一碗米饭,一碗番薯粥,一块红豆腐乳。下饭的菜一般是青菜、豆类、花生米、小鱼小虾等。当他招待重要客人时,才会加上炒米粉、海蛎煎、煮芋头等家乡风味菜。

1940 年 10 月,陈嘉庚在集美天马山视察,被问到吃饭的事时,回答工作人员说:"我想吃番薯粥,配豆豉和'咸菜脯'(腌萝卜干),好久没吃家乡饭了。"②炊事员就按嘱咐办,陈嘉庚吃得津津有味,连声称好。

陈嘉庚既不吸烟、喝酒,也不喝咖啡。他生活节衣缩食、粗饭淡菜,不过生日,省吃俭用、简朴持身。他的生活方式会让我们当代人觉得不可思议,似乎与他的身份地位、经济实力、生活环境都很不相称不匹配,但这却是他清廉自律、延年益寿的重要因素,也是与现代饮食养生原则相吻合的。

2.自带午餐传佳话,洁身自爱心无愧

陈嘉庚不大吃鸡、鸭、鱼、肉。有一回,炊事员考虑到陈嘉庚年高体弱,又终日操劳,需要补充营养,不经请示就替陈嘉庚买了一只鸡做菜。陈嘉庚知道后严肃地批评那位炊事员自作主张,还说要扣他一个月的工资作为处罚呢!③

另有一次,陈嘉庚与随行人员从集美乘坐汽车前往福建南安视察梅山学村,车上带着两个大保温瓶:一个装着在集美煮好的海蛎粥,另一个则装着油条。汽车驶抵梅山村外时,他通知司机停车,随员携着那

---

① 王增炳、骆怀东:《教育事业家陈嘉庚》,教育科学出版社 1989 年版,第 412~413 页。
② 王增炳、骆怀东:《教育事业家陈嘉庚》,教育科学出版社 1989 年版,第 414 页。
③ 王增炳、骆怀东:《教育事业家陈嘉庚》,教育科学出版社 1989 年版,第 416 页。

两个大保温瓶,同他走到公路边的巨石上,吃完海蛎粥,才步行进村。①据说陈嘉庚外出时,这样子自带午餐的情形并不止一两次。

(二)运动养生:喜欢健身与步行游历

运动养生可简称"动养",是以动养身,也是生理养生的内容之一。

1.冷水洗澡精神爽,户外步行益健康

早在1919年9月,陈嘉庚在集美学校就举例说,用冷水洗脸沐浴对皮肤和体质的好处,建议学校推广,以提高学生身体素质。他重视用冷水浴,自己亲身体验,把它作为锻炼身体、增强体质的途径,效果显著。

在《战后建国首要:住屋与卫生》一书中,陈嘉庚详细介绍了自己的运动健身经验:"每早(约黎明五点钟后)在床上运动(辗转数十次,稍稍用力)起后续行普通运动,计床上下运动约十余分钟。洗澡廿余分钟,用毛巾擦全身数次,温冷水随意。"②他通过这种自创的锻炼方式,觉得身体素质增强不少,受益良多,于是坚持一二十年不间断。他还建议,如果能出门走数千步,做深呼吸,更为有益健康。这种方法至今仍有实用价值。

2.考察游历步行多,增强意志利健身

陈嘉庚一生在祖国大范围、长时间的考察旅行有三次。第一次是1940年3月至12月底,他率团回祖国慰劳考察,走遍祖国大江南北近20个省区,还经过了新加坡、马来西亚、缅甸等国,行程数万公里。

---

① 事迹出自陈少斌的回忆文章《陈嘉庚二三事》,文中没有写陈嘉庚此次视察梅山学村的时间,笔者认为应在20世纪50年代中期。参见:中国人民政治协商会议全国委员会编:《回忆陈嘉庚》,文史资料出版社1984年版,第307页。
② 陈嘉庚:《南侨回忆录》,中州古籍出版社2019年版,第536页。

第二次是新中国成立前后的 1949 年 6 月至 1950 年 2 月。陈嘉庚到华北、华东、华中和华南许多省区参观考察,一路风尘仆仆,不辞辛苦。他将所见所闻写成"沿途日记"和"沿途观感",后汇编成《新中国观感集》一书出版。

第三次是 1955 年 8 月至 12 月,陈嘉庚到祖国各地考察,北至新疆伊宁,南达海南岛。尽管一路行程安排得非常紧凑,连随行人员都感到疲劳,但当时已是 82 岁高龄的陈嘉庚状态不差,秘书张其华说道:"唯独先生一路精神良好,无论乘飞机、轮船、火车或小车都能适应。这与先生的顽强意志和保持有规律的生活是分不开的。"[①]

陈嘉庚的考察旅行,都离不开步行(走路)和运动,这正是陈嘉庚晚年最喜欢的健身方式和有效的养生方式。陈嘉庚 1950 年回国定居后,经常到集美工地巡视、指挥和解决工地上出现的问题,每次持杖走上好几里路,直到晚年患病期间还是坚持到工地和校园里巡视检查。他的意志和毅力,令人由衷敬佩。

(三)心理养生:善良宽容和淡泊乐观

心理养生是指人保持良好的精神状态,从而实现身体健康和延年益寿。这就要求人们对自己淡泊宁静,对他人善良宽容,这是养生的核心。陈嘉庚在这方面的践行与当代人的要求十分相近,令人惊叹。

1.善良、宽容、淡泊、乐观

善良、宽容、淡泊、乐观是心理养生的四渠道。善良是心理养生的营养素。宽容是心理养生的调节阀。淡泊是心理养生的免疫剂。淡泊,即恬淡寡欲,不追求名利,它是一种崇高的境界和心态,是对人生追

---

① 张其华:《陈嘉庚在归来的岁月里》,中央文献出版社 2003 年版,第 74 页。

求在深层次上的定位。乐观是心理养生的不老丹。乐观是一种积极向上的性格和心境。

2.重义轻利、疾恶好善、淡定乐观

陈嘉庚一生慈善为怀,淡泊名利,乐善向上,具有高尚的精神追求,富有健康的生活情趣,在他身上蕴含着不务名、不居功、廉明为民的道德素养。

陈嘉庚为集美和厦大建造了许多高楼大厦,却没有一处刻上自己的名字或以自己的姓名命名的;但他对别人支持和赞助厦大,却铭刻在心,充分给予肯定和颂扬,例如,以李光前家族成员的名字来命名校舍。

陈嘉庚凡事从大局出发,维持公正,不喜欢别人为自己歌功颂德,从不为自己的名誉着想。有一次,他发现《南洋商报》校样上有一则称颂自己的消息,便要求编辑撤掉,吩咐编辑以后只能发表他的公开言论。

陈嘉庚在印尼爪哇避难期间,多次出现惊险场面,但他都镇定自若、临危不惧,并且以"置生死于度外"的大无畏精神完成了他最主要的著作《南侨回忆录》。

(四)道德养生:诚实守信又勤劳节俭

道德养生是养生的关键。诚信和勤俭是道德养生的主要要求,陈嘉庚在这方面积极倡导,又长期践行,是他修身养德的至高境界。

1.诚实守信是嘉庚精神的精髓

陈嘉庚对"诚""信"的真谛有深切的领悟。他诚信经商言信行果,从小就讲老实话、办老实事、做老实人,一生诚实守信、说到做到,言必信、行必果,是诚信的榜样。1929年,他为公司分行重订章程,新章程许多页的眉头印有警语,刻印着陈嘉庚在诚实守信、文明经商方面的规定。

陈嘉庚曾强调指出,无论个人、社会、国家事业的发展,全赖"忠诚信义"四字。他对中国汉字"诚信"作独特的拆字解释:诚字拆开为言与成,意谓所言必成行方谓之诚;又信字拆开,即人与言,谓人言必信是也。他在1947年说过,"我自信所能者仅为'诚信公忠'四字",表明他对中华民族传统道德充满着文化自信!

2.勤俭节约是嘉庚精神的传统本色

勤劳是中华民族传统的象征,是中华民族的立身之本和传家之宝;勤劳俭朴和吃苦耐劳是中华民族的传统本色。

陈嘉庚信奉"历览前贤国与家,成由勤俭败由奢"和"勤能补拙,俭可养廉"的古训,毕生勤学、勤劳、勤奋,既有理论上的重视和强调,又有实践上的率先垂范、亲力亲为,他勤劳踏实、努力苦干的例子俯拾皆是。陈嘉庚在集美学校、厦门大学、华侨博物院、集美鳌园的创办建设过程中,从选址、规划、绘图到监督施工以至楼舍命名等,都亲自研究、裁定。这些工程倾注了他巨大的心血,留下了他巡视工地的忙碌身影,展示着他崇高的道德风范。

陈嘉庚不但吃苦耐劳,而且艰苦朴素,始终如一。他非常重视勤俭节约,反对铺张浪费,对自己对他人一视同仁。他的用钱之道是"财由我辛苦得来,亦当由我慷慨捐出""金钱如肥料,散播乃有用""金钱取诸社会,亦当用诸社会""人生在世,不要只为了个人的生活打算,而要为国家民族奋斗"。

陈嘉庚对公益事业慷千金之慨,但对自身与家属用钱却近乎苛求。他生活不讲排场,不贪图个人享受。他节俭的程度几乎到了别人难以理解的地步。他用过的床铺、沙发、写字台是"老"字号的,蚊帐、衣服、鞋袜是"补"字号的。他的办公室里有两只沙发椅,一只皮的是招待客人的,另一只破的不翻新,留作他自己坐用。

一则"两毛钱请客"的故事,反映出陈嘉庚的节俭习惯。1951年3月,时任上海市市长陈毅到集美拜访陈嘉庚。陈嘉庚叫工友买糖果招待陈毅,工友买了一元钱的糖果回来招待。事后,陈嘉庚觉得工友买那么多糖果过于浪费,买两毛钱的数量就已足够。

陈嘉庚重义轻利,公正清廉。他成为南洋富商但不忘本,爱祖国、恋故土,保持着中国人的本色。在新时代,重温陈嘉庚节俭养德的感人事迹适逢其时,领悟勤俭节约这一嘉庚精神的传统本色,具有重要的启迪和教育意义。

在上述"四维实践"之外,陈嘉庚晚年高度重视科学养生,为了保持健康的体魄,他在1945年(72虚岁)具体总结了"养身八项原则"[①],言简意赅却充满科学性。

1.吃的东西要清淡,不宜油荤及辛辣刺激之物;多吃蔬菜水果。

2.吃的东西要固定、按时,使之易于消化,排泄也按时。

3.应有一种业余爱好,促进人生兴趣、身心健康,如户外运动。

4.要多晒太阳、吸收新鲜空气,多走路,养成不怕风雨的习惯。

5.要每日读书看报,关注国家社会信息。

6.不要忧愁纳闷,凡事保持乐观;多外出游览,增长见识。

7.少追忆以往不愉快的事情,保持情绪稳定。

8.养成乐善,义务的习惯。

这八项养身原则涉及饮食、运动、读书、旅游、心理等多方面内容,

---

① 陈碧笙、陈毅明:《陈嘉庚年谱》,福建人民出版社1986年版,第168~169页。

心系家国：读懂陈嘉庚

是陈嘉庚对科学养生的独到见解和实践结晶，诸多内容与现代养生原则相契合，值得当代人学习借鉴与运用。

总之，陈嘉庚主张学习西方国家的经验，改善住屋的卫生条件，对城市环境进行整体规划设计，在农村废私厕、建公厕，这些主张富有远见，且具有现实意义的。他的科学养生观与现代养生原则相契合，能够实现个人养生与国家卫生相结合的目标。

第三节 陈嘉庚卫生健康养生观的当代启示

自近代以来，中国的卫生问题就不仅是个人健康问题，而是一个"代表了中国政体、社会与个人从落后、'病态'的传统提升到'健全'的'现代'文明的需要"①。作为爱国华侨典范的陈嘉庚，以建设一个具备现代文明的中国为出发点，希望通过改善卫生重塑民族的形象。

当前，我们正以中国式现代化全面推进中华民族伟大复兴，党对人民健康和国家卫生工作十分重视。习近平总书记指出："健康是幸福生活最重要的指标，健康是 1，其他是后面的 0，没有 1，再多的 0 也没有意义。"②党中央高度重视卫生工作，于 2016 年发布《"健康中国 2030"规划纲要》，把健康中国作为中华民族伟大复兴的重要任务之一。

陈嘉庚的卫生观与实施健康中国战略具有内在关联性。陈嘉庚把卫生事业提到关系国计民生的高度，认为国民健康长寿与国家强盛具有内在的关联。当前，大卫生大健康观关系到国家发展战略，它以人民

---

① 梁其姿：《医疗史与中国"现代性"问题》，载余新忠、杜丽红：《医疗、社会与文化读本》，北京大学出版社 2013 年版，第 114 页。
② 《习近平：健康是幸福生活最重要的指标》，《福建卫生报》2021 年 3 月 25 日。

健康为中心,将改善卫生环境与提高人民寿命紧密联系起来,并且提倡发展中华传统医药,这与陈嘉庚的卫生健康养生观高度契合。

一、坚持以人民健康为中心

党的二十大报告指出:"人民健康是民族昌盛和国家强盛的重要标志。把保障人民健康放在优先发展的战略位置,完善人民健康促进政策。"[1]陈嘉庚的卫生观同样体现了其鲜明的人民至上理念,他向来重视城乡环境卫生,认为它关系着人民身体健康,关系着全民族的平均寿命;只有人人处处讲究卫生,才能增进健康,减少疾病。1950年他在集美学校演讲,对即将下乡宣传的同学吩咐说,必须告诉乡人除去旧社会的三种陋习,第一种就是"乡村露天厕所常碍卫生,应引起各方重视,加以改造"。后来他直接发电报给福建省省长叶飞,指出:"闽南最害乡村厕所林立,请严令乡政府合作,废私厕立公厕。"经过他带头行动,集美居民填平房前屋后路头巷尾粪成团、蚊蝇满坑的私厕,砌起76座卫生清洁的公厕,使集美环境卫生得以较大改变。

《"健康中国2030"规划纲要》第二章"战略主题"指出,"共建共享、全民健康"是建设健康中国的战略主题。"纲要"的核心是以人民健康为中心,坚持以基层为重点,以改革创新为动力,预防为主、中西医并重,把健康融入所有政策。共建共享是建设健康中国的基本路径;全民健康是建设健康中国的根本目的。通过"纲要"的实施,推动健康服务供给侧结构性改革,使卫生计生、体育等行业主动适应人民健康需求。

《"健康中国2030"规划纲要》第五章"塑造自主自律的健康行为"

---

[1] 习近平:《高举中国特色社会主义伟大旗帜 为全面建设社会主义现代化国家而团结奋斗——在中国共产党第二十次全国代表大会上的报告》,人民出版社2022年版,第48~49页。

心系家国：读懂陈嘉庚

第二节"开展控烟限酒"指出，要加大控烟力度，运用价格、税收、法律等手段提高控烟成效，深入开展控烟宣传教育，强化戒烟服务；还要减少酗酒等。陈嘉庚从民国时期以来反对吸烟种烟的行动与上述精神高度契合，反映出陈嘉庚对卫生健康理念的科学认识。

二、立足于实现人民的美好生活

新时代以来，人民对美好生活的向往就是我们党的奋斗目标，美好生活的内涵包括更好的教育、更稳定的工作、更满意的收入、更可靠的社会保障、更高水平的医疗卫生服务、更舒适的居住条件、更优美的环境、更丰富的精神文化生活等八个方面。

身体健康是实现美好生活的重要支撑，与生命延续息息相关。陈嘉庚早在1945年就提出："人民身体之强弱，寿命之长短，与国家之兴衰，极有密切之关系也。"①他认为我国落后的根源之一是体质虚弱，参加体育比赛难有好名次，是因为素质差、体力不足。那么，要怎样才能使国民身体强健呢？他进一步指出："国民体格之健全，要在平时有素养得来，非短时间之训练所能速成。故对卫生根本问题，必须彻底改革，不但体力可以增强，而长寿当然亦可期矣。"②

《"健康中国2030"规划纲要》中，把人的平均寿命长短作为一项重要指标，其中第三章"战略目标"提出的到2030年具体实现的目标，第一项就是"人民健康水平持续提升"，人民身体素质明显增强，2030年人均预期寿命达到79岁，人均健康预期寿命显著提高。

---

① 王增炳等编：《陈嘉庚教育文集》，福建教育出版社1989年版，第119页。
② 王增炳等编：《陈嘉庚教育文集》，福建教育出版社1989年版，第123页。

三、推动中医药事业蓬勃发展

中医药是中华民族的瑰宝,是我国医疗卫生事业的显著优势。陈嘉庚十分重视中医学,极力弘扬中华民族国粹。他经常不失时机地向民众宣传祖国医学(中药学)的精妙。从编印《验方新编》开始,就展现出他对传统医学的高度重视,在抗战期间建设药厂的过程中,他也强调多用川渝本地药材生产战争所需药物。在《战后建国首要:住屋与卫生》一书中,他这样向民众推荐治胃良药"五香丸":"余自四十岁染胃病,延及盲肠,中西名医诊治无效。乃阅'验方新编'……余照方采服,立见功效,据所言可消治十四种,若以余及朋友经验数十年,尚不止此。"[1]

陈嘉庚在《南侨回忆录》中说自己"数年来腰骨疼痛不耐久坐……至腰骨酸痛,前曾买报纸所载西药丸,屡服无效即往求中医诊治,开药方二味,人参一钱,附子三钱,附子先煎汤,然后将参加入炖三点钟,服后甚有奇效,后附子增二钱共五钱,参仍一钱,两日服一次,连服七八次该病若失,余便起程矣"[2]。这同样表达了他对祖国传统医药的高度信任,究其背后原因,正是他对中国文化的高度自信。

习近平总书记在2016年全国卫生健康大会上提出,要着力推动中医药振兴发展,坚持中西医并重,努力促进中医药事业与健康养生文化的发展。为此,我们要以贯彻落实《中华人民共和国中医药法》为统领,落实中医药发展战略规划纲要。深化国家中医药综合改革示范区建设,继续加大对中医药服务体系建设的投入等。2022年党的二十大报

---

[1] 王增炳等编:《陈嘉庚教育文集》,福建教育出版社1989年版,第124页。
[2] 陈嘉庚:《南侨回忆录》,中州古籍出版社2019年版,第126页。

告再次明确指出要"推动中医药传承与创新,推动健康中国"[①]。将中医药的发展上升到健康中国的战略高度,是我们坚持文化自信,推动中华优秀传统文化创造性转化和创新性发展的重要举措。

在中国特色社会主义新时代,立足健康中国战略,不断提升人民健康和国家卫生水平,促进中医药发展繁荣,需要我们进一步继承弘扬嘉庚精神,常常思考陈嘉庚对医药卫生的重要贡献和健康养生重要理念,为健康中国贡献自己的力量。

---

① 习近平:《高举中国特色社会主义伟大旗帜 为全面建设社会主义现代化国家而团结奋斗——在中国共产党第二十次全国代表大会上的报告》,人民出版社2022年版,第49页。

参考文献

《习近平谈治国理政》(第二卷),外文出版社2017年版。

《习近平书信选集》(第一、二卷),中央文献出版社2022年版。

《习近平著作选读》(第一、二卷),人民出版社2023年版。

中央党校采访实录编辑室:《习近平在厦门》,中共中央党校出版社2020年版。

中央党校采访实录编辑室:《习近平在福州》,中共中央党校出版社2020年版。

《习近平与大学生朋友们》(第一、二卷),中国青年出版社2024年版。

《毛泽东选集》(第二卷),人民出版社1991年版。

《邓小平文选》(第二卷),人民出版社1994年版。

《陈嘉庚先生纪念册》编辑委员会编:《陈嘉庚先生纪念册》,中华全国归国华侨联合会1961年版。

全国政协文史资料委员会编:《回忆陈嘉庚》,文史资料出版社1984年版。

中共厦门市委党史研究室编:《科教兴国的先行者陈嘉庚》,中央文献出版社2001年版。

中共厦门市委党史研究室编:《华侨领袖陈嘉庚》,中央文献出版社2001年版。

中共厦门市委党史研究室编:《回忆陈嘉庚文选》,中央文献出版社2001年版。

陈嘉庚:《南侨回忆录》,中州古籍出版社2019年版。

陈嘉庚:《陈嘉庚言论集》,星洲南侨印刷社1949年版。

陈嘉庚:《南侨正论集》,新南洋出版社1948年版。

朱立文编:《陈嘉庚言论新集》,厦门大学出版社2013年版。

王增炳等编:《陈嘉庚教育文集》,福建教育出版社1989年版。

黄金陵、王建立主编:《陈嘉庚精神文献选编》,福建人民出版社1996年版。

张焕萍编:《陈嘉庚纪念文集》,中国华侨出版社2021年版。

曾讲来主编:《陈嘉庚研究文选》(第1、2卷),厦门大学出版社2007年版。

陈碧笙、陈毅明:《陈嘉庚年谱》,福建人民出版社1986年版。

杨进发:《华侨传奇人物陈嘉庚》,李发沉译,陈嘉庚纪念馆2012年印制(内部资料)。

周召南:《爱国老人陈嘉庚》,福建永安联合书屋,1944年版。

陈碧笙、杨国桢:《陈嘉庚传》,福建人民出版社1981年版。

杨国桢:《陈嘉庚》,人民出版社1987年版。

王增炳、余纲:《陈嘉庚兴学记》,福建教育出版社1981年版。

陈国庆:《回忆我的父亲陈嘉庚》,中央文献出版社2001年版。

王增炳、骆怀东:《教育事业家陈嘉庚》,教育科学出版社1989年版。

雷克啸:《陈嘉庚精神》,福建人民出版社1999年版。

吴尔芬:《少年陈嘉庚》,北京联合出版公司,2022年版。

张其华:《陈嘉庚在归来的岁月里》,中央文献出版社2003年版。

陈天绶、蔡春龙:《陈嘉庚之路》,湖北人民出版社2005年版。

朱水涌:《陈嘉庚传》,厦门大学出版社2021年版。

林斯丰主编:《陈嘉庚精神读本》,厦门大学出版社2019年版。

庄敏琦主编:《嘉庚精神》,北京航空航天大学出版社 2011 年版。

任贵祥:《孙中山与华侨》,黑龙江人民出版社 1998 年版。

任贵祥:《华侨与中国民族民主革命》,中央编译出版社 2006 年版。

木志荣:《陈嘉庚创业管理之道》,厦门大学出版社 2022 年版。

陈俊林:《陈嘉庚精神的文化思想源流》,中国华侨出版社 2021 年版。

罗芙芸:《卫生的现代性 中国通商口岸健康与疾病的意义》,向磊译,江苏人民出版社 2021 年版。

范铁权:《近代科学社团与中国的公共卫生事业》,人民出版社 2013 年版。

安东尼·史密斯:《民族主义:理论、意识形态、历史》,叶江译,上海人民出版社 2011 年版。

厦门国际银行、集友银行、华侨博物馆:《陈嘉庚与集友银行》,中国华侨出版社 2023 年版。

张维迎:《重新理解企业家精神》,海南出版社 2022 年版。

王赓武:《东南亚华人——王赓武教授论文选集》,中国友谊出版公司 1986 年版。

彼得·德鲁克:《创新与企业家精神》,蔡文燕译,机械工业出版社 2018 年版。

范如松主编:《东南亚华侨华人》,世界知识出版社 1999 年版。

丁志隆:《集友银行档案选编》,海风出版社 2008 年版。

李勇:《当代新加坡陈嘉庚从边缘到回归——兼论陈嘉庚精神的"本土化"》,《河南师范大学学报(哲学社会科学版)》2012 年第 2 期。

林德时:《论嘉庚精神的基本内涵》,《江西社会科学》2000 年第 6 期。

张培春:《陈嘉庚精神的内涵、表现及其时代价值》,《集美大学学报(哲学社会科学版)》2015 年第 1 期。

张培春、张劲松:《陈嘉庚精神与当代大学生的品质养成》,《集美大学学报(哲学社会科学版)》2007年第2期。

张慧梅、刘宏:《陈嘉庚精神及其现代意义》,《华侨大学学报(哲学社会科学版)》2015年第3期。

车腊梅、张劲松:《百年党史中华侨华人对国家现代化的贡献》,《集美大学学报(哲学社会科学版)》2021年第4期。

任贵祥:《毛泽东与陈嘉庚交往论略》,《党的文献》2010年第2期。

董立功:《陈嘉庚的图云关之行》,《寻根》2023年第3期。

董立功:《陈嘉庚的义利观及其当代价值》,《关东学刊》2019年第2期。

林清龙、施彦军:《习近平关于嘉庚精神的重要论述探析》,《集美大学学报(哲学社会科学版)》2022年第3期。

刘汇川:《救亡与复兴:陈嘉庚爱国实践的双重面向》,《集美大学学报(哲学社会科学版)》2022年第1期。

陶飞亚:《传教士中医观的变迁》,《历史研究》2010年第5期。

曾昭铎:《陈嘉庚晚年回国参政议政纪事》,《福建党史月刊》1999年第6期。

张世尊:《海外华侨应如何团结对外》,《大公报(天津版)》1929年2月6日。

郑小妍:《陈嘉庚眼中的毛泽东》,《学习时报》2023年12月22日。

林德时、张劲松:《陈嘉庚爱国主义精神的新时代价值》,《厦门日报》2023年10月18日。

张劲松、张凯玲:《把握陈嘉庚海洋教育理念的三重维度》,《厦门日报》2024年7月1日。

附　录

陈嘉庚箴言录

教育不振,则实业不兴,国民之生计日绌。

——1918 年·致集美学校诸生书

上以谋国家之福利,下以造桑梓之庥祯。

——1918 年·致集美学校诸生书

世界无难事,唯在毅力与责任耳。

——1918 年 6 月·筹办南洋华侨中学演讲

夫公益义务,固不待富而后尽,如欲待富而后尽,则一生终无可为之日。

——1918 年 6 月·筹办南洋华侨中学演讲

诚以救国既乏术,亦只有兴学之一方,纵未能立见成效,然保我国粹,扬我精神,以我四万万民族,亦或有重光之一日乎。

——1918 年 6 月·筹办南洋华侨中学演讲

公益义务,能输吾财,令子贤孙,何须吾富。

——1918 年 6 月·筹办南洋华侨中学演讲

财既由我辛苦得来,亦由我慷慨输出。

——1918 年 6 月·筹办南洋华侨中学演讲

父之爱子,实出天性,人谁不爱其子,唯别有道德之爱,非多遗金钱方谓之爱,且贤而多财则损志,愚而多财则益其过,是乃害之,非爱之也。

——1919年5月·在恒美厂宴请同人时的演讲

今日不达,尚有来日,及身不达,尚有子孙,如精卫之填海,愚公之移山,终有贯彻目的之一日。

——1919年7月·倡办厦门大学校附设高等师范学校演讲

希望内地诸君及海外侨胞,负国民之责任,抱同舟而共济,见义勇为。

——1919年7月·倡办厦门大学校附设高等师范学校演讲

救亡图存,匹夫有责。

——1919年7月·倡办厦门大学校附设高等师范学校演讲

盖以个人少费一文,即为吾家储一文,亦即为吾国多储一文,积少成多,以之兴学。

——1919年9月·在集美学校秋季始业会上演讲

对于国家,当尽国民之责任,凡分所应尽者,务必有以报国家。

——1919年9月·在集美学校秋季始业会上演讲

本校性质如何?即省俭是也。中国今日贫困极矣,吾既为中国人,则种种举动应以节俭为本。

——1919年9月·在集美学校秋季始业会上演讲

信用为人生第二生命,信用既失,何以为人?

——1919年9月·在集美学校秋季始业会上演讲

一对于国家,当尽国民之责任,凡分所应尽者,务必有以报国家;二对于学校,学生品学之优劣,关于学校名誉甚重。

——1919年9月·在集美学校秋季始业会上演讲

在校既诸尽学生之职务,出校既能尽国民之职务是也。

——1919年9月·在集美学校秋季始业会上演讲

不牺牲钱财,无教育可言。民无教育,安能立国?

——1920年5月·致叶渊函

既牺牲一己之权利,从事国民之义务。

——1920年5月·致叶渊函

然有一部分同学锐意攻书,而对于课外运动不甚注意,是未悉三育并重之宗旨也。

——1920年5月·在集美学校第二次运动会上演讲

故此次运动,无论团体选手胜者不宜恃胜而相凌,负者亦不必因负而自馁,由相竞而相勉,奋发精神。

——1920年5月·在集美学校第二次运动会上演讲

世治日昌,端赖学术。非多专精人士,无以追轶足而挽狂澜。

——1920年10月·致厦门大学筹备员书

吾人为中华民国国民,应有健全之身体与精神,方可为社会服务,荷国家仔肩。

——1921年10月·在集美学校运动会上演讲

国家之富强,全在乎国民;国民之发展,全在乎教育。

——1920年11月·在新加坡筹办厦门大学会议上演讲

余侨商星洲,慨祖国之陵夷,悯故乡之阋斗,以为改进国家社会,舍教育莫为功。

——1921年12月·集美小学记

余办学校,非积有巨金,寄存银行。一切经费,皆待经营。

——1922年2月·在集美学校开学式上演讲

盖义务不能待富而后行。

——1922年6月·致叶渊函

无为之费一文不惜;正当之消(用),千金慷慨。

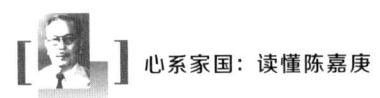

——1922年6月·致叶渊函

世未有安乐无为而能享大名福,万众免受困难之境,况身历国体改革之初,占国民份子之一,犹当竭尽职务,勇往直前,冀可收目的之效果。

——1922年6月·致叶渊函

教育与实业似有连带之关系,无实业则教育费何出;无教育实业人才从何出。

——1923年2月·致叶渊函

为人有道德毅力,便是世界上最第一难得之奇才,亲之信之;反是,则离之绝之。

——1923年6月·致叶渊函

教育非仅读书识字,而尤以养成德性裨益社会。

——1923年7月·集美学校风潮及高小毕业生升学之未来

兴学即所以兴国,兴国即所以兴家。

——1923年9月·新加坡《南洋商报》开幕宣言

教育之必需经济,经济之必赖实业。实业也,教育也,固大有互相消长之连带关系也明矣。

——1923年9月·新加坡《南洋商报》开幕宣言

何谓根本?科学是也,今日之世界,一科学全盛之世界也。

——1923年9月·新加坡《南洋商报》开幕宣言

盖学问与时俱进,研究无穷,进步亦无限。

——1923年9月·新加坡《南洋商报》开幕宣言

科学之发源,乃在专门大学,有专门大学之设立,则实业、教育、政治三者人才,乃能辈出。

——1923年9月·新加坡《南洋商报》开幕宣言

智者必就长而弃短,取利而舍害。

——1926 年 6 月·致叶渊函

以校中言,尊师重傅,敬长谦恭为之礼,克己守校章,不忘本原为之义;不贪名,不贪功,不出轨道为之廉;寸阴是惜,恐学业无成为之耻。

——1926 年 11 月·致叶渊函

懒惰是立身之贼,勤奋是建业之基。有坚强之精神,而后有伟大之事业。

——1929 年·《陈嘉庚公司分行章程》眉头警语

战士以干戈卫国,商人以国货救国。

——1929 年·《陈嘉庚公司分行章程》眉头警语

无是非之心非人,无责任之心亦非人也。

——1929 年·《陈嘉庚公司分行章程》眉头警语

无事找事做,其人必可爱;有事推人做,其人必自害。

——1929 年·《陈嘉庚公司分行章程》眉头警语

事事让人出头,终身无出头地;样样让人去做,终身无自做时。

——1929 年·《陈嘉庚公司分行章程》眉头警语

人身之康健在精血,国家之富强在实业。

——1929 年·《陈嘉庚公司分行章程》眉头警语

日日思无过,不如日日能改过。

——1929 年·《陈嘉庚公司分行章程》眉头警语

不兴国货,利权丧失。

——1929 年·《陈嘉庚公司分行章程》眉头警语

藉爱国猎高名,其名不永。藉爱国图私利,其利易崩。

——1929 年·《陈嘉庚公司分行章程》眉头警语

为本公司多谋一分利益,即为国家多培一个人才。

——1929年·《陈嘉庚公司分行章程》眉头警语

本公司是一社会之缩影,服务于本公司,即服务于社会。

——1929年·《陈嘉庚公司分行章程》眉头警语

待人勿欺诈,欺诈必败;对客勿怠慢,怠慢必招尤。

——1929年·《陈嘉庚公司分行章程》眉头警语

以术愚人,利在一时;及被揭破,害归自己。

——1929年·《陈嘉庚公司分行章程》眉头警语

顾客遗物,还之惟谨;非议勿取,人格可敬。

——1929年·《陈嘉庚公司分行章程》眉头警语

隐语讥人,有伤口德;于人无损,于我何益。

——1929年·《陈嘉庚公司分行章程》眉头警语

货品损坏,买后退还。如系原有,换之勿缓。

——1929年·《陈嘉庚公司分行章程》眉头警语

谦恭和气,客必争趋;恶词厉色,人视畏途。

——1929年·《陈嘉庚公司分行章程》眉头警语

货真价实,免费口舌;货假价贱,招人不悦。

——1929年·《陈嘉庚公司分行章程》眉头警语

招待乡人要诚实,招待妇女要温和。

——1929年·《陈嘉庚公司分行章程》眉头警语

嬉游足以败身,勤劳方能进德;智识生于勤奋,昏愚出于懒惰。

——1929年·《陈嘉庚公司分行章程》眉头警语

财有限而用无穷,当量入以为出。当省而不省,必致当用而不用。

——1929年·《陈嘉庚公司分行章程》眉头警语

无事要找事做,不要等事做。有事要赶紧做,不要慢慢做。

——1929年·《陈嘉庚公司分行章程》眉头警语

欲成大事,先作小事。

——1929年·《陈嘉庚公司分行章程》眉头警语

业如不专,艺必不精。

——1929年·《陈嘉庚公司分行章程》眉头警语

做事敷衍是不负责任之表现。

——1929年·《陈嘉庚公司分行章程》眉头警语

金玉非宝,节约是宝。待人要敬,自奉要约。当省而不省,必致当用而不用。

——1929年·《陈嘉庚公司分行章程》眉头警语

法律济道德之穷,规章作办事之镜。

——1929年·《陈嘉庚公司分行章程》眉头警语

人类有服从法规之精神,即有创造事业之能力。

——1929年·《陈嘉庚公司分行章程》眉头警语

与同业竞争,要用优美之精神与诚恳之态度。

——1929年·《陈嘉庚公司分行章程》眉头警语

惟有真骨性方能爱国,惟有真事业方能救国。

——1929年《陈嘉庚公司分行章程》眉头警语

人生于世,除为个人生活企图,更当为国家社会奋斗。

——1933年3月·集美学校二十周年纪念刊

侵略者得以灭人国家,占人土地,终不能灭人之固有文化。

——1933年3月·在福建会馆改组四周年纪念会上演讲

然总而言之,将来世界如何变动,祖国当局,无论走哪条路,亦须保留我国文化,乃能维持民族精神。

——1933年3月·在福建会馆改组四周年纪念会上演讲

体育运动为教育一重要之科学,虽主旨在训练健康,然对于道德精神,关系更为密切。

——1933年8月·在新加坡欢迎厦门男女篮球队致辞

然吾民族赖以维系而不堕者,统一之文化耳。今日一人之文化,则他日可传千万人之文化。

——1933年8月·在新加坡欢迎厦门男女篮球队仪式上致辞

我办学之动机,盖发自民国成立后,念欲尽国民之一份子天职,以一平凡侨商,自审除多少资财外,绝无何项才能可以牺牲。而捐资一道,窃谓莫善于教育,复以平昔服膺社会主义,欲为公众服务,亦以办学为宜。

——1934年4月,在《东方杂志》上撰写的自传《畏惧失败才是可耻》

革命可分公私二种,工业的革命,文化的革命,政治的革命,这是公的,心理的革命,人格的革命,这是私的,……私的革命,这些不能让别人去做,应该自己来做。

——1936年1月·在怡和轩欢迎张馆长及国术南游团会上演讲

国术与国文一样重要,国有文武,文是国文,武即国术。

——1936年1月·在怡和轩欢迎张馆长及国术南游团会上演讲

国难日亟,希激励员生,抱定牺牲苦干之精神,努力抗敌救国之工作,是所至望。

——1937年11月·致陈村牧函

窃念份子天职,欲实行报效工作,尤以乡梓需要为急务,故不计成败,痛下决心,实事求是,以文化为基础,热忱勇往,有进尺而无退寸,抱定破釜沉舟之志也。

——1937年4月·致新加坡殷实侨商函

敌未出国土前言和即汉奸。

——1938年10月·第二次国民参政会议提案

惟精诚始足以言团结,惟团结始足以言力量。精诚足,则团结未有不固,团结固,则力量未有不宏。

——1938 年 10 月·《南洋各属华侨筹赈祖国难民会代表大会宣言》

我培养你们,我并不想要你们替我做什么,我更不愿你们是国家的害虫、寄生虫;我希望于你们的只是要你们依照着'诚毅'校训,努力地读书,好好地做人,好好地替国家民族做事。

——1940 年 10 月·在安溪集美中学师生欢迎会上演讲

办学是需要有勇气,也就是我们校训所说的"诚毅",无论什么艰难困苦,都要不屈不挠。

——1940 年 10 月·在安溪集美中学师生欢送会上演讲

教育为立国之本,兴学乃国民天职。

——1940 年 11 月·在漳州崇正中学对集美厦大校友演讲

余又痛感南洋侨生子弟之缺乏教育,数典忘祖,辗转而沦为土人,教育上之需要更迫切于祖国也。

——1940 年 11 月·在漳州崇正中学对集美厦大校友演讲

况侨生受祖国文化,比较国内尤为要。

——1941 年 3 月·为筹备建立南洋师范学校致各邦侨领函

盖两校如关门,自己误青年之罪少,影响社会之罪大。在商业尚可经营之际,何可遽行停止;一经停课关门,则恢复难望。

——1945 年·《南侨回忆录》之"五〇 牺牲非孟浪"

对于轻金钱,重义务,诚信果毅,嫉恶好善,爱乡爱国诸点,尤所服膺向往,而自愧未能达其万一,深愿与国人共勉之也。

——1945 年·《南侨回忆录》之"弁言"

世界上任何事业,若有组织,能合作,当然有益无损;若无组织,不能合作,则散沙之弊,实所难免。

——1945年·《南侨回忆录》之"七八 南侨总会成立"

一致对外,乃国民全体之愿望。至于团结两字,甚为重要,自抗战以来,海外华侨闻国内已能团结对外,欣幸莫可形容。四万万五千万人皆欲团结,知非团结不足以救国。

——1945年·《南侨回忆录》之"二〇四 不团结罪责"

余捐资办学,力小愿宏,以南洋华侨众多,切需祖国文化为之陶熔。

——1945年·《南侨回忆录》之"一一二 行政院孔院长"

国民体格之健全,要在平时有素养得来,非短时间之训练能造成。

——1945年·《南侨回忆录》之"战后补辑 一九 住屋与卫生"

爱国始于爱乡,强国必先强民。

——1945年5月·在新加坡同安会馆演讲

如果终日只知赚钱,不知救国,纵然发了财,但是做奴隶、做亡国奴,发了财有什么用?

——1946年9月·在新加坡福建会馆演讲

天下兴亡,匹夫有责;身家可以牺牲,是非不可不明。

——1948年6月·为缅甸《新仰光日报》题词

不但教其识字而已,其他如知识、思想、能力、品格、实验、体育、园艺、音乐以及其他课外活动,均须注重,与正课相辅而行。

——1949年2月·在新加坡华侨中等学校董事联席会议上演讲

嘱望同学们在新时代应努力学习,以批评与自我批评的武器,坦白诚恳,不断求进,做个新人。

——1951年1月·在厦门大学的演讲

希望每一个人都应站紧岗位,先生教好书,同学学好功课,全心全意为人民服务。

——1951年1月·在厦门大学的演讲

做人最要紧是有是非。

——1953年11月·对集美学校侨生讲话

不必用的就不用,应该用的采用,这就是节约。

——1953年11月·对集美学校侨生讲话

分别是非,不但对国家如此,就是个人也是一样。无是非就不算是人。辨别是非,是做人的基本条件。

——1953年11月·对集美学校侨生的讲话

我希望大家在此肄业,必须遵守纪律,培养优良品德,认真学习,发扬爱国主义与集体主义的精神。这才是我们学习的正确态度。

——1954年2月·在集美华侨学生补习学校开学式上讲话

我认为学习环境,不宜片面强调地点问题。最重要的还是要有良好的学风。良好的学风,要靠纪律来维持。

——1954年2月·在集美华侨学生补习学校开学式上讲话

关于学习环境方面:在城市的学校,固然眼界可以增广,但环境热闹,容易影响专心求学的情绪,在乡村的学校,固然接触的事物不多,但风景清幽,没有闲杂人事的纷扰,可以安静地学习;两下各有长短。

——1954年2月·在集美华侨学生补习学校开学式上讲话

特别注重的是要他们养成良好品格,认识做人道理,勤学俭朴。

——1954年7月·本社学生助学金补充办法通告

不但希望你们读书识字而已,特别注重的,是要他们养成良好品格,认识做人道理,勤学检朴,将来得以安居乐业,成为国家善良的人民。

——1954年7月·本社学生助学金补充办法通告

事实证明:只有社会主义才能使国家富强,使人民幸福。社会会主义是完全适合中国国情的。

——1956年元旦·伟大祖国的伟大建设（结语）

有心公益，当由近及远。

——1956年9月·告华侨学生书

台湾是中国人的领土，中国人民一定要解放台湾！

——1956年10月·在全国侨联成立大会上致开幕词

劳作项目，包括校内一切，上至窗户墙壁墙板，下则全校界地面，床厨桌椅校具花木水沟便所及其他一切，每星期至少一两次，挑水清洗扫拭，不避劳动不怕污秽，且须守恒不断，乃能收实效。

——1957年7月·在第一届全国人民代表大会第四次会议上的发言

官僚主义弊端，为懈怠傲慢，任职而有此弊，虽清白不贪污，亦难免误国病民。

——1957年7月·在第一届全国人民代表大会第四次会议上的发言

我们都是中国人。中国自己的事应该自己解决，毋须依靠外人，更不要依靠帝国主义来破坏自己祖国的领土和主权。

——1958年10月·拥护彭德怀部长告台湾同胞书

人有一次死，早死晚死不要紧，最要紧的是国家。

——1961年·临终遗嘱

能辩是非，作事有恒。

——陈嘉庚遗教二十则

明辨是非善恶，众人须知之，应如何笃行之。

——《陈嘉庚遗教二十则》

服务社会是吾人应尽之天职。

——《陈嘉庚遗教二十则》

吾人应安分守法,以培后盛。

——《陈嘉庚遗教二十则》

我毕生以诚信勤俭办教育公益,为社会服务。

——《陈嘉庚遗教二十则》

凡作社会公益,应由近及远,不必好高骛远。

——《陈嘉庚遗教二十则》

凡作事须合情合理,如不合情理,应勿为之。

——《陈嘉庚遗教二十则》

怨宜解,不宜结。

——《陈嘉庚遗教二十则》

居安思危,安分自守。

——《陈嘉庚遗教二十则》

饮水思源,不可忘本。

——《陈嘉庚遗教二十则》

不可见利忘义。

——《陈嘉庚遗教二十则》

心系家国：读懂陈嘉庚

后　记

万物皆有逝，唯精神永存。深受陈嘉庚精神影响而掀起的华侨捐资兴学热潮，深刻地改变了我国侨乡地区的经济社会发展状况，绘就了中西合璧、开放包容的文化景观。陈嘉庚精神是厦门的文化标识，是当代中国人宝贵的精神财富。为全面展现陈嘉庚及陈嘉庚精神的研究成果，集美大学陈嘉庚研究院组织撰写《心系家国：读懂陈嘉庚》，旨在全景式地勾勒陈嘉庚的传奇人生，全方位地展示陈嘉庚多领域的卓越贡献和丰富思想，通过走近陈嘉庚，进而系统地阐述陈嘉庚精神的主要内涵及其当代价值，为嘉庚系学校运用校本资源、高质量开展思想政治工作提供理论支撑，为讲好嘉庚故事、汇聚侨心侨力共圆中国梦提供精神动力。

本书的成稿、出版是团队攻关的成果，是集体智慧的结晶。书稿由集美大学陈嘉庚研究院组织撰写，集美大学马克思主义学院、集美大学诚毅学院马克思主义学院、厦门医学院马克思主义学院等单位共同完成。全书由张劲松设计整体的写作框架，并对各章节进行修改、统稿，具体分工如下：张劲松负责导言、第二章部分内容、第五章第一节和第三节；洪宗华负责第一章；张丽玉负责第二章主体内容；刘汇川负责第三章主体内容；董立功负责第四章；林德时、李天宇负责第六章；王凡、陈亚红、王燕琴负责第五章第二节；林清龙、冯国林负责第三章部分内容。在本书撰写过程中，郑铭、车腊梅、要权豪、张凯玲等参与了部分材料的整理和校对工作。

后　记

在本书出版过程中,得到了多方的大力支持,集美大学马克思主义学院王娟书记非常关心本书的出版,提出了许多宝贵意见。谨向每一位关心此书出版、关爱集美大学陈嘉庚研究院、关注集美大学马克思主义学院的同仁表示衷心的感谢!

宣传、弘扬、践行陈嘉庚精神是每一个嘉庚学子的神圣使命,更是作为陈嘉庚精神发源地的集美学村相关研究机构的重要职责。当然,由于学识有限、史料不全、视野局限、时间仓促等原因,本书部分内容仍有粗浅、疏漏、错误之处,诚恳专家、同仁和读者包容、批评、指正。让我们一起为提升陈嘉庚精神的研究水平,增强陈嘉庚精神的传播力和影响力而共同努力。

张劲松

2025 年 6 月 20 日